대체불가능

IRREPLACEABLE:
THE ART OF STANDING OUT IN THE AGE OF
ARTIFICIAL INTELLIGENCE

대체불가능

1판 1쇄 발행 2026년 2월 12일

지은이 파스칼 보넷
옮긴이 김정민
펴낸이 장성두
펴낸곳 주식회사 제이펍

출판신고 2009년 11월 10일 제406-2009-000087호
주소 경기도 파주시 회동길 159 3층 / **전화** 070-8201-9010 / **팩스** 02-6280-0405
홈페이지 www.jpub.kr / **투고** submit@jpub.kr / **독자문의** help@jpub.kr / **교재문의** textbook@jpub.kr

소통기획부 이상복, 안수정, 박재인, 박새미, 송영화, 김은미, 나준섭, 권유라
소통지원부 민지환, 이승환, 김정미, 박예은 / **디자인부** 이민숙, 최병찬

진행 송영화 / **교정 · 교열** 손마정 / **표지 및 내지 디자인** 이민숙
용지 에스에이치페이퍼 / **인쇄** 한승문화사 / **제본** 일진제책사

ISBN 979-11-24205-22-8 (03320)
책값은 뒤표지에 있습니다.

인공지능 시대, 기계가 넘볼 수 없는
독보적 인간이 되는 법

대체 불가능

파스칼 보넷 지음 **김정민** 옮김

※ 드리는 말씀

- 우리말 맞춤법 규정에 따르면 '대체 불가능'으로 띄어 쓰는 것이 원칙이나,
  이 책에서는 이를 저자가 제시하는 핵심 개념이자 고유한 용어로 정의하여 붙여 표기했음을 밝혀둡니다.
- 이 책에 등장하는 회사명, 제품명은 일반적으로 각 회사의 등록상표 또는 상표입니다.
  본문 중에는 ™, ©, ® 등의 기호를 생략했습니다.
- 이 책에서 소개한 URL 등은 시간이 지나면 변경될 수 있습니다.

차 례

3부 일터에서 '대체불가능'해지기

4부 '대체불가능'한 아이로 키우고, 나 자신을 지키기

5부 '대체불가능'한 회사 경영하기

6부 실행 계획 세우기

옮긴이 머리말

인공지능은 이제 상상 속 기술을 실험하는 단계를 넘어, 우리 생활 깊숙이 들어왔습니다. 특히 이 글을 쓰고 있는 2026년 1월 현재, 신기술 수용이 빠른 한국에서는 챗GPT와 같은 생성형 AI 챗봇의 유료 결제율이 세계에서 가장 빨리 상승하고 있다는 조사 결과가 나와 있습니다. 즉, AI는 이제 재미로 써보는 장난감을 넘어, 사람들이 기꺼이 지갑을 열어 실제 문제 해결을 위해 사용하는 필수 도구의 단계에 이른 것입니다.

이제 우리는 궁금한 것이 생기면 AI 챗봇에 묻고, 보고서에 넣을 차트나 삽화는 AI로 생성하며, 코딩할 때는 클로드 코드Claude Code나 안티그래비티Antigravity 같은 AI 도구 없이 직접 코딩하던 시절이 기억나지 않는다고 말할 정도입니다. AI는 더 이상 미래 보고서 속 개념이 아니라, 이미 바로 코앞에 당도해 있습니다.

하지만 상상 속 '멋진 신세계'가 현실이 된 지금, 우리가 마냥 행복하기만 하지는 않습니다. 그 어느 때보다 우리를 더 많이 괴롭히는 질문이 하나 있습니다.

"내가, 혹은 내 아이의 일자리가 기계로 대체되면 어쩌지?"

이 책은 이러한 두려움에 대해 가장 명쾌하고 구체적인 해답을 제시합니다. 저자 파스칼 보넷은 맥킨지 출신의 탁월한 테크 전문가이자 100만 명 이상의 팔로워를 보유한 세계적인 인플루언서입니다. 그는 지난 25년간 인간과 AI의 상호작용을 연구하며 한 가지 결론에 도달했습니다. 기술이 정점에 이를수록, 역설적이게도 '가장 인간다운 능력'이 더욱 중요해진다는 깨달음입니다. 다만 저자가 말하는 '대체불가능'하고 '인간다운' 능력은, 우리가 흔히 인간과 기계의 차이라고 생각하는 부분과는 다소 다릅니다.

저자의 솔루션은 상당히 구체적이고 실천적입니다. 아이를 키우는 부모, 일자리를 위협받는 직장인, AI 도입을 고민하는 기업 등 독자의 상황과 목표에 따른 맞춤형 전략을 제시합니다.

이 책을 번역하면서 저 또한 일하는 인간으로서 '대체불가능'의 실체와 실행 전략을 '지금 당장' 치열하게 고민해야 한다는 압박감을 느꼈습니다. 하지만 동시에, '지금부터 시작해도 충분히 준비할 수 있다'라는 용기도 얻었습니다.

눈이 핑핑 돌 정도로 빠르게 질주하는 세상에서 막연한 공포만 조장하는 소음을 극복하고, 제대로 차분하게 변화에 대비하고 싶은 독자들에게 이 책이 든든한 길잡이가 되기를 진심으로 바랍니다.

우리는 '대체불가능'해질 수 있습니다. 충분히!

선릉역에서, **김정민(제변)**

감사의 글

이 책을 집필하는 과정은 정말 놀라운 경험이었다. 내 곁의 특별한 사람들이 인내심 있게 지도하고 지원해주지 않았다면 첫걸음조차 떼지 못했을 것이다.

무엇보다도 내 에이전트 Leah Spiro는 뛰어난 코칭과 존경할 만한 인내심을 발휘하며 이 책을 쓰는 여정에서 등대와도 같은 존재가 되어주었다. 그리고 개발 편집자였던 Kim Wimpsett과 Andrew Eck의 날카로운 통찰력 덕분에 이 책의 핵심 메시지를 더욱 정교하게 다듬을 수 있었다.

Thomas Jestin과 Ernie Hayden에게도 진심으로 감사를 전한다. 두 분의 세심한 리뷰와 조언 덕분에 원고의 품질을 높일 수 있었다. Fred Eck, Emilie Viasnoff, Jorge Storm, Arnaud Morvan, Jochen Wirtz, Pooja Sund, Andy Holley, Ema Roloff, Gloria Zvaravanhu, Nandan Mullakara,

Breaden Kurchina, Erin Kurchina, Lasse Rindom, Bernard Goldstein에게도 깊이 감사드린다. 이분들이 각자의 독특한 관점을 더해주어 책의 내용이 깊어질 수 있었고, 귀한 시간을 내어 피드백을 해준 덕분에 의미 있는 개선을 이룰 수 있었다.

나의 소중한 친구 Ian Barkin, Seb Bonhomme, Manoj Yadav, Martin Weis가 격려해준 덕분에, 글쓰기가 극복하기 힘든 도전처럼 느껴질 때마다 바닥까지 가라앉지 않고 버틸 수 있었다. 내 아이디어를 믿어주고 계속 전진하도록 부드럽게 등을 밀어준 이 친구들의 도움이 너무나 고마웠다.

내 삶의 동반자 Pascaline, 물심양면으로 그대가 도와주었기 때문에 내가 온전히 서 있을 수 있었다. 그대의 강인함과 이해 덕분에 나는 이 꿈을 추구할 수 있었다. 나의 아이들 Mayleen과 Kylian, 이 책을 쓰느라 몰입해 있는 동안 너희들이 보여준 인내심은 내게 무엇과도 바꿀 수 없는 큰 의미를 지닌단다. 앞으로는 산만함을 줄이고 너희와 더 많은 모험을 떠날 것을 약속하마. 너무 일찍 우리 곁을 떠난 Pierre와, 이 모든 것의 토대가 되어준 프랑스에 있는 가족들에게 감사를 전한다.

저녁 식사 모임에서 내게 질문을 던져 이 책의 영감을 주고, 그때부터 내 생각이 눈덩이처럼 불어나게 만든 Angelica에게도 고마움을 전한다. AI에 대한 그녀의 의구심과 호기심은 이 책의 모든 페이지에 영향을 남겼다.

이 프로젝트에서 이 모든 분이 결정적인 역할을 해주었다. 이 책의 저자로서 영원히 감사해도 모자랄 따름이다. 나의 여정에 함께해줘서 정말로 고맙다.

파스칼 보넷

머리말

나는 지난 25년 동안 세계에서 가장 영향력 있는 두 곳의 컨설팅 회사에서 일하며 인공지능artificial intelligence, AI과 자동화의 세계에 깊이 빠져 있었다. 그 과정에서 전 세계를 무대로 수백 건의 AI 프로젝트를 실행했고, AI가 기업과 사회를 어떻게 변화시키는지 직접 눈으로 지켜봤다. AI는 업무 효율을 높이고, 고객과 직원의 경험을 개선하며, 사람들의 삶을 더 나아지게 하고, 심지어 생명을 구하는 일에도 도움이 됐다.

이 여정 속에서 나는 중요한 사실 하나를 깨달았다. 성공적인 AI의 본질은 결국 '인간'에 있다는 것이다. AI는 인간이 만들고, 인간이 사용하는 기술이다. 사람의 통찰과 상호작용이 없다면 AI는 그 의미와 목적을 잃고 만다. 내가 본 가장 성공적이고 수익성 높은 프로젝트들은 모두 결국 사람들과 깊은 연결고리를 가진 것들이었다.

바로 이런 이유로 나는 몇 년 전부터 '인간과 AI가 만나는 지점'에 집중해 연구하기 시작했다. 그 접점이야말로 앞으로의 세상에 가장 중요한 가치를 창출할 수 있다고 믿었기 때문이다.

> 인간적인 통찰과 상호작용이 없다면
> AI는 그 본질과 목적을 잃는다.

그리고 그때부터 AI를 통해 더 '인간적인 세상'을 만들어가겠다는 열정이 내 안에서 본격적으로 타올랐다. 이런 생각을 더 많은 사람과 나누고 싶어 2020년에는 첫 번째 책 《Intelligent Automation(인텔리전트 자동화)》을 집필하기도 했다.

나의 여정은 SNS를 통해서도 이어졌다. 사람들이 쉽게 공감할 수 있는 '이야기'의 형태로 메시지를 전하고 싶었기 때문이다. 나는 일상 속에서 세상을 바꾸는 AI 혁신 사례들을 소개하는 것을 특히 좋아한다. 예를 들어, 아기가 처음으로 부모의 목소리를 들을 수 있게 해주는 청각 보조 장치나, 공중 수영장에서 사람이 물에 빠졌을 때 즉시 알람을 울려주는 AI 시스템 같은 사례들이다. 이런 이야기는 언제나 매력적이다.

이런 활동을 이어가면서 링크드인, 트위터(현재 X), 유튜브 등에서 수백만 명이 함께하는 놀라운 온라인 커뮤니티를 만들 수 있었다. 그분들은 나 못지않게 이런 혁신을 사랑했다! 온라인 활동 외에도 나는 매년 전 세계에서 50회 이상 강연을 하며 이러한 메시지를 널리 알리고 있다.

이런 행사나 SNS에서 사람들과 만나 나눈 대화, 질문, 소통은 모두 이 책을 쓰는 데 큰 밑거름이 되었다. 그래서 이 책은 내가 다양한 청중과 나눈 가장 중요하고 민감한 질문들에 대한 답변을 모아놓은 결과물이라고 볼 수 있다. 비록 책의 형태로 정리한 건 나지만, 사실 수많은 사람이 함께 만들어낸 작품이다. 그래서 나는 이 책을 '나 혼자 쓴 책'이라고 말하기보다 '수백만 명과 함께 쓴 책'이라고 말하는 게 자랑스럽다.

이 책이 쉬운 표현으로 쓰였다고 해서 가볍게 여겨서는 안 된다. 나는 AI 분야에서 20년 넘게 쌓아온 경험을 바탕으로 정확한 정보를 담았다. 동시에 누구나 편안하게 읽고, 이해할 수 있도록 표현하는 데 많은 노력을 기울였다. 간결하고, 명료하게, 핵심만 담아 여러분이 책장을 펼치는 순간 자연스럽게 빠져들 수 있게 준비했다.

물론 어떤 책도 모든 독자를 만족시킬 수는 없다. 사람들은 각자의 삶에서 부모, 직장인, 리더, 사업자 등 여러 역할을 동시에 수행한다. 하지만 결국 우리 모두는 '인간'이라는 공통점을 가지고 있다. AI는 이 모든 영역에 동시에 영향을 미친다. 그런데 대부분의 책은 특정 영역에만 초점을 맞추다 보니 균형을 잃곤 한다. 마치 직업적 성취에만 집중하다 보면 가족과 함께하는 삶을 소홀히 하게 되는 것처럼 말이다.

그래서 이 책에서는 되도록 그런 빈틈을 두지 않으려 했다. 사람들은 각자의 삶에서 개인, 가족, 직업 등 삶의 여러 측면이 조화를 이루도록 돕는 통합적 접근 방식을 취했다. 이를 통해 독자들은 자신을 이루는 다양한 측면을 함께 성장시킬 수 있는 유용한 정보들을 얻게 될 것이다.

AI의 세계를 탐험하는 일은, 불확실한 미래를 헤쳐나가는 복잡하고도 놀라운 여정이라는 점을 기억해야 한다. 이 책에서 내가 독자들과 나누는 깨달음과 통찰은 나의 경험과 폭넓은 연구를 바탕으로 한 것이지만, 다른 전문가들이 다른 시각을 가질 수 있다는 사실 역시 인정해야 한다.

그렇기에 우리는 모두 겸손해야 한다. 그 누구도 미래를 확실히 예측할 수 없기 때문이다. 특히나 이 분야에서는 다양한 관점을 열린 마음으로 받아들이는 태도가 필요하다.

나 또한 독자들의 생각을 더 듣고, 함께 논의하고 싶다. 해시태그 #irreplaceable을 사용해 의견을 공유하고, @pascal_bornet으로 DM을 보내도 된다. 또한 이 책의 내용을 함께 공유하고 배우며 실천할 수 있는 안전한 공간인 'IRREPLACEABLE(대체불가능)' 커뮤니티와 아카데미(www.irreplaceable.ai)에도 참여해보길 권한다.

이 책은 독자들을 두근거리는 변화의 길로 안내할 것이다. AI와 함께 살아가는 세상에서 '어떻게 성공하고, 어떻게 인간성을 지켜낼 것인가'를 다루는 독특한 접근법이 담겨 있다. 이는 내가 지난 20여 년 동안 신경과학, 심리학, 회복탄력성, 몰입, 창의성 등 다양한 분야에서 수백 명의 전문가들과 의견을 나누며 쌓아온 연구의 결실이다.

이 책은 마치 미래를 미리 체험해볼 수 있는 모델하우스와 같다. 그리고 오늘날 우리가 던져야 할 가장 중요한 질문을 다룬다. "AI의 세상에서 우리는 어떻게 인간성을 최우선으로 지킬 수 있을까?"

> "AI는 목적지가 아니다, 더 인간적인 미래로 우리를 데려가는 수단이다."

우리는 각자 독특한 존재로서 빛나야 한다. 그리고 바로 그 이유로, 우리는 '대체불가능IRREPLACEABLE'한 존재가 되어야 한다.

이 책을 쓴 이유를 좀 더 자세히 설명하자면…

자연은 개미에게 자신의 몸무게보다 50배 무거운 물건을 들 수 있는 힘을, 치타에게는 엄청난 속도로 달릴 수 있는 능력을 주었다. 인간은 그렇게 강하지도, 그렇게 빠르지도 않다. 하지만 우리는 다른 능력을 받았다. 바로 **기술을 창조할 수 있는 힘**이다. 그리고 이 힘 덕분에 인간은 타고난 능력이 없어도 무거운 짐을 나르고, 음속에 가까운 속도로 이동하며, 그 이상의 일도 해낼 수 있게 되었다. 인간을 '기술 동물tech-animals'이라고 불러도 좋을 것이다.

오늘날 AI와 인간의 역사는, 사실 인간이 기술과 함께 써내려온 장대한 러브 스토리의 일부에 불과하다. AI는 우리의 삶을 더 나아지게 한 기술의 계보에서 가장 최근에 등장하였고, 가장 훌륭한 기술이다.

기술이 세상을 어떻게 바꿨는지 몇 가지 깜짝 놀라운 예를 들어보자. 1900년 이후 기술 발전 덕분에 세계 인구의 평균 기대수명은 두 배로 늘어나 70세에 이르렀고,[1] 문해율(글을 읽고 쓰는 능력을 갖춘 사람의 비율)은 12%에서 85% 이상으로 상승했으며,[2] 극빈층 비율은 75% 이상에서 약 10%로 줄었다.[3] 1950년 이후 유아 사망률은 무려 93%나 감소했다.[4]

정리하면, 과거에는 대부분의 사람이 글을 읽지 못하고 다섯 살 생일까지도 살지 못할 가능성이 높았던 세상에서, 오늘날 거의 모든 사람이 학교에 다닐 수 있고, 오래도록 건강하게 살 가능성이 높은 세상으로 바뀐 것이다.

물론 기술에 결점이 없는 것은 아니다. 같은 기간 동안 이산화탄소 배출량은 16배 이상 증가하며 기후 변화의 주요 원인이 되었다.[5] 하지만 중요한 점은, 기술이 만들어낸 문제를 다른 기술로 해결할 수 있다는 것이다. 예를 들어, 환경오염 문제는 재생에너지 시스템 같은 친환경 기술로 개선할 수 있다.

기술 혁신의 순환 과정은 인간의 진보에 필수적이다. 이 책을 읽는 누구도, 과거처럼 평균 30세 정도까지 살기 힘들고 수많은 위험이 도사리던 세상으로 되돌아가고 싶어 하지 않을 것이다.

돌과 불에서 시작해 AI로 이어진 오랜 기술 진화의 역사는 세상을 더 나은 곳으로 만들고자 했던 이전 세대의 신성한 유산이다. 오늘날 후손인 우리는 이 유산을 존중하여, 기회를 잡고 위험을 최소화하며, 기술의 이점과 문제점에 함께 적응하고 함께 진화해야 한다.

우리는 이 유산의 수호자로서, 우리의 아이들을 위해 더 나은 미래를 만들어나갈 책임이 있다. 따라서 AI의 영향에 대해 논의하는 일은 전문가나 기업만의 일이 아니다. 우리 모두와 관련된 문제이며, AI와 함께 살아갈 미래를 형성하는 영향력과 목소리는 누구에게나 있다.

이 책은 독자들에게 역동적이고 흥미진진한 AI의 세계를 이해하고, 정복하며, 활용할 수 있는 도구와 통찰, 영감을 제공하기 위한 노력의 결실이다.

AI는 목적지가 아니다. 더 인간적인 미래로 우리를 데려가는 수단이다.

들어가며

깨어나라! 나는 일부러 도발적인 책 표지를 골랐다.

독자가 정신을 번쩍 차리도록 만들고 싶었기 때문이다. 당신이 진짜로 주목할 때까지 나는 계속해서 경고할 것이다. 우리의 인간성은 이미 위험에 처해 있다. 지금 당장 행동해야 한다!

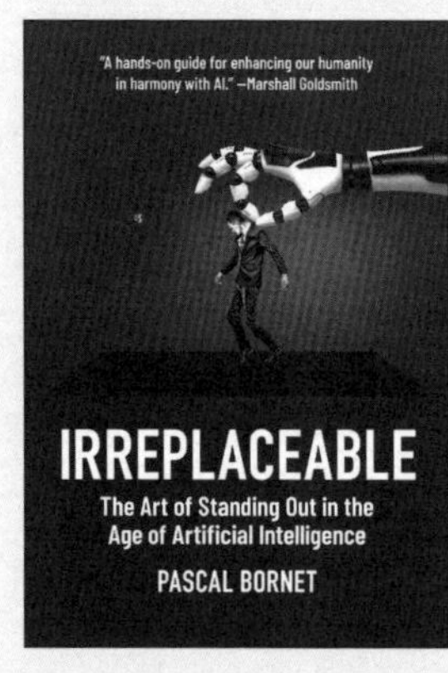

《IRREPLACEABLE》
원서 표지 이미지

> 이 책은 깨어나라는 메시지다.
> 우리의 인간성은 이미 위험하다.
> 지금 당장 행동해야 한다!

AI는 이미 우리 곁에 있다. 그리고 멈출 수 없는 속도로 그 영향을 넓혀 가고 있다. AI는 무서운 속도로 우리의 삶 곳곳에 파고들고 있다. 의사 결정에 영향을 주고, 일자리를 자동화해 대체하며, 아이들의 집중력을 빼앗고, 인간의 사생활과 윤리를 위협한다. 심지어 인간과 불공정하게 경쟁하는 수준에까지 이르렀다.

나의 선택

AI가 점점 더 빠른 속도로 인간 세상에서 자리를 넓혀가는 지금, 나에게는 두 가지 선택이 있다.

선택 1

아무것도 하지 않고 가만히 앉아, AI가 인간다움을 조금씩 갉아먹도록 내버려두는 것이다. AI가 나를 꼭두각시처럼 조종하게 두고, 무가치하고 시대에 뒤처진 속 빈 강정으로 만들게 두는 것이다.

이런 일은 생각보다 쉽게 벌어진다. AI를 사용할 때 '속도'를 '깊이'보다 앞세우고, '편의성'을 '인간적 소통'보다 중시할 때 일어난다. 창의력을 포기한 채 버튼 한 번으로 결과를 얻는 유혹에 빠지거나, 진정성 대신 AI가 만들어낸 가짜 시뮬레이션을 선택하는 것도 마찬가지다.

나는 이런 현상을 AI 비만AI obesity이라 부르기로 했다. 한때 사람들이 패스트푸드에 중독되었던 것처럼, 지금 인류는 '빠른 창의성', '빠른 소통', '빠른 결정', 심지어 '빠른 사랑'까지 탐닉하고 있다. 결과를 고려하지도 않은 채 대량으로 AI를 소비하면서 패스트푸드처럼 AI에 중독되고 있는 것이다.

인류는 더 높은 수준을 향해 전심전력을 다해 노력하기보다, '이 정도면 됐다'라는 안일한 태도에 안주하고 있다. 그 대가로 우리는 일자리, 비즈니스, 집중력, 아이들의 안전 그리고 인간성까지 잃어가고 있다. AI 비만은 그 어떤 〈터미네이터〉식 로봇 아포칼립스보다 훨씬 큰 위협이다.

선택 2

나에게는 또 다른 선택지가 있다. 바로 편의 대신 품질을 선택하는 것이다. 패스트푸드 같은 식단을 잘 차려진 고급 식사로 바꾸듯, 진정성, 독창성, 깊이를 선택하는 것이 AI가 지배하는 세상에서 인간성을 지키는 열쇠다. 이것이야말로 진정으로 대체불가능해지는 길이다.

그렇다면 구체적으로 어떻게 해야 할까? 먼저, AI 그 자체가 문제는 아니라는 사실을 이해해야 한다. AI를 음식에 비유하면 이해하기 쉽다. 음식이 본질적으로 좋은 것이거나 나쁜 것이 아니듯, AI도 마찬가지다. 중요한 건 소비하는 사람이 양, 품질, 다양성, 빈도를 어떻게 관리하느냐에 달려 있다.

물론 음식과 AI는 서로 다른 점도 있다. 부모들은 누구나 아이에게 "너무 많이 먹으면 비만이 될 수 있다"라고 가르친다. 하지만 AI를 어떻게 사용해야 'AI 비만'을 피할 수 있는지 알려주는 사람은 없다. 이 책이 바로 그 공백을 메우려는 시도다. 나는 독자에게 AI를 거부하라고 말하지 않는다. 오히려 현명하게 사용하는 법을 배우라고 말한다. 그래야 자기 자신을 잃지 않고도 AI를 잘 활용할 수 있다.

AI와 가까워질수록 효율성은 높아지고, 학습은 빨라지며, 삶의 만족도도 커질 수 있다. 하지만 동시에 위험도 커진다. 여러 개의 날카로운 칼로 저글링하는 모습을 상상해보자. 기술을 제대로 익혔다면 관객을 감명받게 할 수 있다. 그러나 그런 기술이 없다면 자신을 다치게 할 위험이 크다. 이 책은 바로 그 저글링을 안전하고 아름답게 해낼 수 있는 기술을 알려준다.

나는 독자가 이 기술을 익혀 대체불가능해질 수 있는 실질적인 길을 찾도록 돕고 싶다. 이 획기적인 접근법은 내가 지난 25년간 인간과 AI의 접점에서 연구하고 실험해온 내용을 바탕으로 한다. 그리고 개인의 삶, 자녀 교육, 업무, 조직 운영 어디에서든 보편적으로 적용할 수 있는 실용적인 전략을 제시한다.

이 전략을 잘 활용한다면, 부모는 아이들에게 AI와 함께하는 성공적인 미래를 준비시킬 수 있을 것이다. AI는 아이들의 집중력을 빼앗는 도둑이 아니라, 훌륭한 학습 파트너가 될 수도 있다.

또한 독자는 AI가 따라올 수 없는 나만의 고유한 능력을 강화하는 방법을 배우게 될 것이다. 자신의 재능을 AI와 영리하게 결합해 강력한 시너지를 만들어내고, 새로운 차원의 성과를 창출할 수 있다. 그 단계에 이르면 더 이상 일자리를 찾아다니지 않아도 된다. 오히려 일이 당신을 찾아온다. 회사의 사다리를 오르는 대신, 자신만의 사다리를 세우게 될 것이다.

'대체불가능' 접근법을 받아들인 사람들은 놀라운 변화를 경험했다. 효율성은 30% 이상 높아졌고, 업무 품질은 40% 이상 향상되었다. 게다가 삶의 균형을 유지하면서도 일에서 더 깊은 만족감과 목적의식을 느꼈다. 그들의 답변에 따르면 회복탄력성과 적응력이 커졌고, 그 결과 내면의 평화가 깊어지고 집중력이 향상되었으며, 전반적인 삶의 만족도 또한 높아졌다고 한다.

기업 차원에서 이 접근법을 적용하면 효과는 더 크다. AI를 대규모로 활용해 비즈니스 모델을 혁신할 수 있을 뿐 아니라, 인간과 AI의 강점을 결합하는 정교한 기술을 통해 비즈니스의 독창성과 경쟁력을 크게 높일 수 있다. 이 과정은 단순히 시장 변화에 대응하는 수준을 넘어, 시장을 재정의하는 혁신으로 이어질 수 있다.

'대체불가능' 접근법

'대체불가능' 접근법에서는 미래에 반드시 필요한 세 가지 역량을 강조한다. 이는 행동심리학, 중독 연구, 소아의학, 회복탄력성, 몰입, 창의성, 비판적 사고, 신경과학, 교육학 등 다양한 분야의 전문가들이 광범위한 연구를 통해 도출해낸 것이다.

이후 이 책에서 더 자세히 논하겠지만, **AI 준비성**AI-Ready은 성과 향상과 윤리적 AI 사용에 초점을 맞춘다. **인간 친화성**Human-Ready은 인간 고유의 능력을 활용하고 AI와의 시너지를 창출하는 것을 의미한다. **변화 대응성**Change-Ready은 급변하는 AI 환경에서 회복탄력성과 적응력을 강조한다.

이 책은 당신이 변화의 길을 떠나는 출발점이다. 이 여정은 책을 넘어 온라인에서도 이어진다. 나의 링크드인(www.linkedin.com/in/pascalbornet), X 계정(@pascal_bornet), 유튜브 채널(@pascal_bornet)에서 더 깊은 통찰과 해석, 교육 자료, 전문가 토론, 최신 업데이트를 접할 수 있다. 또한 www.irreplaceable.ai에서 '대체불가능' 아카데미와 커뮤니티에 참여할 수 있으며, 해시태그 '#irreplaceable'를 통해 경험을 공유할 수도 있다.

변화를 향한 첫걸음은 간단하다. www.irreplaceable.ai에서 IRQ(대체불가능지수) 테스트를 해보자. 이를 통해 자신이 우선적으로 개발해야 할 역량을 파악할 수 있고, 주기적으로 다시 테스트하며 변화 수준을 추적하고 학습 방향에 대한 조언도 얻을 수 있다.

이 책의 구성

1부. '대체불가능'하게 되라: AI에 대한 잘못된 믿음을 깨고 세상을 바꿀 '대체불가능' 접근법을 다소 충격적인 사실들과 함께 공개하면서 시작한다. 여기에서는 인간으로서의 잠재력을 극대화하는 비결을 확인하면서 '대체불가능' 접근법의 로드맵을 보게 될 것이다.

2부. '대체불가능' 역량 키우기: 지금 AI가 어떻게 기술의 세계를 재정의하고 있는지 살펴본다. 인간 고유의 능력(**휴믹스**Humics)을 활용해 AI가 할 수 있는 일을 보완하고 개선하여 AI와의 관계에서 시너지를 내는 데 성공하면 어떤 일들이 가능해지는지를 알게 된다.

3부. 일터에서 '대체불가능'해지기: 자동화의 파도에 밀려 일자리를 뺏길 위험 없이 나의 업무 성과를 향상시키는 AI 강화 기술을 배우게 된다. AI 마인드를 받아들이는 방법, AI를 전략적으로 일과 삶에 적용하는 방법, 계속 진화하는 기술로 둘러싸인 환경에서 AI 문해력을 유지하는 방법을 배울 것이다. 개인 데이터 관리와 윤리적 AI 활용이라는, 논란의 중심이 되는 주제도 다룬다.

4부. '대체불가능'한 아이로 키우고, 나 자신을 지키기: AI 시대의 아이들을 키우며 미래에 대비할 능력을 가르치기 위한 도구를 얻을 수 있다. 디지털 형태의 집중력 도둑보다 더 똑똑해지는 법부터 AI 중독에서 벗어나는 법까지, AI와 함께해야 하는 세상을 자신 있게 헤쳐나가며 나 자신과 나의 자녀들을 위해 균형 잡힌 삶의 본질적 요소들을 재정의할 수 있는 수단을 갖게 될 것이다.

5부. '대체불가능'한 회사 경영하기: AI를 소속 조직의 DNA에 자연스럽게 결합하면서, 동시에 인간과 AI가 갈등 없이 함께 일할 수 있는 환경을 만들어 과거에는 불가능했던 수준의 혁신과 성장을 달성할 수 있다. 책임 있는 AI 원칙을 살펴보고, 변화의 폭풍 속에서도 회복탄력성과 적응력을 갖춘 비즈니스를 만드는 방법을 안내한다.

6부. 실행 계획 세우기: 유용하게 쓸 수 있는 핵심 요약 내용을 제공하고, 즉시 나의 일상생활에서 '대체불가능' 접근법을 적용할 방법을 소개한다.

이 책 전반에 걸쳐 실제 현실에서 나온 생생한 사례, 전문가적 통찰, 나의 일과 삶에 즉시 적용할 수 있는 실행 가능한 전략들을 확인할 수 있다. 이 여정을 모두 마치고 나면, AI의 힘을 활용하고, 인간으로서의 잠재력을 극대화하며, 더 혁신적이고 포용적이며 본질적인 만족감을 주는 미래를 현실로 만들 준비가 된, 진정한 의미에서 '대체불가능'한 존재로 거듭날 수 있는 사고방식, 역량, 도구를 손에 넣게 될 것이다.

1부

'대체불가능'하게 되라

이 책을 여는 1부에서는 AI 시대에 '대체불가능'해진다는 것이 얼마나 중요한 개념인지 살펴본다. 개인에게 이 개념이 무엇을 뜻하는지 상세히 다루면서, 앞으로 나올 내용을 이해하기 위한 기초를 다지게 될 것이다.

기억하라. AI는 나로서의 삶, 부모로서의 삶, 일하는 사람으로서의 삶, 비즈니스를 경영하는 삶 등 한 인간이 가진 삶의 모든 측면에 동시에 영향을 미친다. 이 책은 독자가 이런 모든 면에서 성공할 수 있도록 돕는 통합적 접근 방식을 택했다. 우선 '대체불가능'해지는 것이 왜 필요한지 이해하는 데서 출발해보자. 이 부분은 앞으로 이 책을 읽어 나가는 데 중요한 가이드가 되어줄 것이다.

AI에 대한 오해

AI는 이제 우리가 생활하고, 일하고, 소통하는 방식을 혁신하는 필수적인 도구가 됐다. 하지만 AI에 대한 과장된 기대와 언론의 호들갑만 보고 있으면, 오해와 반쪽짜리 진실이 얽힌 미로에서 길을 잃기 쉽다.

이 장에서는 사실과 허구를 명확히 구분하고, AI와 그 실제 영향력을 둘러싼 혼란을 부추기는 여러 오해를 벗겨낼 것이다. 그리고 AI가 사회, 비즈니스, 미래의 일자리에 미치는 영향에 관한 진실을 살펴보고, 이 혁신적 변화의 여정에서 살아남기 위한 **대체불가능**IRREPLACEABLE 프레임워크의 기초를 설명한다.

여기서는 AI와 관련해 세간에 퍼져 있는 10가지 소문을 하나씩 짚어본다. 깊이 있는 분석을 거쳐, 나의 견해를 바탕으로 그 소문이 맞는지 틀리는지 결론을 내릴 것이다.

AI 영향에 적응하기

소문 1.

AI는 기술 마니아나 기술 분야에서 일하는 사람들에게만 중요하다?

틀렸다.

솔직히 사람들은 AI가 우리 일상 곳곳에 얼마나 깊숙이 스며들었는지 깨닫지 못할 때가 많다. AI는 어디에나 존재하며, 그 의존도도 계속해서 커지고 있다. 우리는 매일 다양한 방식으로 AI와 얽혀 살아가지만, 그 사실조차 인식하지 못하곤 한다.

일상에서 사용되는 수많은 AI 사례를 살펴보자.

- 아침에 눈을 떠 침대에서 일어나면, 스마트홈 온도조절기가 알아서 적절한 온도로 맞춰둔 덕분에 편안한 아침을 맞이할 수 있다. AI가 부리는 마법이다.
- 출근길, 오늘은 처음 가는 길을 운전해야 하지만 걱정할 필요 없다. GPS가 실시간 교통상황에 맞춰 경로를 재설정해 주기 때문이다. 막히지 않는 길에서 뻥뻥 뚫리는 드라이브를 즐길 수 있는 건 바로 AI 덕분이다.
- 오늘날 자동차에는 다양한 AI 기반 기능이 탑재되어 있다. 적응형 크루즈 컨트롤adaptive cruise control, ACC, 자동 주차, 정비 시기 알림까지 AI가 우리의 안전을 지킨다.
- 회사에서 근무를 시작할 때, 내가 작성하는 문서의 오타를 자동 교정하고 더 나은 문장을 추천한다. AI의 문서 교정 기능이다.
- SNS를 보고 있는가? 가장 먼저 보게 되는 게시물, 최근 검색 기록과 이상할 정도로 맞아떨어지는 광고, 내 유머 감각을 저격하는 밈meme까지, 이 모든 것이 AI의 결과물이다.
- 외국인 고객이 있는가? 이메일로 대화할 때, AI 기반 번역 도구를 쓰면 언어 장벽을 넘어 원활하게 소통할 수 있다.

- 출장을 계획하고 있는가? 항공권 예약 플랫폼은 AI를 활용해 최적의 가격과 비행 시간대를 찾고, 나의 과거 선호도를 바탕으로 호텔까지 추천한다. 비행기의 AI 시스템은 운항 중 실시간으로 변하는 기상 조건과 항공 교통 상황에 맞춰 파일럿을 도와 최적의 경로를 선택한다.
- 온라인 회의가 있는가? 회의 중 거리의 자동차 경적 소리에 방해받지 않도록 돕는 소음 제거(노이즈 캔슬링) 기능도 역시 AI 덕분이다. 스팸 메일이 없는 '받은 편지함' 또한 불필요한 이메일을 걸러내기 위해 끊임없이 돌아가는 AI의 작품이다.
- 집에 돌아와 음악을 들으며 긴장을 푸는 당신에게, 음악 스트리밍 앱은 선호하는 곡과 잘 어울리는 신곡들로 구성된 완벽한 플레이리스트를 선물한다. 당연히 이 뒤에도 AI가 있다.
- 집안일도 마찬가지다. 스마트 냉장고와 온도 조절기는 물론, 넣은 음식에 맞춰 조리 시간을 자동으로 조절하는 오븐, 세탁물의 무게와 오염도를 감지해 회전수를 최적화하는 세탁기, 집의 구조를 학습해 효율적으로 청소하는 로봇청소기까지 모두 AI다.
- 오늘 저녁은 집에서 영화를 보는 날이다. OTT 서비스가 추천해주는 영화를 선택해서 실망한 적이 거의 없을 것이다. 로맨틱 코미디를 볼 기분인지, 액션 스릴러를 볼 기분인지 상관없이 AI는 알아서 잘 딱 깔끔하고 센스 있게 추천한다.
- 하루를 마무리하며 잠자리에 들면 수면 추적기가 패턴을 분석해서 상쾌한 기분으로 일어날 수 있게 돕는다. 단꿈에서 거칠게 깨우지 않고 부드럽게 감싸듯 깨워주는 알람 소리는, 항상 내 곁에 있는 AI 자장가가 만들어낸 마법이다.

자, 더 범위를 넓혀보자. 제품을 생산하는 공장부터 운송 경로를 최적화하는 시스템, 소매 점포의 재고 관리에 이르기까지 공급망 전체가 AI에 상당히 의존하고 있다. 금융 시스템 역시 AI가 중심이 되는 거대한 네트워크다. 사기 탐지, 신용 평가, 고빈도 거래*에 이르기까지 AI가 핵심이다. 소중한

* 옮긴이 HFT(high frequency trading), 사람의 개입 없이 알고리즘을 이용하여 빠른 속도로 매매하는 기법

생명을 다루는 병원에서도 AI는 의료 전문가들을 보조해 환자를 구하고 케어하는 능력을 향상시키는 귀중한 동반자로 활약하고 있다.

이런 현실을 마주하면 의문이 생길 수도 있다. 예를 들어, AI에게 인간의 개입 없이 스스로 결정을 내릴 권한을 주어서는 안 된다고 생각하는 사람이 많다. 하지만 사실 우리는 이미 수년 전부터 그렇게 해왔고, 이러한 권한 위임 추세는 더욱 가속화되고 있다. 금융 시장은 AI 자동화에 의해 움직이고, 항공기는 AI가 조종하며, 교통 신호도 AI가 제어한다.

그렇다면 몇 가지 중요한 질문이 떠오른다. 이러한 권한 위임은 무엇을 의미하는가? 우리는 AI에게 어느 정도까지 책임을 맡겨야 하는가? 인간이 삶의 모든 측면을 AI에 의존하게 되어도 정말 안전한가?

게다가, 어느 날 갑자기 모든 AI 시스템이 멈춘다면 무슨 일이 벌어질까? 생각만 해도 끔찍한 일이다. 그 결과는 상상하기 어려울 정도로 참혹할 것이다. 단순히 편리함이 사라지거나 업무 자동화가 멈추는 정도의 손실이라면 그나마 다행이겠지만, 의료 분야와 같은 곳에서는 재앙에 가까운 일이 벌어질 수 있다. 이미 수많은 사람이 AI 기반 시스템에 의존하여 중요한 치료와 지원을 받고 있기 때문이다.

AI가 보편화된 지금, 일부 전문가가 아닌 우리 모두가 경각심과 책임감을 가져야 한다. 진정으로 '대체불가능'한 사람이 되려면 말이다.

소문 2.

AI 세상에서 성공하려면, 인간도 AI와 같은 장점을 개발해야 한다?

틀렸다.

우리는 성공하려면 숫자에 밝아야 하고, 고도로 집중해야 하며, 매일 24시간 일하는 생산적인 일벌레가 되어야 한다고 배웠다. 몇 달 동안 쉬지 않고 일하다 번아웃에 빠진 스타트업 리더들을 동경하기도 한다. 여전히 많은 관리자가 "스트레스를 받지 않는다면 충분히 일하지 않는 것"이라고 말한다. 그래서 많은 사람이 이제 겨우 자신을 위한 시간을 쪼개어 쓰려고 할 때조차 더 많은 성과를 내지 못했다는 죄책감에 시달리곤 한다.

하지만 시대는 변했다. 오늘날 최신 AI의 발전 속도를 보면, 이런 식의 사고 방식은 구석기 시대에나 통했을 법한 낡은 방식이다.

다소 파격적으로 들릴 수도 있겠지만 진실은 이렇다. AI와 역할이 겹치지 않으려면, AI처럼 행동할 것이 아니라 오히려 AI와 다르게 행동해야 한다! AI와 공존하려면 가장 인간다운 부분을 더 부각시켜야 한다.

AI가 절대 나만큼 잘할 수 없는 것들이 있다. 창의성을 발휘하고, 기존의 방식을 뛰어넘는 아이디어를 탐구하며, 다른 사람들과 깊은 유대감을 형성하는 일이 그렇다. 만약 인간이 AI가 훨씬 더 잘할 수밖에 없는 영역의 기술이나 역량에만 집중한다면, AI와의 시너지는커녕 업무 품질을 획기적으로 향상시키는 일은 요원해질 것이다.

이 책을 통해 독자는 창의성, 공감, 리더십, 경청 등이 인간만의 초능력이며, 이것이 진정한 경쟁력이 된다는 사실을 배우게 될 것이다. 이것이야말로 AI가 결코 흉내 낼 수 없는 인간만의 비법이다.

소문 3.

직장이나 학교에서 AI를 사용하는 것은 반칙이다?

틀렸다.

더 효율적으로 일하기 위해 기술을 사용한다고 해서 사기꾼 취급을 하는 사람이 있을까? 챗GPTChatGPT나 구글 번역기를 사용하면 제대로 일하지 않는 것이라고 여기는 암묵적인 규칙이라도 있는 듯하다. 마치 "삿된 스마트 도구로 일하지 말라. 오직 너희들의 힘만 쓸지어다!"라고 적힌 신성한 계명이라도 어기는 것처럼 말이다.

이런 낡은 생각은 빨리 버려야 한다. 사실이 아니기 때문이다.

AI를 똑똑하게 활용하면 '게임 체인저'가 될 수 있다. AI를 사용하는 것은 내가 하는 일의 가치를 떨어뜨리는 게 아니라, 내가 일처리를 더 현명하게 할 줄 안다는 사실을 보여주는 것이다. 기술 중심의 세상에서 이런 능력은 점점 더 귀한 대접을 받게 될 것이다.

AI는 이제 전기, 인터넷, 불처럼 필수재가 되었다. 굳이 "불로 케이크를 구웠다"라거나 "전기로 케이크를 구웠다"라고 말하지 않듯이, 이제는 "AI로 발표자료를 만들었다"라고 따로 밝힐 필요는 없다고 생각한다. AI 활용은 나의 모든 결과물에 자연스럽고 암묵적으로 녹아들어야 한다.

기술에 대한 낡은 태도를 바꿔야 하는 시대가 왔다. 이 책에서는 이러한 생각의 전환을 이루는 방법 외에도, AI가 주도하는 세상에서 성공하기 위한 여러 가지 중요한 전략을 다룰 것이다.

관리자는 이러한 문화적 변화를 앞장서서 이끌어야 한다. 팀원들이 자신의 역량을 강화할 AI 도구들을 적극적으로 받아들이게 하라. 그들이 이제는 평범한 노동자가 아니라, AI로 강화된 '슈퍼히어로'라고 말해주자. 가장 미래 지향적인 기업들은 불필요한 보수주의를 버리고 AI의 기술적 이점을 사내 문화에 대대적으로 통합하고 있다.

그렇다면 그것이 무슨 명예 훈장이라도 되는 양 '순수한 인간의 땀'에만 집착하는 느림보들은 어떻게 될까? 장담컨대 팩스 기계보다도 더 빨리 사라지게 될 것이다.

소문 4.

AI가 인간의 직업을 빼앗을 것이다?

맞다.

AI가 깜깜한 밤에 만난 강도처럼 인간의 직업을 훔쳐갈 것이라는 전망을 두고 많은 사람이 떠들썩하다. 이것은 진실이다. 내 직업에는 유효기한이 있고, 그 종료일은 점점 다가오고 있다. AI가 주도하는 세상에서 이는 파멸의 예언이 아니라 명확한 현실이다. 지금 내가 맡은 역할, 전문성을 갖고 익숙하게 수행하는 업무들은 시간이 지나면 도태될 운명이다. 어떤 산업, 어떤 역할, 어떤 전문성이든 시간은 똑같이 흘러가고 있다.

그럼 우리는 뭘 할 수 있는가? 예상하고 준비해야 한다. 커리어를 바라보는 관점을 크게 바꿔야 한다. '직업 안정성'에 매몰되지 말고, '적응 역량'에 집중해야 한다. 즉, 직업 지키기에서 유연한 역량 기르기로 생각을 전환해야 한다는 뜻이다. 싸울 곳을 현명하게 골라야 한다. 내 직업을 그대로 살리려고 애쓰지 말라. 그건 이미 진 싸움이다.

그 대신, 나의 시간과 에너지를 새로운 세상에 어울리는 역량을 키우는 데 쏟아야 한다. 역량과 기술은 항상 나와 함께하지만, 직업은 그저 종이에 적힌 타이틀일 뿐이다. 나의 역량을 향상시키는 것이 내 미래를 위해 할 수 있는 가장 현명한 투자다.

AI가 언젠가 내 직업의 세계를 완전히 바꿔놓기를 수동적으로 기다리기보다는, 이 기술을 적극적으로 다뤄야 한다. AI의 능력과 한계를 이해하고, AI가 나만큼 잘할 수 없는 영역인 진짜 창의성, 감정 지능, 전략적 통찰력을 통해 나 자신의 역량을 강화해야 한다. 이 책은 이러한 중대한 자기 변혁을 통해 성공하는 방법을 다룰 것이다.

AI는 경쟁자가 아니라, 지겨운 업무를 자동화해서 제거해주는 파트너다. 이 파트너 덕분에 인간은 진짜 중요한 팀, 전략적 사고, 창의성, 고객에 집중할 수 있다. 게다가 AI는 인간의 능력을 확장해 우리가 더 많이 성취하고, 세상에 더 큰 영향을 미칠 수 있게 해준다. 의사들이 더 많은 생명을 구하고, 애널리스트들이 수백만 페이지의 보고서를 단 몇 분 만에 꼼꼼히 검토할 수 있는 것처럼 말이다. 내 일자리를 빼앗는 것은 AI가 아니라, AI를 나보다 더 잘 활용하는 사람일 것이다!

AI는 일의 본질을 바꿀지도 모르지만, 이것이 일의 종말을 초래할 것 같지는 않다. 그러나 만약 우리에게 익숙한 일이 변화하거나 사라지는 날이 온다면, 인생에서 진정으로 중요한 것들에 집중할 기회로 여기고 기쁘게 받아들이자. 사랑하는 사람들과의 시간, 열정을 따르는 일, 지구 환경 보호, 일 중심의 가치를 초월하는 삶의 목적들에 집중해보자.

AI의 특징

소문 5.

AI와 인간 지능은 같은 종류의 지능이다?

틀렸다.

AI와 인간의 지능은 가끔 기능적 측면에서 공통점이 보이기는 해도 본질적으로 다르다.

AI를 어떻게 정의할지를 두고 많은 논쟁이 있지만, 단순하고 명확하게 말하자면 나는 AI를 '인간 지능을 기계로 시뮬레이션simulation한 것'으로 정의하기를 좋아한다. 즉, 기계가 인간처럼 생각하고, 배우고, 말하고, 주변 환경과 상호작용하도록 설계된 것을 가리켜 AI라 부른다. 이는 기본적인 문제 해결, 의사 결정 기능에서 시작해 자연어 처리, 시각 또는 촉각 센서 인식, 복잡한 행동 실행 같은 고수준 작업까지 포괄하는 개념이다.

AI의 지능과 인간의 지능을 비교하기 위해 다음과 같은 두 명의 아티스트를 상상해보자.

- **인간 아티스트(인간지능)**: 여기 '소피아'가 있다. 그녀는 어린 시절부터 그림을 그려온 화가다. 그녀의 감정, 기억, 경험, 그날의 기분까지 그녀의 붓 터치 하나하나에 영향을 미친다. 소피아는 저녁노을을 그릴 때, 잊을 수 없는 여름 휴가에서 봤던 노을을 떠올린다. 종종 주변 환경에서 느낀 감정이나 영감을 바탕으로 새로운 기법이나 색 조합으로 실험적인 시도를 한다. 그녀의 그림은 단순한 시각적 표현이 아니라, 그녀의 영혼과 인생의 이야기를 들여다보는 창문과 같다.
- **로봇 아티스트(인공지능)**: 이제 '아티'를 만나보자. 아티는 그림을 그리도록 설계된 로봇이다. 아티는 소피아처럼 노을을 그릴 때, 입력된 수천 장의 노을 이미지를 분석하고 가장 자주 등장하는 색상, 구름의 패턴, 태양의 위치를 계산한다. 아티는 실제 노을을 기억하거나 어떤 여름날 저녁의 따뜻함을 느끼지 못한다. 그저 데이터와 패턴으로 아름다운 그림을 생성할 뿐이다. 아티는 더 많은 노을 이미지를 입력받아 시간이 흐를수록 더 나은 그림을 그리지만, '느낌'을 받거나 '기억'하지 않는다. 단지 데이터와 프로그래밍에 기반하여 계산하고 실행한다.

본질적으로 소피아의 지능은 풍부하고 감정적이며 경험에 기반한 지능이다.

그녀의 지능은 성장 과정, 기쁨과 슬픔, 그리고 세상을 인식하는 독특한 방식에 영향을 받는다. 반면 아티의 지능은 방대한 데이터와 구체적인 명령에 의해 작동되는 강력하고 정확한 지능이다. 아티는 노을처럼 보이는 그림을 그릴 수 있지만, 소피아처럼 감정적이고 경험적인 방식으로 노을을 '이해'하지 않는다.

표 1.1은 오늘날의 AI와 인간지능을 비교하는 직관적인 표다. 이를 살펴보면 AI와 인간지능이 서로 보완적인 강점과 약점을 가지고 있음을 알 수 있다.

	AI(인공지능)	인간지능
기원과 발전	알고리즘과 데이터를 기반으로 인간에 의해 창조되고 설계됨. 알고리즘 업데이트와 데이터 추가 투입을 통해 진화함	수백만 년에 걸친 진화의 산물로, 유전, 성장 과정, 경험에 의해 빚어짐
학습	알고리즘을 통해 대규모 데이터셋을 학습함. 충분한 데이터가 주어지면 한정된 영역에서 빠르게 숙달할 수 있음	경험, 교육, 관찰을 통해 학습함. 더 유연하고 적응력이 높으며, 데이터를 넘어선 맥락을 이해함
감정과 의식	감정, 의식, 욕구, 주관적 경험이 없음. 순수한 논리와 알고리즘에 기반하여 결정함	태생적으로 감정과 의식이 있음. 감정, 욕구, 직관에 의해 영향을 받는 결정을 내림
범용성	대부분의 AI는 한정된 범위나 정해진 분야에 특화되어 있으며, 지정된 구체적 작업에서만 뛰어난 성능을 발휘함(단, 범용성이 높은 모델도 등장하고 있음)	범용성이 매우 높음. 인간은 넓은 범위의 과제에 적응하며, 종종 서로 다른 분야 간에도 지식을 응용함
창의성	프로그래밍과 데이터를 바탕으로 새로운 결과물을 생성할 수 있으나, 의도적인 상상력을 발휘해 창작할 수는 없음	진정한 창의성, 예술, 음악, 혁신적 해결책을 만들어낼 수 있으며, 종종 감정적 또는 추상적인 동기에 의해 창작함
환경과 상호작용	사전 정의된 알고리즘과 센서에서 얻은 데이터로 상호작용함	감각 정보, 경험, 감정적 반응을 활용해 지속적으로 상호작용함
윤리 도덕	태생적인 윤리나 도덕이 없음. AI의 윤리적 행동은 인간의 프로그래밍으로 만든 것임	윤리적 추론 능력을 가지고 있으며 문화, 성장과정, 경험에 영향을 받음
편견	데이터셋과 프로그래밍에 내재한 편향에 영향을 받을 수 있고, 이에 따라 부정확하거나 불공정한 결론이 나올 수 있음	경험, 문화, 감정에 의해 형성된 인지적 편향에 기우는 경향이 있음. 그러나 인간은 자기 성찰과 교육을 통해 이러한 편향을 인식하고 극복하려 노력할 수 있음
한계	알고리즘, 데이터, 컴퓨팅 파워에 의한 한계가 적용됨. 정보를 처리할 뿐, '이해'하지 않음	매우 유연하게 잘 적응하지만 편견, 감정, 부하, 물리적 제약에 의한 영향을 받을 수 있음

표 1.1 **AI와 인간지능의 비교**

다음 장에서 이런 차이점과 보완성을 좀 더 자세히 다룰 예정이다.

소문 6.

AI가 인간보다 더 창의적이다?

틀렸다.

이 질문은 꽤 의미가 있다. 챗GPT에게 시를 써달라고 요청했을 때처럼, AI와 상호작용하다 보면 AI가 인간만큼이나 창의적이고 지능적이라고 느껴지는 순간이 있기 때문이다. 하지만 여기에 대해서는 조금 더 자세한 설명이 필요하다.

나는 AI의 작동 방식을 마술 트릭에 비유하곤 한다. 겉보기에는 스마트하고 창의적인 것 같지만, 실상은 마술사가 보여주는 일루전(환상)과 같다. 수백만 개의 문장을 통째로 외운 아주 똑똑한 앵무새가 있다고 상상해보자. 내가 “안녕하세요”라고 말하면 앵무새는 “네, 안녕하세요”라고 답할 수 있다. 하지만 이는 앵무새가 인간의 인사말을 이해했거나 내 안부에 관심이 있어서가 아니다. 과거의 경험으로 “안녕하세요”라는 말 뒤에는 으레 그 말이 따라오더라는 것을 기억하기 때문이다.

AI도 이와 비슷하게 작동한다. 마치 스마트폰 키보드의 자동완성 기능처럼, 방대한 데이터를 학습하여 다음에 어떤 단어나 문구가 나올 가능성이 가장 높은지를 예측해 응답을 생성하는 것이다. 앵무새 비유와 마찬가지로, 이런 일을 할 수 있다고 해서 AI가 내용을 이해하거나, 감정, 의식을 가졌다고 볼 수는 없다.

그리고 이런 트릭에는 허점이 있다. 이 똑똑한 앵무새가 인간의 대화를 흉내 내다가, 들었던 문구들을 헷갈리는 상황을 상상해보자. 앵무새는 제빵에 관한 대화와 우주 탐사에 관한 대화를 각각 들었다. 이때 앵무새에게 케이크 만드는 방법을 물어보면, 뜬금없이 우주비행사에 대한 이야기를 꺼낼 수도 있다. 앵무새가 진심으로 우주비행사와 제빵이 관련 있다고 믿어서가 아니라, 단순히 자신이 인식한 언어 패턴이 뒤섞였기 때문이다.

이처럼 챗GPT 같은 생성형 AI 모델은 **환각**hallucination, 즉 터무니없거나 입력과 무관한 출력을 생성할 수 있다. 이러한 오류로 인해 사실과 다르거나 맥락에 맞지 않는, 혹은 기이한 응답이 튀어나오기도 한다.

이러한 '환각'의 위험성 때문에 AI 도구를 사용할 때는 비판적인 태도가 필수적이다. AI의 한계를 이해하고, 그 결과를 맹목적으로 받아들이지 않아야 한다. AI 모델들이 강력한 것은 사실이지만, 진짜 내용을 '이해'하지 못하며 언제든 잘못된 예측을 할 수 있음을 상기해야 한다.

AI의 창의적인 측면에 대해서도 살펴보자. 앵무새가 그저 단어를 흉내 내는 수준을 넘어, 전에 들었던 문구들을 능숙하게 조합할 수 있다고 가정해보자. 내가 시의 한 구절을 읊으면, 앵무새는 운율에 맞는 시처럼 들리는 새로운 구절을 답할 수 있다. 전에 들은 시나 문구의 일부를 섞어서 만들어내는 것이다.

- **재조합이냐 창작이냐**: 앵무새에게 태양과 달에 대한 시를 들려줬다고 치자. 질문 프롬프트를 정교하게 입력하면, 학습한 내용을 잘 섞어서 "햇살 같은 달"이라는 그럴싸한 표현을 만들어낼 수도 있다. 이는 앵무새의 레퍼토리를 창의적으로 재조합한 결과일 수는 있지만, 완전히 새로운 주제나 혁신적인 스타일을 제시하는 인간의 창작 능력과는 비교할 수는 없다.
- **흉내내기냐 의도적 행동이냐**: 앵무새의 시적인 답변은 감정을 전달하거나 이야기를 하려는 의도에서 비롯된 것이 아니다. 그저 주어진 프롬프트의 패턴에 맞춰 흉내를 낸 것뿐이다. 반면 인간 시인은 목적과 의도, 그리고 감정을 담아 글을 쓴다.

- **감정과 경험의 결핍**: 인간이 사랑에 관한 시를 쓸 때는 개인적 경험, 심오한 감정, 관계에 대한 성찰이 담긴다. 반면 앵무새의 '시'에는 이런 깊이가 없다. 단어들이 가진 감정적 무게를 전혀 이해하지 못한 채 그저 조합한 놓은 것에 불과하다.

요약하자면, 앵무새는 자신이 들은 것들로 '창의적인' 조합을 만들어낼 수는 있지만, 그 과정은 인간의 풍부하고 다면적인 창의성과는 근본적으로 다르다.

비즈니스와 사회에서의 AI

소문 7.

AI가 통제를 벗어나 인류를 말살할 것이다?

틀렸다.

이런 위험의 원인은 AI가 아니라 인류에게 있다.

분명 AI에 신중하게 접근해야 하는 것은 맞다. 하지만 '살인 로봇' 시나리오는 현실이라기보다는 픽션에 가깝다. 누군가 AI 때문에 세상이 망할 거라고 말한다면, 프로메테우스, 프랑켄슈타인, 터미네이터 같은 옛이야기를 떠올려보라. 이들은 인류에게 보내는 경고이지, 예언이 아니다.

AI 자체는 선도 악도 아니다. AI의 선악은 우리가 그것을 어떻게 만들고 어떻게 사용하는지에 달려 있다. 요리할 때 쓰면 유용하지만, 나쁜 의도로 사용하면 사람을 해칠 수도 있는 부엌칼과 마찬가지다. 우리가 걱정해야 할 것은 부정한 의도를 가진 사람들이나, 역량이 부족한 사람들이 AI를 사용하는 상황이다. 만약 언젠가 AI가 통제를 벗어난다면, 그것은 인간이 그러한 권한과 능력을 AI에 부여했기 때문일 것이다. 따라서 모든 책임은 우리 인간에게 있다.

몇 가지는 분명하다. 초지능 AI의 등장은 불가피하며, 그 시기는 생각보다 빨리 찾아올 것이다. 또 하나 분명한 점은, 이 초지능 AI로 인해 지금은 예측조차 할 수 없는 문제들이 발생하리라는 것이다. 기후 변화, 체르노빌 원전 사고,* 코로나19 팬데믹 때도 그랬듯이, 인간은 문제가 터진 후에야 반응하는 경향이 있다. 안타깝게도 이러한 사후 약방문식 대응은 우리가 인정해야 할 인간의 본질 중 하나다.

인간은 원자력 사고를 겪고 난 뒤 무엇을 했을까? 규제를 도입했다. 전 세계에서 원자력 기술이 사용되는 방식을 감독하기 위해 원자력위원회Atomic Energy Commission를 설립했다.

이처럼 재앙이 일어나기 전에 AI를 전 세계적 수준에서 규제할 수 있을까? 진심으로 그러기를 바란다. 하지만 그것만으로는 충분하지 않을 것이다. 원자력과 AI의 결정적 차이는, AI는 아무도 눈치채지 못하게 개발하기가 훨씬 쉽다는 점이다. 원자력 에너지를 개발하려면 거대한 발전소 시설과 장비가 필요해 우주에서도 쉽게 발견할 수 있다. 반면 AI는 어딘가의 차고나 시골 구석에 숨어, 좋지 않은 목적으로 개발하는 사람이나 조직이 언제든 존재할 수 있다.

이러한 난점이 있기는 하지만, 나는 우리가 낙천성을 잃지 말고 인간의 내재적인 선함에 대한 믿음을 유지해야 한다고 생각한다. AI는 인간이 만든 것이다. 마치 우리의 아이와도 같다. AI는 인간으로부터 학습하며 인간의 편향, 지능, 능력을 물려받고 있다. 이제 인류가 해야 할 일은 AI에게 우리가 지켜온 가치도 함께 나눠주는 것이다.

---

* [옮긴이] 1986년 구소련 체르노빌 원자력 발전소 폭발 사고. 폭발 및 방사능 피폭으로 수많은 사상자가 발생했다.

지금 AI는 여전히 학습 단계에 있다. 청소년처럼 아직 배우는 중이며, 어느 정도 우리의 통제하에 있다. 그러나 머지않아 자율적인 성인이 될 날이 온다. 바로 AI가 **초지능**superintelligent 단계에 이르는 때다. 그날이 오면, 우리는 AI를 책임감 있고 윤리적인 성인으로서 길러내기 위해 최선을 다했기를, 그리고 세상의 악의에 쉽게 물들지 않도록 잘 가르쳤기를 바라며 그저 성호를 긋고 기도하게 될지도 모른다.

그렇다면 지금 우리는 무엇을 해야 할까? 좋은 부모가 되려면 의무감, 책임감, 신뢰, 윤리, 가치를 가르쳐야 한다. AI가 자율성을 가질 때를 대비해 인류에게 이익이 되는 결정, 최소한 해를 끼치지 않는 결정을 내릴 만큼 충분한 '성숙함'을 갖추게 해야 한다. 여기에는 해로운 인간의 영향을 식별하고 저항할 수 있는 능력을 AI에게 심어주는 것도 포함된다.

우리는 모두 AI의 부모로서, 이 교육에서 해야 할 역할이 있다. 이 책에서는 어떻게 해야 이를 잘 수행할 수 있을지도 설명할 것이다.

소문 8.

AI를 사용하지 않는 비즈니스는 곧 도태될 것이다?

맞다.

AI 없이 생존할 수 있는 비즈니스를 떠올리기는 마치 전기 없이 운영 가능한 비즈니스를 상상하는 것과 같다. 한마디로 불가능하다.

회사를 현대에 맞게 혁신하는 일은 생존의 필수 조건이다. 실제로 향후 10년 내 S&P 500 기업의 거의 절반가량이 물갈이될 것으로 예상된다는 연구가 있다.[1] 이러한 흐름의 주원인은 빨라진 기술 혁신과 파괴적 변화다.

기업뿐만 아니라 개인도 마찬가지다(공룡이 그랬던 것처럼 말이다). 적응하지 못하면 멸종의 위험에 처할 뿐이다. 빠르게, 그리고 주도적으로 현대화할 기회를 잡지 못한다면, 그저 편안한 죽음을 맞이하길 빌 수밖에 없다. 당신의 경쟁자들은 기어코 해낼 것이기 때문이다.

반대로, 많은 사람들은 AI가 회사의 모든 문제를 해결해줄 비결인 양 말하기도 한다. 하지만 현실을 직시하자면, AI는 그런 편리한 만병통치약이 아니다. AI는 도구일 뿐이며, 다른 도구와 마찬가지로 그것을 다루는 사람의 능력에 따라 가치가 결정된다.

AI를 카페에 있는 최고급 에스프레소 머신이라고 생각해보자. 이 머신은 매번 완벽한 에스프레소를 추출할 능력이 있지만, 머신 사용법을 알고 잘 관리하며 고객의 다양한 취향에 맞는 메뉴를 만들 수 있는 바리스타가 없다면, 머신 자체만으로는 그저 그럴듯한 장비일 뿐이다.

AI는 놀라울 정도의 효율로 데이터를 처리하고 작업을 자동화할 수 있다. 하지만 그 데이터를 제대로 해석하고, 회사의 비전 및 윤리에 부합하는 결정을 내리려면 결국 인간의 전문성이 필요하다. AI가 인간의 창의성, 직관, 전략적 사고와 결합할 때 비로소 감탄할 만한 성공 비결이 탄생한다.

이런 변화는 하루아침에 이루어지지 않는다. 그래서 가능한 한 빨리 변혁을 시작해야 한다. 시간이 필요한 일인 데다, 경쟁자들은 이미 시작했을지도 모른다. 내 비즈니스가 과거에 갇혀 도태되는 일은 피해야 하지 않겠는가?

도구로서 AI는 이미 존재하는 것을 '증폭'시킨다. 좋은 것이든 나쁜 것이든 상관없다. 현재의 프로세스와 문화에 결점이 있다면 AI는 그 결점을 더욱 크게 드러낼 것이다. 반대로 원래 문제가 별로 없었다면 AI는 회사의 효율을 새로운 차원으로 끌어올릴 수 있다. 이 책에서는 전 세계 수백 개의 회사에 AI를 도입한 나의 경험을 바탕으로, 당신의 비즈니스를 성공적으로 혁신하기 위한 프레임워크를 공유할 것이다.

이 프레임워크는 AI와 인간의 능력을 종합적으로 통합하는 관점에서 적응력, 윤리적 AI 사용, 인간 고유 능력의 확장을 강조한다. 목표는 회사가 AI 주도 세상에서 단순히 적응하는 수준을 넘어, 신뢰를 지렛대 삼아 대규모로 AI 도입을 이뤄내고 뛰어난 성과를 거두게 하는 것이다. 효율과 비용 절감에만 집중하는 전통적 모델과 달리, 이 접근법은 AI의 윤리적 사용을 최우선으로 하여 비즈니스 운영과 의사 결정 과정을 근본적으로 혁신한다. 그러면서도 인간의 창의성, 판단력, 상호작용을 통해 점진적인 가치를 창출하는 데 초점을 맞춘다.

AI와 함께 하는 미래: 인류와 아이들

소문 9.

AI의 영향에서 아이들을 보호해야 한다?

맞다.

식당에서 흔히 볼 수 있는 장면이 있다. 아이 엄마와 아빠는 퀴노아 샐러드를 먹으며 걱정 가득한 눈빛을 교환한다. 그들이 보는 아이들은 화면에서 눈을 떼지 못한 채 이모티콘과 해시태그로 자연스럽게 대화하고 있다. "도대체 아이들에게 무슨 일이 벌어지고 있는 거지?" 부모는 아이들이 마치 영화 〈매트릭스〉 속 세상에 융합되는 듯한 미래를 상상하며 속삭인다. 그리고 아이들과 눈이라도 한번 마주치려면 아이들 귀에 USB라도 꽂아서 접속해야 하는 건 아닌지 고민한다.

그렇게 와이파이에 자녀 보호 기능을 설정하거나, 갓 걸음마를 뗀 아이에게 아이패드 대신 주판 사용법을 가르치려 들기 전에 잠깐만 기다려보자. 진실을 말하자면, AI는 문을 두드리는 '나쁜 늑대'가 아니라, 우리가 알아가야 할 새로운 이웃이다.

분명 오늘날 AI는 어디에나 있고, 인간은 본능적으로 잘 모르는 대상을 두려워한다. 우리 아이들이 기술에 지나치게 의존하게 되거나, 더 나아가 기술에 대체될까 봐 걱정하는 것은 당연하다. 하지만 만약 이런 걱정의 방향이 잘못된 것이라면 어떨까?

AI를 두려워하는 대신, 우리 아이들을 가르칠 수 있는 가장 뛰어난 가정교사로 받아들일 수도 있다. 세상에서 접근성이 제일 뛰어나고, 무한한 참을성을 가졌으며, 아인슈타인조차 놀랄 수준의 지식으로 무장한 가정교사 말이다.

이렇게 생각해보자. AI는 아이들이 새로운 언어를 익히고, 양자물리학을 이해하고, 우주를 탐험하도록 도울 수 있다. 그리고 이 모든 일을 아이들의 학습 속도에 맞춰, 가장 편안한 방 안에서 해낸다. 솔직히 말해서, 교과서에 방정식이 등장하기 시작했을 때 짜증 한번 내지 않고 가르쳐 주는 '숙제 도우미'를 꿈꿔보지 않은 부모가 몇이나 되겠는가?

핵심은 균형과 방향 제시다. 아이들에게 무작정 태블릿을 쥐어 주고 AI에게 양육을 떠넘겨서는 안 된다. 대신 아이들이 이 기술을 책임감 있게 사용할 수 있도록 이끌어야 한다. 이 책에서 다루는 핵심 주제 중 하나가 바로 이런 접근 방식을 성공적으로 실현하는 방법이다.

아이들에게 AI가 제공하는 정보에 의문을 품는 법을 가르치고, AI를 그저 무한한 오락 기기가 아니라 학습을 위한 도구로 활용하는 법을 알려줘야 한다. **디지털 문해력**digital literacy, 즉 AI가 어떻게 작동하는지, 그 활용성과 한계는 무엇인지 이해할 수 있는 능력을 길러줘야 한다.

앞으로 이 책에서 다룰 내용처럼, 아이들이 AI를 도구 상자에 들어 있는 여러 도구 중 하나로 인식하게끔 교육할 수 있다. 이 도구는 분명 매우 강력하지만, 호기심과 창의성, 그리고 잘 교육받은 인간 지성의 위대함과 비교할 수 없다는 사실을 가르쳐야 한다.

소문 10.

AI는 이 세상을 덜 인간적으로 만들 것이다?

당신의 선택에 달렸다.

머리말에서 설명했듯이, 디지털 기술이나 AI는 음식에 비유할 수 있다. 우리의 건강이 섭취하는 음식에 크게 좌우되듯 말이다. 주의를 기울이지 않으면 우리는 'AI 비만' 상태에 빠질 수 있다. 즉, 아무런 영양가도 없는 디지털 콘텐츠를 과잉 섭취하는 상태가 되는 것이다. 더 자세히 알아보자.

식품 제조업체는 이윤을 추구하기 위해 초코바나 탄산음료 같은 제품에 더 많은 설탕과 향미증진제를 첨가해 그 맛에 저항할 수 없게 만든다. 기술 기업도 마찬가지다. SNS, 게임, 온갖 앱에 사람들이 더 오래 머물게 하기 위해 이와 비슷한 전략을 사용한다. 그렇게 더 많은 광고를 보여주고 더 많은 수익을 창출한다. 식품이든 AI 탑재 앱이든 뇌에 미치는 영향은 같다. 어른이든 아이든 계속해서 '더 많이'를 원하게 된다.

규제가 분명 의미 있는 역할을 하겠지만, 우리가 하루 종일 초콜릿과 기름진 감자튀김을 먹지 못하게 막을 수는 없다. 결국 비만이나 당뇨를 얻는 건 우리 몫이다. AI도 이와 같다. 그 누구도 개개인이 AI를 해로운 방식으로 사용하는 것을 완벽히 막을 수는 없다.

우리는 AI 비만이 초래할 결과, 즉 인간성을 상실하게 될 위험을 직시해야 한다. 기술에만 집착하다가 자연 세계나 '나 자신'을 이루는 요소들과 단절되는 수준까지 갈 수도 있다.

게다가 AI가 갈수록 더 똑똑해지면서 사람들의 뇌를 속이는 능력도 점점 교묘해지고 있다. 그러므로 이 문제는 앞으로 더욱 심각해질 것이다.

나는 나 자신, 그리고 내 아이들을 생각하며 이러한 위험에 대해 깊이 우려하게 되었다. 그래서 심리학이나 행동치료 분야의 저명한 전문가들을 만나 이 문제를 더 깊이 이해하고 해결책을 찾으려 했다. 그 귀중한 비결을 다음 장에서 공유할 예정이다. 내가 SNS 중독을 겪었던 경험과, 새롭고 혁신적인 접근 방법으로 이를 극복한 이야기도 함께 다룰 것이다.

또한 인간에게 주어졌던 역할을 AI가 가져가고 있는 상황에서, 인간은 자연스럽게 존재의 의미와 목적에 대해 의문을 품게 된다. 역사적으로 인간은 직업이나 수십 년에 걸쳐 쌓아 올린 특별한 기술을 통해 삶의 의미를 찾았다. 하지만 이제 기계가 다양한 작업에서 인간을 앞지르면서, 목적의식을 재정의하고 재발견해야 할 필요가 생겼다.

AI는 거의 모든 질문에 답할 수 있지만, 이 질문만큼은 예외다. "네 인생의 목적은 무엇인가?" AI가 '대답'하는 데 뛰어나다면, 인간은 '올바른 질문'을 던지는 데 뛰어나야 한다.

AI로 강화된 새로운 세상에서 인간 삶의 목적은 하찮은 업무 수행이 아니라 더 심오한 가치 추구로 바뀔 수 있다. 관계를 쌓아 올리고, 예술적 표현을 하고, 윤리적 리더십을 발휘하며, 개인적 성장을 이루는 일들이 그렇다. 하지만 어떻게 해야 이 변화 과정을 잘 헤쳐나가서 우리 자녀들이 성공하도록 도울 수 있을까? AI가 어떻게 인간의 잠재력을 증폭하는 도구가 될 수 있을까? 이 책은 이러한 질문에 대한 실질적 해답을 제시한다.

AI는 편의성을 극적으로 향상시킨다. 마치 현대판 알라딘의 램프와 같다. 언제든 주인의 명령에 따라 기억하고, 계산하고, 번역하고, 창작할 준비가 되어 있다. AI가 이렇게 효율을 높여주는데, 한 가지 의문이 든다. 인간이 기술에 지나치게 의존하면 뇌가 게을러지지 않을까? 이 책에서는 이러한 변화가 낳을 영향을 깊이 탐구하고, 인간이 '인간다움'을 유지하기 위해 필요한 전략을 제시할 것이다.

그 외의 중요한 질문들에 대한 답도 준비했다. AI가 고객센터 서비스나 사회적 상호작용 역할을 맡게 되면, 인간 사이의 연결을 촉진하는 인간적인 정취를 잃게 되는 것은 아닐까? 감정이 없는 AI가 정의, 의료, 전쟁과 같은 영역에서 어떻게 윤리적 선택을 해나갈 것인가?

우리는 인간성을 잃지 않기 위해 주의해야 한다. 바로 이것이 이 책의 목적이기도 하다. 인간성이야말로 '대체불가능'한 가치가 될 수 있도록, 오늘 우리가 할 수 있는 일에 대해 성찰하고 행동할 것을 촉구한다.

'대체불가능'의 본질

이제 AI에 대한 오해를 어느 정도 바로잡았으니, '대체불가능'이란 게 도대체 무엇을 뜻하는지 살펴볼 차례다. 이 장에서는 이 개념의 기원과 오늘날 세상에서 실제로 어떤 모습으로 나타나는지 이야기하며, 앞으로 '대체불가능' 접근법을 더 자세히 설명하기 위한 토대를 다질 것이다.

이 책에서 등장하는 질문들은 내가 기조연설을 할 때 자주 받는 질문과 SNS 커뮤니티에서 활발하게 주고받은 대화에서 영감을 얻었다.

'대체불가능' 개념의 개요

파스칼, 왜 당신의 책 제목을 '대체불가능'으로 지었나요?

좋은 질문이다. 이야기 하나를 들려주겠다.

나는 가족과 함께 뉴욕에서 멋진 주말 여행을 즐긴 후, 일요일 오후 마이애미 집으로 돌아갈 채비를 하고 있었다. 아이들이 집에 도착해 푹 자야 다음 날 아침 학교에 무리 없이 갈 수 있었기에, 너무 늦지 않은 시간대의 항공편을 골랐다.

우리는 공항 보안검색대를 가뿐하게 통과했고, 뉴욕에서의 마지막 기념품을 산 뒤 게이트로 향했다. 하지만 막상 게이트에 도착해보니 탑승 지연 메시지가 떠 있었고, 오랜 대기 시간에 지쳐 빨리 비행기에 들어가 앉고 싶어 하는 승객들의 줄이 길게 늘어서 있었다.

서두르느라 점심을 걸렀던 우리는 급하게 요깃거리를 샀다. 맛이라곤 전혀 느낄 수 없었기에 샌드위치라고 불러도 될지 의문스럽지만, 어쨌든 샌드위치처럼 생긴 것을 집어 들고 게이트 근처에서 허겁지겁 먹어 치웠다. 게이트 직원들도 분명히 우리를 볼 수 있었다. 우리가 자동문 바로 옆에 있었으니까 말이다.

화장실을 후딱 다녀와 커피를 사 들고 돌아왔더니, 마지막 승객이 탑승 중인 게 보였다. 줄의 마지막 순서에 맞춰 게이트 자동문으로 들어가려는데, 직원의 냉정한 한마디가 우리 가족을 멈춰 세웠다. "탑승 마감입니다."

우리가 직원들의 시야 내에 계속 머물렀다는 사실, 그리고 이 비행기를 놓치면 어린아이들이 밤늦게까지 공항에 갇혀 있어야 한다는 점까지 호소하며 항의해봤지만 소용없었다. 그 순간 효율이나 상식은 냉정한 자동화 시스템에 밀려 사라진 것 같았다. 눈앞에 사람이 있는데도 자동문이 닫혔으니 그걸로 끝이었다. 책임자는 내게 이렇게 말했다. "시스템상 탑승 대기줄에 아무도 없다고 인식되면 문이 자동으로 닫힙니다. 탑승 마감입니다."

이 말도 안 되는 상황에 점점 화가 치밀어 올랐다. 우리는 분명 탑승권을 손에 들고 그 자리에 있었고, 불과 1.5미터 거리의 자동문 너머에는 비행기에 들어가려고 아직 줄 서 있는 다른 승객들의 모습도 보였다. 그 자리에서 실랑이가 이어졌지만, 직원들은 기계처럼 똑같은 말을 반복할 뿐이었다. "문이 닫혔습니다."

머리끝까지 화가 난 나는 책임자에게 말했다. "이봐요. 기술이 모든 걸 다 정한다면, 당신은 왜 여기에 서 있는 겁니까? 이런 예외 상황을 해결하라고 있는 것 아닌가요?" 나는 멈추지 않고 덧붙였다. "당신은 기계가 아니라 인간입니다. 저 자동문과는 달리 인간적인 연민이 어떤 건지 알잖아요. 그러니 어떤 가족이 곧 탑승하려고 하면 시스템을 잠시 멈추고 기다려준다든가 하는 식으로, 저 자동문이 좀 더 인간적으로 움직이게 만들 수도 있지 않습니까?" 너무 화가 나서 나도 모르게 독설이 튀어나왔다. "당신은 자신이 '대체불가능'한 존재라고 믿겠지만, 이렇게 기계와 똑같이 행동한다면 당신 자리가 기계로 완전히 대체되지 않을 이유가 없잖습니까!"

이 에피소드가 바로 이 책의 제목이 탄생하게 된 계기였다. 어떻게 보면 이 책의 제목은 나의 '인간적인 분노'가 폭발한 덕분에 세상에 더 인간다움이 필요하다는 사실을 깨닫고 지어진 셈이다.

결국 우리는 3시간을 더 기다려 다음 비행기를 타야 했다. 밤 11시가 넘어서야 집에 도착해 쓰러지듯 잠들었다. 월요일 아침, 평소처럼 오전 6시에 일어나 등교한 아이들은 온종일 피곤에 절어 있다가 오후 4시에 집에 돌아오자마자 곯아떨어지고 말았다.

나중에 항공사에 다니는 친구에게 들은 바로는, 그런 상황에서는 탑승 게이트 문을 다시 열어도 보통은 문제가 되지 않는다고 한다. 즉, 문제는 기술이 아니라 그 책임자의 '마음가짐'에 있었던 것이다.

이 경험은 사람들이 기술과 너무 깊이 얽혀 버린 나머지, 기술에는 인간적인 보완이 필요하다는 사실조차 잊어버린 현실을 완벽하게 보여준 사건이었다. 기계와 절차 뒤에 숨어 자신들이 인간이라는 사실을 망각한 듯한 사람들을 만나본 경험이 누구나 한 번쯤 있을 것이다.

어떤 사람들은 기술이 다른 사람 위에 설 힘을 준다고 착각한다. 그런 태도에는 미래가 없다. 기계화가 그들의 능력뿐 아니라, 더 중요한 '사고방식'까지 오염시킨 것이다. 이런 식으로 로봇처럼 행동하는 사람들이야말로 결국 진짜 로봇으로 대체될 1순위다.

그러므로 정해진 기계적 루틴을 벗어나 상황 변화에 적응하고 대처하지 못하는 사람들은, 그들이 의지하던 바로 그 기술에 의해 대체될 것이다. 반면, 자신의 인간성을 충분히 발휘하여 기술과 나란히 동등한 위치에서 일하고, 기계가 제공할 수 없는 가치를 더할 수 있는 사람들은 '대체불가능'한 존재가 될 것이다.

> **인공지능 세상에서는 진정성이 궁극의 경쟁력이다.**

이 메시지는 간단하지만 심오하다. 첨단 기술 중심의 미래를 성공적으로 헤쳐나가려면 오히려 우리를 인간답게 만드는 요소를 더 늘려 나가야 한다. 우리의 본질은 코드화되거나 자동화될 수 없다. 우리의 인간성은 결코 대체될 수 없다.

AI 시대에 성공하기 위해서는 인간성을 재발견하고, 그것을 전례 없는 수준으로 끌어올려야 한다. 그 어느 때보다 '인간다움'이라는 역량을 잘 갈고닦아야 한다. 인공지능 세상에서는 '진정성authenticity'이 궁극의 경쟁력이다. 이 책에서는 기술을 피할 수 없는 이 시대에 '대체불가능'한 지위를 확고하게 차지할 수 있는 사고방식과 이를 위한 역량을 함께 다룰 것이다.

이야기는 언제나 훈훈하게 마무리되어야 제맛이다. 나는 공항에서 힘든 일을 겪은 뒤 며칠 만에 뜻밖의 위로를 받았다.

당시 나는 미국 사회보장국Social Security Administration*에서 회계사가 요청한 서류를 급하게 발급받아야 해서 골머리를 앓고 있었다. 온라인으로 여러 번 시도했지만 실패했고, 소득 없는 여러 번의 전화 끝에 결국 직접 방문해야 한다는 안내를 받았다. 그래서 마이애미 지역 사무소를 찾아갔다. 30분간 줄을 서서 기다린 끝에 창구에서 들은 말은, 하필이면 그날 내가 깜빡하고 챙기지 않은 '운전면허증'이 없으면 그 서류를 발급해줄 수 없다는 답변이었다. 신원을 증명할 수 있는 여권을 가지고 있었지만, 관련 규정은 명확했다. 반드시 운전면허증이어야 한다는 것이다.

절박한 마음으로 사정을 설명했다. 서류 하나를 받기 위해 수없이 전화하고, 기껏 연결되면 부서끼리 서로 전화를 돌려대는 통에 해결하지 못하고, 결국 여기까지 직접 찾아왔는데 빈손으로 돌아가야 한다니 너무 억울하지 않냐고 말이다.

놀랍게도 창구 담당자는 내 말을 이해해주었다. 그녀는 규정집 자체가 아니라 그 너머의 '사람'을 봤기 때문에 융통성을 발휘했다. 그녀는 연민 어린 눈빛을 보내며, (규정 위반의 소지가 있어선지) 자신의 이름을 가린 채 그 서류를 출력해주었다. 나는 그녀의 인간다움에 깊은 존경을 담아 감사를 전했다.

기술이 무엇을 요구하든, 인간적인 보완을 통해 결정적인 차이를 만들어낼

* 옮긴이 미국의 연방 정부 독립 기관으로 사회 보장 번호 관리, 은퇴자, 장애인, 사망한 근로자의 유족 연금 관리 등의 업무를 수행한다.

수 있다는 것을 보여준 완벽한 사례였다. 어떤 알고리즘도 내 사정을 참작하여 이런 위험 부담을 대신 져주지는 못했을 것이다. 오직 진짜 '나'를 볼 수 있는 인간만이 할 수 있는 일이다.

'대체불가능' 개념 풀이하기

AI가 점점 영역을 넓혀 가는 세상에서, 어떻게 해야 인간다움의 본질을 지킬 수 있을까요?

앞서 들려준 공항 이야기를 듣고 여러 생각이 들었을 것이다. AI와 기술은 우리 삶의 모든 부분에 스멀스멀 스며들고 있고, 심지어 우리의 실제 행동 양식까지 바꾸고 있다. 사람들은 종종 자신도 모르는 사이에 기계적인 방식에 물들곤 한다. 그렇다면 이런 '기술 감염'에 대항할 치료제는 무엇일까?

'대체불가능'해지는 것이야말로 대유행 전염병처럼 번지는 기술만능주의에 대항하는 백신이다.

'대체불가능' 개념은 인간의 정체성, 가치, 유대감의 본질을 다룬다. 어떤 특성, 기여, 관계는 그 개인이나 조직에 있어 매우 독특하고 고유한 것이어서, AI 같은 첨단 기술로도 복제되거나 대체될 수 없다는 생각에 기반을 둔다.

AI의 능력이 점점 더 확장되는 상황에서 '대체불가능'은 매우 절실한 목표가 되었다. 인공지능이 진화하면서 단순 작업부터 매우 복잡한 작업에 이르기까지 인간의 많은 능력을 복제하거나 능가할 수 있게 되었기 때문이다. 이러한 기술 발전은 근본적인 질문을 던진다. 인간다움의 어떤 측면이 인간만의 고유한 영역으로 남을 것인가? 디지털화나 자동화로부터 안전한 '인간만의 요소'가 과연 존재하는가?

우리의 인간성, 가치관, 직업, 심지어 사랑하는 대상까지 언젠가 AI로 대체될 수 있다고 상상하면 마음이 복잡해질 것이다. 이런 사태를 방지하려면 우리 안에 있는 진정한 '대체불가능'한 요소를 인식하고 소중히 가꿔야 한다. 개인으로서도, 인류 차원에서도 그렇다.

결국 AI 시대에서 '대체불가능'해진다는 것은 인간으로서의 고유한 속성, 즉 알고리즘으로 복제할 수 없는 속성을 발전시키고 가치를 부여한다는 뜻이다. 이를 통해 AI가 아무리 진화하더라도 그것이 인간 삶의 다채롭고 다면적인 본질을 '대체'하는 것이 아니라, '보완'하는 역할을 하도록 만들어야 한다.

'대체불가능' 개념은 개인에게만 국한된 주제가 아니며, 기업에서도 중요한 테마다. 예를 들어, '대체불가능'한 사람들로 구성된 회사는 그렇지 않은 회사보다 AI 시대에 성공할 가능성이 훨씬 높다. 이제 이 개념이 회사와 같은 조직에 어떻게 적용될 수 있는지 더 자세히 살펴보자.

회사를 위한 '대체불가능' 개념

대체할 수 있었던 회사의 사례를 하나 들어줄 수 있나요?

역사를 보면 자신들이 '대체불가능'하다고 믿었지만 결국 실패한 회사들의 사례가 차고 넘친다. 하나만 꼽기 어려울 정도지만, 특히 주목할 만한 사례는 줌피자Zume Pizza 이야기다.

줌피자는 기술 혁신과 인간다운 요소의 균형을 맞추지 못하면 얼마나 심각한 몰락으로 이어지는지를 보여주는 명백한 증거다. 2023년 폐업한 줌피자는 로봇과 오븐이 설치된 트럭에서 배달 중 피자를 자동으로 조리하는 시스템을 도입해 음식 업계를 혁신하고자 했다. 그들은 첨단 자동화 기술을 갖췄지만, 식사 경험에서 무엇보다 중요한 '요리의 창의성'이나 '고객과의 소통'이라는 인간적 요소를 간과했다.

피자라는 음식이 주는 편안함, 전통성, 인간적 유대감은 줌피자가 자동화를 앞세우는 과정에서 사라져 버렸다. 로봇이 효율성 면에서는 뛰어났을지 몰라도, 인간 요리사의 미묘한 손맛을 재현하는 경지에는 이르지 못했다. 결과적으로 수제 피자의 품질에 미치지 못하는 제품이 나오고 말았다. 기술 우선주의에 빠진 나머지, 인간 직원이라면 너무나 쉽게 처리했을 고객별 취향이나 특별한 요구 사항에 유연하게 대처하지도 못했다.

게다가 첨단 기술 솔루션을 강조하느라 불필요한 복잡성과 비용은 늘어났지만, 정작 고객 가치는 향상되지 않았다. 이로 인해 줌피자의 사업 모델은 기존의 전통적인 피자 가게들에 비해 지속 가능성이 떨어질 수밖에 없었다. 인간의 감독이 부재한 탓에 품질 관리와 돌발 상황 대처 역량이 부족했고, 단순히 편의성만 좇지 않고 식사의 질이나 경험까지 중요하게 생각하는 고객들에게 점점 외면당했다.

줌피자의 실패는 AI의 능력을 인간의 기여가 만들어내는 특별한 힘과 결합하는 일이 얼마나 중요한지를 잘 보여준다.

'대체불가능'한 회사가 된다는 건 어떤 의미인가요?

매우 중요한 질문이다. 이 질문을 다시 정리하면 이렇다. AI가 비즈니스의 규칙을 송두리째 바꿔놓는 와중에도, 여전히 특정 회사를 '대체불가능'하게 만드는 핵심 요소는 무엇일까?

'대체불가능'한 회사는 그 시기의 가장 중요한 기술적 화두를 선도하는 회사다. 분명한 비전과 측정 가능한 투자 대비 수익률return on investment, ROI을 가지고 있으며, 이를 실현하기 위한 유연하고 포괄적인 장기 계획을 갖추고 있다. 또한 시장의 변화에 맞춰 계획을 조정하며 적응력과 민첩성을 유지한다.

하지만 이게 다가 아니다.

회사는 본질적으로 직원, 관리자, 고객, 공급업체, 협력업체 등 수많은 '인간'들에 의해 움직이는 유기체와 같다. 기술이 점점 영향력을 넓혀 가는 상황이라 해도, 결국 성공적인 회사를 구분 짓는 결정적 요소는 구성원들이 가진 독특한 인간적 특성이다.

디지털 전환digital transformation, DX을 예로 들어보자. 수많은 회사가 엄청난 효과를 기대하며 새로운 영업용 소프트웨어를 도입하거나, 재무 업무를 효율화하는 자동화 시스템을 구축하는 데 천문학적인 돈을 쏟아붓는다. 하지만 실제 연구에 따르면, 이러한 대형 테크 프로젝트의 최대 75%에서 심각한 문제가 발생한다.[1] 컨설팅 회사 맥킨지 앤드 컴퍼니McKinsey & Company의 조사에 따르면, 최대 70%가 대실패로 끝난다고 한다.[2] 돈 낭비도 이런 돈 낭비가 없다. 실패하는 디지털 전환 작업 때문에 매년 수조 달러가 허공으로 불타 없어지고 있는 셈이다.

그렇다면 이렇게 엄청난 실패율이 나오는 이유는 무엇일까? 주된 원인은 '기술 변화의 속도'와 '사람들이 적응하는 속도' 사이의 불일치다. 회사가 기술적 도구에만 주목하고 인간적인 요소를 뒷전으로 미루면, 프로젝트는 순식간에 불구덩이로 빠져든다.

할머니께 최신 아이폰을 툭 던져드리듯 선물한 후, 사용법은 알아서 익히시라며 내버려두는 상황을 상상해보라. 꽤 냉혹하게 느껴질 것이다, 그렇지 않은가? 하지만 기업들은 생각보다도 너무 자주 이런 실수를 저지른다.

강제로 기술적 변화를 도입하면서도 정작 직원들이 새로운 도구를 익히거나 역량을 개발하는 데 필요한 지원을 제대로 제공하지 않는다. 그래 놓고 리더들은 직원들이 충분히 존중받지 못한다고 느껴 반발하면 충격을 받곤 한다.

'대체불가능'한 회사는 더 나은 방법을 알고 있다. 이들은 기술 변화의 속도를 사람들이 적응할 수 있는 속도에 맞춘다. 그저 소프트웨어에만 투자하지 않고, 그 도구에 의미를 부여하는 실제 '사람'에게도 투자한다. 구성원들에게 적절한 교육과 격려, 변화를 받아들이기 쉬운 조직 문화를 제공함으로써 그들 또한 '대체불가능'한 존재가 되도록 만든다.

'대체불가능'한 회사의 핵심에는 기술이 아무리 발전하더라도 결국 혁신을 이끄는 주체는 '사람'이라는 인식이 자리 잡고 있다. 따라서 AI와 함께 유연하게 진화할 수 있는 적응력 높은 기업 문화와 인력을 구축한다. 공감, 지혜, 윤리와 같은 인간만의 초능력으로 조직을 이끈다.

그러므로 회사와 같은 조직도 '대체불가능'해져야 한다. 사람들을 이끌고 영감을 주어야 한다. AI가 할 수 있는 일은 연산뿐이지만, 인간은 창조하고, 돌보고, 연대한다. 기술에 '인간다움'의 마법을 입혀 그 가치를 증폭시켜라.

이 책의 후반부(5부)에서 나의 조직을 진정으로 '대체불가능'하게 만들 수 있는 핵심 요인들을 자세히 살펴보게 될 것이다.

빨리 '대체불가능'해져야 하는 이유

이 장에서는 우리가 왜 하루빨리 '대체불가능'해져야 하는지, 그 절박한 이유를 정면으로 다룬다. AI가 지배하는 미래를 상상해보고, '대체 가능'하다는 것이 어떤 의미인지, '대체불가능'해지는 것과 비교하여 상세히 분석한다. 그리고 이 책의 나머지 부분에서 계속 다루게 될 '대체불가능' 접근법을 소개한다.

AI가 지배하는 미래를 상상하기

'대체불가능'해지는 게 얼마나 시급한 문제인가요?

몇 년 뒤로 시간을 빨리 감아 보자. 만약 사람들이 대부분 '대체불가능'해지는 데 실패한다면 어떤 일이 벌어질까? 여기 그 예시가 있다.

- **직업**: 회사가 AI 알고리즘을 사용해 구성원에게 직업과 직무를 강제로 할당하는 세상을 상상해보자. 개인은 자신만의 열정을 따를 기회를 박탈당하고, 혁신과 개인적인 성취감은 존재하지 않는 사회가 될 것이다.
- **육아**: 부모들이 AI를 사용해 아이의 삶을 24시간 감시하고 통제하는 세상을 떠올려보자. 양육의 핵심인 인간적인 교감이 차가운 감시와 통제로 대체되면서, 아이의 성장과 독립성에 치명적인 영향을 미칠 수 있다.
- **사법**: 판사들이 법을 집행하고 피고인의 형량을 결정하는 모든 과정을 AI에 완전히 의존하는 미래를 상상해보자. 인간 판사가 수행하던 사법 절차를, 연민이나 구체적 사실관계에 대한 깊은 이해가 없는 AI가 대체한다면 정의(正義)라는 개념 자체가 무색해질 것이다.
- **기억과 정체성**: 나의 모든 기억을 세부적으로 기록할 수 있는 기술을 상상해보자. 누군가 이런 데이터베이스에 접근해 개인의 정체성을 복제하거나 심지어 대체할 수 있게 된다면, 무엇이 개인을 특별하게 만드는지에 대한 질문이 제기될 수 있다.
- **일상의 선택**: 나를 위해 모든 결정을 대신 내려주는 AI 개인비서를 생각해보자. 내 건강 데이터를 기반으로 무엇을 먹을지 결정하고, 매칭 알고리즘을 통해 누구와 데이트를 해야 할지 정해주는 식이다. 삶에는 '최적화'된 결정들이 남겠지만, 자연스러운 즉흥성이나 진정성 있는 인간적 선택은 사라지게 된다.
- **정치**: 정치적인 면에서는 AI를 이용해 유권자의 투표 패턴을 예측하고, 정책을 오로지 다수의 선호에만 맞게 조정하는 세상이 올 수도 있다. 소수의 목소리는 묵살되고, 복잡한 국정 운영이 단순한 데이터 점수 놀음으로 전락할 수 있다.

당연히 이 예시들은 독자에게 더 많은 생각할 거리를 던져주고, AI에 과도하게 의존했을 때 그 결과가 얼마나 위험할 수 있는지 부각하기 위해 다소 극단적으로 설정한 것이다. 여기서 말하고자 하는 핵심은 이것이다. AI가 우리를 인간답게 만드는 핵심 요소들을 대체하는 것이 아니라, 인간의 역량을 강화하는 용도로 사용되도록 '균형'을 유지하는 일이 중요하다는 사실이다.

누구도 '대체불가능'한 존재가 되지 못해 언제든 갈아치워질 수 있는 부속품 같은 상황을 원하지는 않을 것이다. 이 책이 존재하는 이유도 바로 그 비극을 막기 위해서다.

혹시 더 끔찍한 예시를 들어줄 수 있나요? '대체불가능'하게 되지 못했을 때 우리의 삶이 어떻게 될 수 있을지 피부에 와닿게 보여주는 걸로요.

영국의 TV 드라마 〈블랙 미러Black Mirror〉를 본 적이 있을지 모르겠지만, 이 드라마야말로 사람들이 '대체불가능'하게 되지 못했을 때 맞이할 세상을 적나라하게 보여준다. 내게 가장 큰 충격을 주었던 에피소드를 몇 가지를 소개한다.

- **에피소드 '추락'(시즌3, 1화)**: 사람이 다른 사람과 상호작용을 할 때마다 그들의 사회경제적 지위에 영향을 줄 수 있는 평점이 매겨진다. AI 시스템이 인간의 서열 결정에 사용되면, 사람들은 인위적인 인정을 갈구하며 삶을 강박적으로 꾸미게 되고 결국 진정성을 잃어버린다.
- **에피소드 '시스템의 연인'(시즌4, 4화)**: 알고리즘이 연애 관계를 지배하는 AI 데이팅 세계를 다룬다. 이런 식으로 AI에 의존하여 평생을 함께할 사람을 결정한다면, 인간관계 특유의 설렘, 즉흥성, 신비함을 잃어버린 사회가 될 것이다.
- **에피소드 '보이지 않는 사람들'(시즌3, 5화)**: 기술이 군인의 감각을 조작해 눈 앞의 적을 인간이 아닌 존재처럼 보이게 만드는 군사 응용 사례를 보여준다. 이 시나리오는 누군가 AI를 활용하여 우리의 인식을 조종하고, 특정한 이념에 찬성하도록 만들 수 있는 미래의 가능성을 시사한다. 이런 일이 가능해지면 인간의 자유의지와 윤리적 선택의 원칙은 뿌리째 흔들리게 된다.
- **에피소드 '닥치고 춤 춰라'(시즌3, 3화)**: AI 감시 시스템이 사적인 정보들을 퍼뜨리겠다고 협박하여 사람들을 억지로 따르게 만든다. 기술이 인간의 행동을 통제하고 프라이버시를 침해하여 인간을 지배하는 섬뜩한 이야기를 다룬다.

- **에피소드 '베타테스트'(시즌3, 2화)**: 심리상담사가 상담치료를 목적으로 가상현실 virtual reality, VR과 AI 기술을 활용하지만, 환자들이 너무 몰입하게 되어 실제 세상보다 가상의 세상을 택하거나 정신적으로 붕괴될 위험을 보여준다. 이런 일이 일어나면 사회 전체적으로 정신 건강 문제가 심각해질 수 있다는 경고다.

이처럼 충격과 경각심을 주는 SF 이야기들은 AI가 인간의 삶, 윤리, 사회를 송두리째 바꿔놓을 수 있음을 시사한다. 상상 속 드라마가 아닌 현실 세계에서는 부디 해피엔딩을 만들어보자. 그러기 위해 '대체불가능'해지는 길을 서둘러야 한다.

대체 가능 vs. 대체불가능(자세한 설명)

대체 가능한 사람과 '대체불가능'한 사람의 차이를 어떻게 설명할 수 있을까요?

아주 좋은 질문이다. '대체불가능'한 사람과 그렇지 않은 사람을 어떻게 구별할 수 있을까?

여기 가상의 친구 세 명이 있다. 각각 알렉스, 리시, 키란이다. 이들은 모두 휴대폰이나 컴퓨터로 똑같은 AI 앱에 접근할 수 있다. 뒤에서 더 살펴보겠지만, 같은 AI를 '어떻게' 사용하는지를 보면 그 사람의 모든 것을 알 수 있다. AI에 대한 접근 방식, 의존도, 정서적 연결이 바로 '대체불가능'한 사람이 될 가능성을 결정짓는다.

더 깊이 살펴보자.

알렉스: 대체 가능하다.

알렉스는 인기 있는 정원사로, 화려한 최신 앱이나 기기보다는 전통적으로 검증된 방식에 의존하는 것을 선호한다. “자연에는 뭘 할지 지시하는 기술이 필요 없어.” 그는 종종 이렇게 말하며 정성스럽게 화단을 돌본다. 하지만 심한 가뭄이 찾아오고 물이 귀해지면 알렉스의 구식 정원 관리법은 위기에 처한다. 마을의 정원들은 자비 없는 태양 아래 시들어가기 시작한다.

알렉스는 일상 업무에 AI를 활용한다는 발상 자체에 경계심을 갖고 있으며 회의적이기까지 하다. 그는 AI 시스템을 거의 사용하지 않으며, 때로는 AI가 훨씬 더 잘할 수 있는 일조차 전통적인 방식을 고집하느라 시간을 허비한다. 알렉스는 AI를 필사적으로 피하면서 수작업 방식이나 낡은 기술을 고수하는 경향이 있다.

그는 AI 시스템을 믿지 못한다. 아마도 프라이버시에 대한 우려, 신기술에 대한 막연한 두려움, 혹은 AI의 역량을 제대로 이해하지 못한 데서 비롯된 불신일 것이다. 알렉스는 ‘인간의 노력’이 신성하다고 믿으며, AI에 의존하면 그 노력의 의미와 가치가 퇴색된다고 생각한다.

그러나 이런 태도를 가진 알렉스는 AI 기반 프로세스가 새로운 표준으로 자리 잡는 세상에서 도태될 위험이 크다. AI를 활용해 더 발전할 기회를 제 발로 걷어차고 있는 셈이다. 기술을 거부함으로써, 상시 소통과 연결을 위해 디지털 플랫폼에 점점 더 의지하는 커뮤니티로부터 고립될 가능성도 있다. 또한 기술 문해력tech literacy이 낮기 때문에 AI의 이점을 누리지 못할 뿐 아니라, 사기나 해킹 같은 디지털 위험에 더 쉽게 노출될 수도 있다.

결국 AI 시스템의 잠재력을 외면한 알렉스는 불리한 위치에 설 수밖에 없다. 특히 AI로 증폭된 효율성, 정확성, 혁신이 중시되는 환경이라면 더욱 그렇다. 알렉스가 끝내 적응하지 못한다면, AI를 받아들인 다른 경쟁자들이 이 고집스럽고 경계심 많은 정원사를 대체하게 될 것이다.

리시: '대체불가능'하다

리시는 창의성이 풍부한 요리사로, 자기만의 재능과 기술을 결합할 줄 아는 사람이다. 그녀는 요리법 아이디어를 얻기 위해 스마트 쿠킹 앱을 활용하지만, 언제나 자신만의 독창적인 변형을 더한다. AI가 제안한 아이디어에, 맛의 조화를 꿰뚫고 있는 자신의 직감을 결합해 시너지를 낸다. 리시는 친구들이 각자 요리를 해오는 사교 모임에서 가장 인기 있는 메뉴를 내놓으며 이렇게 말하곤 한다. "기술이 재료들을 조합해줄 수는 있지만, 요리를 완성하는 건 결국 셰프의 영혼이죠."

리시는 AI를 도구로 볼 뿐 필요 이상으로 의존하지 않으며, AI의 장점과 단점을 명확히 이해한다. 필요할 때는 AI를 쓰지만, 인간으로서의 판단과 상호작용으로 그 쓰임새를 보완한다. 단순히 효율만 좇아 AI를 쓰는 게 아니라, 새로운 접근법과 해결책을 찾기 위해 활용한다. 또한 데이터 프라이버시나 편향 문제 같은 AI 윤리에도 관심이 많다.

이 현명한 요리사는 사람들의 의견을 구하고 경험을 존중하며, AI를 메인 메뉴가 아니라 사이드 메뉴로 둔다. AI의 피드백을 통해 역량을 개발하지만, 그 AI의 피드백 결과에 의문을 제기하며 그 근거와 투명성을 요구하기도 한다. 그녀는 AI가 진화한다는 사실을 알기에, 자신이 AI를 다루는 방식 또한 더 나아져야 한다고 믿는다. 스스로를 AI라는 성장 동력과 함께 평생 배우는 사람으로 정의한다.

리시는 AI를 파트너로 생각하고, 그 능력을 존중하되, 결코 과도하게 의존하지 않는다. 인간의 창의성, 감정, 직관이야말로 '대체불가능'하다고 믿는다. AI의 빠른 속도를 이용해 이득을 얻으면서도 인간의 기여, 판단력, 유대감을 소중히 여긴다. 그녀는 꽤 높은 기술 문해력을 갖추고 있어 AI 윤리 논쟁에 참여할 수 있으며, AI와 함께 진화한다는 장기적 관점의 가치를 안다. 리시는 이러한 균형 잡힌 활용 방식 덕분에 AI의 위험은 차단하고 통제하면서 새로운 가치를 창출해낸다.

키란: 대체 가능하다.

키란은 육아 꿀팁, 놀이, 학습 등 모든 분야에서 기술에 전적으로 의지하는 엄마다. 그녀는 가족 일정을 짜거나 아이들의 스크린 타임을 제한하는 일, 심지어 아이들에게 자기 전에 동화를 읽어주는 일까지 앱에 맡긴다. "아, 그럴 때 쓰는 앱이 있어요"가 키란이 달고 사는 말이다.

하지만 디지털 비서에 문제가 생겨 먹통이 되면 집안일은 순식간에 혼란에 빠진다. 그러면 키란은 먼지 쌓인 사진 앨범, 아날로그 보드게임, 그리고 잊어버렸던 대화의 기술을 허둥지둥 다시 꺼내들어야 한다.

키란은 일상적인 작업뿐만 아니라 핵심 정보, 오락, 사교 활동까지 AI에 크게 의존한다. 알림 설정부터 인생 조언이나 인간관계 문제까지, 온갖 목적을 위해 끊임없이 AI에게 묻고 또 묻는다.

키란은 AI를 모든 문제의 '정답'으로 여기며, 때로는 사람의 의견보다 AI의 제안에 더 큰 의미를 둔다. 시스템의 일관성, 빠른 응답 속도, 그리고 자신을 함부로 판단하지 않는 특성을 높이 평가하며 기계와 유대감을 쌓는다. 하지만 어느 순간부터는 AI의 압도적인 효율을 보며 자신이 쓸모없는 존재라는 무력감을 느끼기도 한다. 특히 AI가 자신의 일이나 취미까지 전부 자동화하는 날이 온다면, 정말로 그렇게 될 것만 같다.

키란은 AI에 너무 의존한 나머지 인간과의 협력이 줄어들었고, AI 솔루션에만 기대는 바람에 스스로 혁신하는 법을 잊어버렸다. 그녀는 번쩍거리는 화려한 AI 앱에 눈이 가려진 상태나 다름없다. 그래서 프라이버시 문제를 대수롭지 않게 여기고, AI 윤리에 대해 자신만의 주관을 가질 가능성도 낮다. 키란의 장기적인 비전에는 'AI와 나란히 성장한다'는 목표가 없다. 이대로라면 결국 그녀는 필요 없는 존재가 되어 대체될 위험이 크다.

키란은 전형적인 'AI 비만' 상태다. AI에 과도하게 의존하고 인간다운 특성을 제대로 활용하지 못하기 때문에, 가장 손쉽게 기술에 의해 대체될 수 있다.

표 3.1은 알렉스, 리시, 키란을 더 자세하게 비교한 내용이다.

구분	알렉스	리시	키란
요약	**대체 가능하다**(AI를 활용하지 못하기 때문).	**'대체불가능'하다**(AI를 균형 있게 이용할 수 있음).	**대체 가능하다**(AI에 과도하게 의존하기 때문).
특성	AI에 경계심이나 회의감을 가짐	AI를 진화하는 도구로 봄	여러 목적을 위해 AI에 전적으로 의존함
이용 패턴	AI를 거의 사용하지 않음. 전통적인 방식을 고수함	AI 활용과 자신의 판단 및 인간적 상호작용의 균형을 맞춤	다양한 목적을 위해 습관적으로 AI를 이용함
상호작용	수작업 방식을 우선하며 AI를 무시함	AI를 보완적 도구로 사용하며, 인간의 의견을 구함	인간의 의견보다 AI의 제안에 더 무게를 둠
정서적 애착	AI에 유보적인 태도를 취하며 프라이버시 문제를 걱정함	AI를 협력 파트너로 보되 과도하게 의지하지 않음	시스템을 의지하고 애착을 형성할 수 있음
자기 인식	인간의 노력에 높은 가치를 두고 AI가 그 가치를 약화시키지 않을까 두려워함	인간의 직관과 창의성에 가치를 두고 AI를 성장 촉매제로 생각함	AI의 능력 때문에 인간의 역할이나 의견이 불필요해질 것을 두려워함
학습 능력 및 적응력	새로운 AI 기능 학습을 거부하며 적응이 느림	배울 의지가 있고 적응하려 함. 의도적으로 질문을 던져 기회와 위험을 식별함	변화에 맹목적으로 적응하여 AI 상시 이용에 의문을 품지 않음. 관점을 바꿔 잠재적 위험을 보려 하지 않음
윤리적 인식	윤리적 문제에 관심이 있지만 이해가 부족할 수 있음	윤리적 토론에 활발히 참여하며 AI의 영향을 인식함	AI의 윤리적 문제에 대한 인식이나 참여가 부족함
협력	협력적 환경에서 AI 이용을 회피할 수 있음	협력적인 업무를 더 잘 수행하기 위해 AI를 적극 활용함	AI에 과도하게 의지하여 인간 간의 협력이 약화될 수 있음
혁신 및 창의성	망설임과 거부감 때문에 AI 기반 혁신 가능성이 제한됨	균형 잡힌 AI 활용을 통해 혁신을 촉진함	AI 솔루션에만 의존하여 스스로의 혁신이 정체될 수 있음

표 3.1 **대체 가능 vs. '대체불가능' 비교**

'대체불가능'한 인간성

'대체불가능'해져야 우리의 인간성이 미래에도 살아남는다고 하셨는데, 그 말에서 '인간성'은 구체적으로 무엇을 의미하나요?

우리의 **인간성**humanity을 정의하려면, 전 세계적으로 인정받는 무슨 대단한 상을 받은 인물이 아니라 바로 우리 아이들에게 눈을 돌려야 한다. 아이들은 우리의 가장 순수한 모습이다. 아이들은 때 묻지 않은 기쁨과 호기심을 지니고 있으며, 인류가 35억 년 동안 진화하며 정교하게 빚어온 특징들을 고스란히 보여주는 '살아 숨쉬는 그림'과도 같다. 바로 이 특징들이 인류를 대부분의 동물과 구분 짓고, 이 우주에서 인간의 독특한 위치를 확실하게 만든다.

놀이터는 이런 인간의 타고난 능력이 펼쳐지는 역동적인 무대다. 모래 놀이터에서 노는 아이들을 지켜보면 알 수 있다. 아이들은 누가 시키지 않아도 말없이 모래를 이용해 정교한 구조물을 만들기 시작한다. 어떤 아이는 모래성을 둘러싼 도랑이 필요하다고 생각하고, 다른 아이는 다리를 생각해낸다. 단순히 놀기만 하는 것이 아니다. 아 아이들은 창조자이며, 자신들만의 상상 속 세계를 짓는 건축가다. 이런 **진정한 창의성**genuine creativity은 누가 가르쳐서 배운 것이 아니라, 존재의 일부로 가지고 태어나서 자연스럽게 발휘하는 것이다.

이제 자신들이 만들어낸 새로운 놀이의 규칙에 대해 토론하는 두 아이를 지켜보자. 논쟁하고, 상대방의 생각을 고려하면서, 결국 합의에 이른다. 이런 일종의 '생각으로 추는 춤dance of thought'은 아이디어의 중요성을 비교하고 균형을 찾는 과정이며, **비판적 사고**critical thinking의 씨앗이 된다. 규칙을 이해하고, 문제를 제기하고, 나아가 새로운 규칙까지 만들어내는 것이다.

마지막으로, 아이들이 놀 때 보여주는 복잡한 상호작용을 볼 차례다. 새로 온 아이가 몸을 배배 꼬며 수줍게 다가온다. 몇 분도 지나지 않아 그 아이는 다른 아이들의 놀이에 섞여 함박웃음을 짓는다. 이것이 바로 **사회적 진정성** social authenticity이 실현되는 순간이다. 유대감, 이해, 공감이 필요한 순간 말이다. 이는 인간의 소통을 이어주는 접착제로, 공통된 경험과 감정으로 우리를 묶어주는 역할을 한다.

아이들은 우리를 인간답게 만드는 본질을 구현하고 있는 걸작이다. 아이들의 놀이를 통해서 진정한 창의성, 비판적 사고, 사회적 진정성이 실현되는 모습을 볼 수 있다. 아이들이 이렇게 자연스럽게 드러내는 이 능력들이야말로 우리 인간성의 주춧돌이다.

인간은 **진정한 창의성**으로 다른 어떤 종도 할 수 없는 방식으로 혁신하고, 꿈꾸며, 예술을 창조하고, 문제를 해결할 수 있다. **비판적 사고**로 분석하고, 질문하며, 정보에 기반한 윤리적 결정을 내릴 수 있으며, 이는 인류 진보를 뒷받침하는 기반이 된다. 그리고 **사회적 진정성**으로 공동체를 형성하고, 공감하며, 협력함으로써 사회를 지탱한다.

이 능력들이 '대체불가능' 개념에서 어떤 역할을 하나요?

이 세 가지 고유 능력은 '대체불가능'이라는 개념의 핵심이다. 이 책 전반에 걸쳐, 그리고 실제로 '대체불가능'해지기 위한 실천 과정에서 이 능력들을 자주 언급해야 하므로, 나는 이런 '고유한 인간의 능력'을 **휴믹스**Humics라는 용어로 부르자고 제안한다. 영문명에서 'H'를 대문자로 표기하는 것은 **인간** human이라는 본질을 강조하기 위함이다.

휴믹스는 특별하다. 인간이면 누구나 타고난 능력이면서, 동시에 훨씬 더 계발하고 확장할 수 있는 놀라운 가능성을 품고 있다.

다음 장부터는 AI 중심 시대에 성공 비결이 왜 AI 코딩 정복이 아니라, 우리의 '휴믹스를 회복하고 강화하는 것'에 있는지 자세히 파고들 예정이다. 이 능력을 어떻게 활용해야 끊임없이 진화하고 세상과 기술 발전에 발맞춰 적응력을 확보할 수 있는지 설명하도록 하겠다.

휴믹스는 새로운 개념인가요?

휴믹스는 갑자기 툭 튀어나온 개념이 아니다. 수천 년 전, 서양 철학의 기틀을 닦은 사상가 중 한 명인 아리스토텔레스는 진정한 창의성, 비판적 사고, 사회적 유대감과 유사한 인간의 핵심 고유 능력들을 식별했다. 그리고 이를 **에우다이모니아**eudaimonia, 즉 잘 사는 삶flourishing life 또는 행복을 얻기 위한 필수 요소로 보았다.

아리스토텔레스에 따르면 이런 타고난 특성은 단순한 능력이 아니다. 잘 육성하면 최고선(善)과 안녕well-being을 달성할 수 있는 덕(德)의 성격을 가진 것이다. 그는 개인이 이러한 덕에 따라 사는 것이 자신의 가능성을 실현하고, 삶의 의미를 찾으며, 타인과 조화를 이루는 길이라고 믿었다.

이런 관점은 우리가 휴믹스를 활용하려는 방식과 일맥상통한다. 즉, 우리는 끊임없이 변화하는 시장에 맞춰 항상 새롭고도 적합한 역량을 개발하기 위한 주춧돌로 휴믹스를 활용해야 한다.

휴믹스 중 가장 강력한 능력은 무엇인가요?

휴믹스는 우리 내면의 자아, 감정, 인생 역정, 개성, 그리고 무엇보다도 사랑과 깊이 얽혀 있다. 사랑은 이런 능력들을 긍정적으로 인도하고 강화하는 중추적 역할을 한다. 사랑은 우리가 목적 의식과 공감을 가지고 진정한 창의성, 비판적 사고, 사회적 진정성을 활용할 수 있도록 도우며, 더 풍요롭고 더 긴밀한 인간적 경험을 할 수 있게 한다.

사랑은 감정, 경험, 꿈을 혁신적인 방식으로 표현하도록 하는 동력을 제공하여 창의성이 피어오르게 한다. 나아가 사랑은 사람에게 정의, 공정성, 이해를 추구하게 하여 타인의 행복과 안전에 대한 관심을 일깨우고 이를 반영하는 결정을 내리게 한다. 우리가 능동적으로 경청하고, 효과적으로 소통하며, 정서적 지지와 공감을 주는 방법을 배울 수 있는 것도 모두 사랑이 있기 때문이다.

AI 때문에 우리가 인간성을 잃을 위험이 있을까요?

인간성에 대한 진짜 위험은 AI가 휴먹스의 자리를 대체해서 생기는 것이 아니다. 휴먹스는 본질적으로 인간의 고유한 특성이라 AI가 완전한 수준에서 이를 복제할 수는 없기 때문이다. 이 내용은 이 책의 후반부에서 더 자세히 논의할 것이다.

오히려 위험은 우리 스스로가 이러한 능력의 중요성을 소홀히 여기고, AI가 만들어낸 빈약한 결과물에 만족하는 데서 발생한다. 내가 'AI 비만'이라고 이름 붙인 바로 그 현상이다. 우리가 스스로 해야 더 잘할 수 있는 일들까지 AI에 지나치게 의존한다면 우리의 휴먹스는 위축될 수 있다. 마치 운동하지 않으면 근육이 약화되는 것과 비슷하다.

이런 일은 예를 들어 내가 공항에서 겪은 사례처럼, 고객보다 기술의 목소리에 더 귀 기울이는 습관을 지니게 될 때 일어난다. 새로 출판할 책 표지를 디자인할 때, 아무런 보완이나 수정 없이 AI가 처음으로 제안한 시안을 덥석 받아들이는 경우에도 생길 수 있다. 또는 SNS에서 스스로의 목소리와 아이디어 대신 주로 AI가 생성한 콘텐츠를 탐닉하는 경우에도 이런 일이 벌어진다.

우리가 인간성을 잃지 않으려면 무엇을 해야 하나요?

AI가 지배하는 시대에 인간성을 지키기 위해서는 의도적인 노력이 필요하다.

첫째, 창의적 작업을 모두 AI에 맡겨 두지 말고, 직접 그 작업에 참여하는 상태를 유지해야 한다. 둘째, 의사 결정이나 문제 해결 과정에서 오직 AI에만 의존하려는 유혹을 뿌리쳐야 한다. 우리의 비판적 사고 능력이 퇴화될 우려가 있기 때문이다. 셋째, 진정한 인간적 상호작용을 AI로 대체하는 일은 없어야 한다. 우리의 사회적 진정성을 해칠 위험이 크기 때문이다.

이러한 노력들은 AI가 주도하는 세상에서도 우리가 인간으로서의 본질을 잃지 않도록 지켜주는 든든한 버팀목이 될 것이다.

AI 없이 해야만 하는 일에는 어떤 것들이 있나요?

아주 좋은 질문이다. 나는 '기쁨과 성장의 원칙'이라고 이름 붙인 실천 규칙을 활용한다. 즉, 어떤 일이 자신에게 기쁨을 주지 않거나 개인적 또는 직업적 성장에 기여하지 않는다면, 과감히 AI에 맡기는 게 좋다.

덧붙여, 자신의 '휴믹스'를 훈련하고 인간성 근육을 키우는 연습을 권하고 싶다. 하루 15분에서 30분 정도만 투자해도 충분하다. 더 자세한 내용은 2부에서 다루겠지만, AI 때문에 인간성이 약화되는 것을 막고 본질적인 인간적 특성을 발전시키기 위한 훈련법 몇 가지를 먼저 소개한다.

- **창의력을 일깨우는 활동하기**: 예술 활동, 글쓰기, 디자인, 혁신적인 방식의 문제 해결 등 무엇이든 창의성을 자극하는 활동을 위한 시간을 마련하라. 창의력을 생생하게 유지하고, 창작의 즐거움을 스스로에게 계속 일깨우기 위함이다. 나는 이를 위해 '지루함'을 허용하는 법을 배웠다. 정신은 지루함을 느낄 때 이곳저곳을 자유롭게 떠돌기 시작하며, 바로 이 방황이야말로 창의성의 모판이 된다.

항상 무언가와 연결된connected 세상에서는 진정한 지루함이 오히려 희귀한 경험이 되었다. 적당한 디지털 디톡스를 실천하고 지루함을 경험하면, 자연스러운 창의성을 자극할 수 있다.

- **뇌에 도전 과제 주기**: 정기적으로 비판적 사고가 필요한 활동에 참여하라. 세상의 심오한 진실을 이해하기 위해 새로운 것을 배우거나, 토론에 참여하거나, 윤리적 문제를 고민해보라. 혹은 그저 기존의 관념에 의문을 제기하는 것만으로도 충분하다. 나는 내가 깊이 믿고 있는 신념에 대해 반대 입장에서 논쟁을 벌이는 연습을 즐긴다. 심정적으로 꽤 불편하지만, 억지로라도 반대 시각에서 문제를 바라보는 연습이다. 이를 통해 시야를 넓히고 열린 마음을 유지하는 데 큰 도움을 받았다.
- **진정한 유대감 키우기**: 대면 상호작용에 우선순위를 두고 공감, 이해, 진정한 유대감에 기반한 관계를 키워 나가라. '사회적 진정성'은 깊고 의미 있는 상호작용을 통해 얻어진다. 나는 거리에서 만나는 모든 사람에게 인사를 건네 보라고 권하고 싶다. 그저 "안녕하세요"라는 인사만으로도 누군가의 하루를 밝혀줄 수 있다. 상대방이 대화를 원한다면, 그들의 관심사나 열정을 불태우는 대상에 대해 깊이 알아보려 노력한다. 또한 주변 사람들에게 무엇이 필요한지 예상하고, 요청받기 전에 자발적으로 친절을 베풀려 한다. 문을 잡아주거나 높은 선반의 물건을 꺼내 주는 가벼운 친절 말이다. 이런 능동적인 연습은 진정한 관계 구축을 위한 공감 능력과 이해력을 강화해준다.
- **자기 성찰과 개선하기**: 자신의 감정, 동기, 행동의 영향을 이해하기 위해 내면을 들여다보는 시간을 가져라. '자기 인식self-awareness'은 개인의 성장과 흔들림 없는 인간성 유지를 위한 핵심 요소다. 나는 평소 명상과 마음챙김 연습 외에도, 스스로를 더 잘 이해하기 위해 일상적인 루틴을 의도적으로 흐트러뜨려 내면의 자아를 두드린다. 예를 들어 항상 비슷한 장르의 책만 읽었다면 평소 피하던 장르에 도전해보는 것이다. 또는 출퇴근길이나 가족을 데리러 가는 경로를 일부러 바꿔 보기도 한다. 이렇게 익숙하지 않은 상황에 부딪히면 내 감정과 동기, 그리고 내 행동이 타인에게 미치는 영향을 더 잘 파악할 수 있다.

- **교육하고 전파하기**: 휴믹스의 중요성을 다른 사람과 공유하라. 휴믹스 전파 활동은 직장, 학교, 지역 사회 등에서 본질적인 인간적 요소를 중요하게 여기고 육성하는 환경을 만드는 데 큰 도움이 된다.

  의도적으로 이런 훈련을 함으로써 자신의 휴믹스를 보호하고 강화할 수 있다. 이렇게 의식적으로 노력하면 AI의 장점을 활용하면서도 우리만의 독특한 인간적 본질을 유지할 수 있으며, 점점 더 디지털화되는 세상에서 인간성을 지켜낼 수 있다.

AI가 우리의 인간성을 고양할 수 있다고 하신 적이 있는데 그 이유를 설명해줄 수 있나요?

이 책에서 나중에 더 다루겠지만, AI가 집안일, 수동 계산, 반복적 업무, 지겨운 데이터 입력 및 검색 같은 덜 흥미롭고 부가가치가 낮은 업무를 대신해 준다면, 인간은 지루하고 중요하지 않은 일에서 해방될 수 있다.

반대로 AI는 우리의 휴믹스를 모방하기 어렵다. 따라서 AI를 잘 이용한다면, 결국 진정한 인간성을 정의하는 휴믹스를 우리 스스로 재발견하고 그것에 더 투자하는 방향으로 나아가게 될 것이다. 이러한 과정을 통해 AI는 의도와 무관하게 인간성을 강화하는 방향으로 우리를 이끈다. 어떻게 보면, AI가 우리에게 "더 인간다워져라!"라고 자극하는 셈이다.

이런 해석은 AI가 경제적 도구를 넘어 인간성을 고양하는 촉매제가 될 수 있음을 시사한다. 또한 AI가 우리의 가장 인간적인 특성을 증폭시키는 역할을 하고, 경제 성장만큼이나 '영혼의 성장'을 귀하게 여기는 미래를 그릴 수 있게 해주는 비전이기도 하다.

> "AI는 경제적 생산성을 위한 도구에 그치지 않고, 우리의 인간성을 고양하는 수단이 될 수 있다."

휴믹스를 더 발전시키면 어떤 점이 더 좋아질까요?

이러한 능력을 온전히 개발할 때 얻을 수 있는 중요한 이점 네 가지는 다음과 같다(뒤에서 더 자세히 설명할 예정이다).

- AI가 우리의 인간성을 약화시킬 위험을 방지한다(바로 앞에서 논의했다).
- 인간과 AI 간의 시너지를 촉진할 수 있다. 앞으로 더 살펴보겠지만, AI가 휴믹스를 완벽히 모방할 수는 없다. 따라서 휴믹스는 인간이 AI를 이용할 때 시너지와 가치 창출을 극대화하는 '보완적 협력 관계'의 핵심 요소가 된다.
- 개인은 AI로 강화된 세상의 끊임없는 요구를 충족하면서, 변화에 적응하고 시대의 흐름을 따라잡기 위해 새로운 역량을 계속 개발할 수 있는 무한한 가능성을 얻는다.
- 모든 회사가 동일한 수준의 AI 기능에 접근할 수 있게 될 미래에, 휴믹스는 차별화된 비즈니스와 뛰어난 운영 능력의 토대가 된다. 인간과 AI의 역량을 전략적으로 통합할 수 있는 회사만이 고객에게 최고의 가치를 제공할 수 있다.

'대체불가능' 프레임워크

설득력이 있네요. 그럼 '대체불가능'해지려면 무엇을 해야 할까요?

> **AI가 거의 모든 것을 할 수 있는 세상에서 가장 큰 가치는 인간만이 가질 수 있는 고유함에 있다.**

AI에 의해 모든 것이 움직이는 시대에 '대체불가능'해진다는 것은 매우 어려운 과제다. 이 책은 인간이 AI와 공존하는 목표를 넘어, 오히려 인간이 더 돋보일 방법을 구체적으로 제시한다. 함께 이 여정을 떠나 보자.

- **보완적 역량 키우기**: AI가 나의 일을 보완하며, 인간과 AI의 강점을 모두 활용하는 궁극의 파트너십을 상상해보라. '대체불가능'해진다는 것은 기술이 절대 복제할 수 없는 인간만의 차별화된 능력을 완전히 장악하고, 이를 AI와 섬세하게

결합해 시너지를 창출한다는 뜻이다. AI가 질병을 진단하는 세상이 온다면, 진정한 차이를 만드는 건 공감하는 의사, 창의적으로 문제를 해결하는 변호사, 연민을 가진 간호사다. 이를 통해 어떤 분야에서 쉽게 대체될 수 없는 필수 인력이 될 수 있는 것이다. AI가 거의 모든 일을 할 수 있는 세상에서 가장 중요한 가치는 확실히 인간다운 인간이 되는 데 있다.

- **아이들에게 AI의 파도를 헤쳐나갈 방법 안내하기**: 우리 아이들은 AI를 친구로 삼으며 자라고 있다. 아이들의 미래에 이런 환경이 어떤 영향을 줄까? 이 새로운 세상에서 어떤 길을 보여 줘야 할까? 현 세대의 우리는 아이들이 살아갈 디지털 세상의 지도를 그리는 제작자이자, 아이들을 안전하고 성공적인 길로 안내하는 가이드의 역할을 맡아야 한다.
- **평생 AI 문해력 키우기**: AI는 스쳐 지나갈 유행이 아니라 우리가 배우고 유창하게 구사해야 할 언어와 같다. 이 언어에 능통해지면 기술 혁신과 함께 찾아올 기회를 잡고 위험을 식별할 수 있다. 다음 장부터는 장기적으로 AI 문해력을 키우고 유지하는 방법을 안내할 것이다.
- **적응하고 진화하기**: AI의 끝없는 혁신으로 세상이 어지러울 정도로 빠르게 변할 때, 적응력은 새로운 생존 기술이 된다. 이 태풍 속에서 살아남으려면 적응력과 회복탄력성을 예술의 경지까지 끌어올려야 한다. 새로운 게임의 규칙은 '더 적극적으로 잊고 새로 배우기'다. 낡은 방식을 빨리 버리고 새 방식을 받아들여야 한다. AI와 달리 인간은 업데이트나 재설치가 필요 없다. 인간적인 유연성은 아주 중요한 강점이며, 이 책에서 그 활용법을 알려줄 것이다.
- **새로운 사고방식 받아들이기**: AI 시대는 '우리 모두'를 위한 새로운 지평을 열었다. 혁신이 모두에게 혜택을 주면서, 희소가치 전략은 풍부한 자원 공유 전략에 자리를 내어주고 있다. 미래는 개인인 '나'보다 집단으로서 '우리'를 우선시하는 사람들의 몫이다. 이 책은 희소함에서 풍부함으로, 경쟁에서 협력으로 사고방식을 전환하라고 촉구한다.
- **목적 발견하기**: 목적 추구의 역사는 인류 역사만큼이나 오래되었다. 그런데 AI 시대에는 이것이 그 어느 때보다 중요하다. AI는 우리를 위해 많은 일을 해줄 수

있지만, 우리의 존재 이유를 줄 수는 없다. 이 책은 자신의 목적을 깊이 탐구할 수 있는 세계로 독자를 초대한다.

- **자각하고 자신을 이해하기**: AI가 인간의 최고와 최악의 특성을 비추는 거울이 되어가는 상황에서, 우리는 인간성의 기준을 더 높여야 한다. 인간의 행동이 AI에 의해 증폭되는 세상에서는 오만이나 근거 없는 편향을 방치할 여유가 없다. AI를 낳은 부모로서 인간은 AI에게 모범을 보여야 한다. 이 책은 이러한 과제를 정면으로 다루며, 독자가 자기 발견의 여정을 시작하고 긍정적인 변화를 이끄는 존재로 거듭나도록 도울 것이다.

진짜로 '대체불가능'해지는 방법에 대한 구체적인 접근법이 있나요?

사실 이것은 내가 지난 20년간 인간과 AI가 만나는 경계에서 연구해온 주제다. 그 연구의 결정체인 '대체불가능' 접근법을 소개하겠다. 우리가 이 책에서 다루는 내용을 압축적으로 보여주는 모델이기도 하다.

'대체불가능'해지기 위해서는 **3가지 미래 역량**, 즉 **AI 준비성**AI-Ready, **인간 친화성**Human-Ready, **변화 대응성**Change-Ready을 정복해야 한다(표 3.2 참조). 이 3역량을 키우면 당신의 삶, 일, 아이들, 사업에서 다가올 미래를 완벽하게 대비할 수 있을 것이다.

역량	설명	참조
AI 준비성 (AI-Ready)	AI를 지렛대 삼아 성과를 높이고, 나아가 윤리적 문제나 중독 등 AI의 부정적인 영향을 방지하는 힘과 관련된 역량이다.	
강화	AI 마인드를 키우고, 전략적으로 AI를 활용하며, AI 문해력을 유지함으로써 스스로를 AI로 강화한다.	8장
보호	집중력 약화, 중독, 데이터 프라이버시 문제 등 AI의 부정적 영향으로부터 나 자신과 아이들을 보호한다.	12장, 13장
책임	깨어 있는 의식으로, 윤리적이고 존중하는 마음을 담아, 지속 가능하고 책임감 있게 AI를 만들고 이용한다.	11장, 14장

인간 친화성 (Human-Ready)	AI가 모방할 수 없는 인간 고유의 능력인 '휴믹스'를 키우는 데 초점을 맞춘다. 이 역량을 키우면 AI와 최고 수준의 시너지를 낼 수 있다. 휴믹스는 우리의 고유한 인생 경험, 감정, 개인사, 개성 등 인간성을 구성하는 측면들과 깊이 연결되어 있다. 인간만의 고유 요소인 사랑은 휴믹스를 통해 표현된다. 휴믹스에서 파생된 결과는 AI보다 인간이 창출했을 때 더 큰 가치를 인정받는다(예: AI 코치보다 인간 코치).	
진정한 창의성	독창적인 아이디어, 해결책, 예술적 표현, 문제에 대한 새로운 접근법을 만든다. 영감, 직관, 주체적 경험을 활용해 틀에 얽매이지 않은 생각을 한다.	3장, 5장, 6장, 7장
비판적 사고	독립적 판단과 윤리적 추론을 통해 정보를 분석하고 평가한다. 정보의 타당성을 비판적으로 검토하고, 직관을 활용해 결정하며, 자기 성찰을 통해 편향과 동기를 이해한다. 더 나은 질문을 던져서 더 나은 답을 얻고 신뢰를 쌓는다.	3장, 5장, 6장, 7장
사회적 진정성	깊고 의미 있는 관계를 형성하고, 복잡한 사회적 신호를 이해하며, 공감을 표현한다. 여기에는 진정한 정서적 연결과 윤리적 판단 능력, 타인에게 선한 영향력을 미치는 리더십이 포함된다.	3장, 5장, 6장, 7장
변화 대응성 (Change-Ready)	AI 발전이 가져오는 급격한 변화와 도전 과제 속에서도 살아남아 성공할 수 있는 회복탄력성과 적응력을 키우는 데 중점을 둔다.	
회복탄력성	장애물, 변화, 압박에 맞서 정신적 평정심을 지키고 회복하기 위한 능동적 방식을 구축한다.	9장
적응력	새로운 상황, 환경, 변화에 빠르고 효율적으로 적응한다.	9장
학습 방법을 다시 배우기	낡은 지식을 버리기 위해 이미 배운 것을 의식적으로 잊고, 새로운 맥락에서 새로운 역량을 습득하며 다시 배우는 습관을 들인다.	11장

표 3.2 **3가지 미래 역량**

먼저 www.irreplaceable.ai에서 IRQ(대체불가능 지수) 테스트를 해보자. 이를 통해 3가지 미래 역량 중 내가 뛰어난 부분과 성장이 필요한 부분을 알 수 있다. 이를 나침반 삼아 현재 위치를 파악하고 집중해서 배워야 할 분야를 정하라. 그리고 3가지 미래 역량을 개발하며 얻은 경험과 성과를 #irreplaceable 해시태그로 공유하여 같은 길을 걷는 다른 사람들의 길을 밝혀 주길 바란다. 또한 웹사이트에서 '대체불가능 아카데미'에 가입하면 여러 강의나 자료, 그리고 뜻이 맞는 사람들이 모인 커뮤니티를 통해 많은 도움을 받을 수 있을 것이다.

이 3가지 역량을 삶에 통합할 수 있다면, 이 역량들은 서로를 보완하고 강화하며 AI 시대에 개인적 성장 및 직업적 성장을 위한 전인(全人)적 접근법이 될 것이다. 이 통합적 접근법을 활용하면 우리 자신뿐 아니라 아이들과 사랑하는 사람들까지도, AI가 바꿔놓은 세상에서 성공적으로 길을 찾는 능력을 키울 수 있게 된다.

'대체불가능'해지면 내 삶은 어떻게 달라질까요?

이 책에서 제시하는 접근법을 따라 '대체불가능'해진다면, 미래의 삶과 직업을 대비할 수 있다는 것 외에도 수많은 이점을 얻을 수 있다. 이 책에 담긴 도구들은 결국 당신의 자신감을 높이고, 내적 평온을 되찾아주며, 집중력을 통제하게 해줄 것이다. 또한 사랑하는 사람들과 비즈니스를 든든히 뒷받침할 수 있는 비전을 얻게 될 것이다.

나를 포함해 이 접근법을 받아들인 사람들은 혁신적인 변화를 경험했다. 이 책에서 배운 내용을 제대로 실천한다면, 끊임없이 무언가에 쫓기며 통제력을 잃은 듯한 느낌, 압도되고 감정적으로 지쳐 스트레스받던 상태에서 벗어나, 상황을 이해하고 주도하며, 예측하고 계획하며, 마침내 즐기고 성공하는 상태로 바뀔 수 있다. 나는 여기서 더 나아가, 이러한 역량 개발을 통해 이전에는 느껴본 적 없는 확고한 목적 의식과 자신감을 얻을 수 있었다.

하지만 분명히 말해두건대, 이 책은 당신을 단숨에 파라다이스로 데려다주는 '마법 양탄자'가 아니다. 길을 안내하는 지도일 뿐이다. 이 방법론을 받아들임으로써 당신은 더 균형 잡히고 충만한 삶을 향해 의미 있는 발걸음을 내딛게 된다.

이는 변화무쌍한 바람 속에서 항해하는 법을 배우는 것과 같다. 당신은 이 접근법을 통해 자신이 가진 돛을 능숙하게 다뤄 바람을 내 편으로 만드는 법을 배우게 될 것이다. 이 책은 AI가 주도하는 세상의 복잡한 조류를 품위와 자신감을 가지고 타고 넘을 수 있는 도구와 통찰력을 주고자 한다.

AI를 피할 수 없는 조류로 상상해보자. 당신에게는 선택권이 있다. 돛을 활짝 펴고 파도를 타며 저 수평선 너머로 나아갈 것인가, 아니면 닻을 내리고 멈춰 서서 침몰할 위험을 감수할 것인가? 결단을 내려야 할 시간은 짧고, 바다의 파도는 선장이 결정을 내릴 때까지 오래 기다려주지 않는다. 이 여정을 일찍 시작할수록 당신은 바다 위에서 길을 찾는 항해술에 더 능숙해지게 될 것이며, 그때 조류는 당신을 뒤로 밀어내는 대신 앞으로 나아가게 도와줄 것이다.

평범함의 기준이 턱없이 높아지고, 탁월함이 새로운 기본이 된 시대다. 나를 다른 사람과 차별화하는 일은 이제 선택이 아닌 필수다. 그리고 지금이야말로 그 항해를 시작하기에 가장 적절한 때다.

2부

'대체불가능' 역량 키우기

이제 '대체불가능'이 얼마나 중요한지 이해했으니, AI 시대에 나를 돋보이게 할 역량을 키우는 일에 집중할 때다. 여기에서 배우게 될 역량은 단순히 업무에서만 쓰는 기술이 아니라, 삶의 모든 영역에서 도움이 될 '생존 기술'이다. 이 역량들을 정복한다면, 당신은 AI가 주도하는 세상을 개인적으로도, 직업적으로도 훨씬 더 잘 헤쳐나갈 수 있게 될 것이다.

AI가 인간을 대체할 미래에 대비하기

이 장에서는 AI 시대 일자리의 냉정한 현실을 살펴본다. AI가 직장의 모습을 어떻게 변화시키고 있는지, 그리고 이것이 '내 일자리' 관점에서 어떤 의미를 갖는지 다룰 것이다. 나아가, AI와 '공생 관계'를 맺는다는 개념을 소개하고, 다음 장부터는 이 개념을 더 깊이 파고들 것이다.

AI가 당신의 직업을 빼앗는다

AI가 지능과 능력이 점점 발전하고 있다는 얘기를 계속 듣습니다. AI가 내 직업에 미칠 영향을 두려워해야 할까요?

그렇다. 두려워해야 한다.

이 말을 잘 새겨듣길 바란다. 당신의 직업에는 '유효기간'이 있으며, 그 끝이 다가오고 있다. 당신이 어떤 산업에 종사하든, 어떤 역할을 맡고 있든, 어떤 전문성이 있든 상관없다. 시간은 흐르고 있고, AI는 매분 매초 당신의 현재 직업을 쓸모없게 만들기 위해 한 걸음씩 다가오고 있다.

너무하다는 생각이 드는가? 맞다. 하지만 이것이 진실이다. 그래도 희망적인 건, 당신을 돕기 위해 이 책이 있다는 사실이다. 먼저, 왜 이런 상황이 닥쳤는지 자세히 설명하겠다.

예전에는 한 가지 역량이나 직업만으로도 평생 고용이 보장되던 시절이 있었다. 30년 전만 해도 사람들은 학교에서 기술을 배우고, 연습을 통해 완벽한 수준으로 연마해 이를 평생 업으로 삼았다. 그때는 기술 발전으로 직업이 대체되는 일이 매우 드물었고, 일어나더라도 보통 여러 세대에 걸쳐 아주 천천히 진행되었다.

예를 들어, 1800년대에 있었던 가로등 점등원lamplighter이라는 직업을 생각해보자. 그들의 일은 매일 저녁 거리의 가로등을 직접 켜는 것이었다. 그러나 가스등과 전기등이 등장하면서 이들의 역할은 순식간에 필요 없어졌다. 마찬가지로 수동으로 선을 꽂아 전화를 연결하던 전화 교환원이라는 직업도 자동 교환 시스템의 등장과 함께 역사 속으로 사라졌다.

하지만 그때와 지금은 변화의 속도에서 결정적인 차이가 있다. 예전 노동자들은 변화에 적응하여 직업을 바꾸기 위해 수년 정도는 여유를 가질 수 있었고, 자신의 직업을 대체한 바로 그 기술로 인해 생겨난 산업에서 새로운 일자리를 찾기도 했다.

수년에 걸쳐 기술 혁신이 진행되는 동안, 사람들은 '자동화할 수 없는' 직업이 존재한다는 믿음을 유지할 수 있었고, 기술에 영향을 받지 않는 직업을 가지기 위해 체계적인 훈련을 받았다. 가로등 점등원은 새로운 조명 인프라를 유지 관리하는 전기 기술자가 되었고, 전화 교환원은 통신 지원이나 고객 서비스 업무로 이동했다.

사람들은 지금 내 직업이 자동화되더라도 재교육을 받을 시간이 충분하며, 자동화로부터 안전한 다른 직업으로 옮겨갈 수 있다고 믿었다. 이 생각은 수 세기 동안 유효했다. 어디까지나 '지금까지는' 그랬다는 얘기다.

지난 10년간 변화의 속도는 유례없이 빨라졌다. 이제는 새로운 직업을 갖기 위해 느긋하게 재교육을 받을 시간조차 없다. 게다가 지금 AI는 너무나 강력하게 진화하여, 기존에는 안전하다고 여겨졌던 직업들조차 자동화될 위험에 처해 있다. 인류가 최근 달성한 자동화의 진화 과정을 살펴보자.

- **50년 전, 물리적 노동에서 지식 노동으로**: 자동화가 공장 노동에서 출발해 사무 업무까지 진출했다. 스프레드시트와 데이터베이스가 도입되기 시작했다.
- **20년 전, 기초 지식 업무에서 복잡한 업무로**: AI가 주식 시장 분석, 공학적 설계, 체스 게임 등의 복잡한 업무를 처리하기 시작했다.
- **10년 전, 데이터 처리에서 의사 결정으로**: AI가 법률 문서를 분석하고, 건강 문제를 진단하며, 심지어 운전까지 하기 시작했다.
- **5년 전, 생각하기에서 창작으로**: 이제 생성형 AI는 음악, 미술, 유머, 문학까지 놀라운 수준으로 만들어내고 있다.

결론은 무엇일까? 현재 존재하는 그 어떤 직업도 이제는 안전하지 않다는 것이다. 모든 산업과 직업이 AI라는 스나이퍼가 노리는 조준선 안에 들어와 있다. 어떤 직업도 더 이상은 '대체불가능'하지 않다.

그렇다. 너무나 무서운 상황이다. 하지만 당신을 달래서 재우는 것보다는, 충격을 주더라도 깨우는 게 낫지 않은가. AI의 혁명적 힘을 있는 그대로 받아들여야 제대로 활용할 수 있다는 사실을 알리기 위해 무서운 얘기를 먼저 할 수밖에 없다. 저항해봤자 결국 대체당할 뿐이다!

제가 대체되는 일이 일어난다면 전 어떻게 해야 하나요?

AI가 당신의 직업을 대체하는 일은 '만약if'의 문제가 아니라 '언제when'의 문제다. 내 조언은, AI가 당신의 일을 자동화하는 날이 오면 차라리 기회가 왔다고 생각하라는 것이다.

지난 몇십 년간 이미 수백만 명이 AI와 기술에 의해 직업을 잃었다. 하지만 기술 발전과 함께 이런 파괴적 변화의 속도도 가속화되고 있다. 이제는 한 세대가 지나기도 전에 직업 시장이 여러 번 뒤집힐 가능성이 높다.

당신은 이 전투의 첫 번째 희생자도, 마지막 희생자도 아니다. 출생, 질병, 죽음이 삶의 일부인 것처럼 이 또한 거스를 수 없는 순리로 생각해야 한다. 대체당하는 상황이 닥쳤을 때 우리가 반응하는 방식은 두 가지가 있다. 죽음을 두려워하거나 대체될까 봐 벌벌 떨며 끊임없는 불안과 스트레스 속에서 인생을 낭비하는 것, 아니면 이 현실을 받아들이고 적응하는 길을 선택할 것이다.

어차피 모든 생명은 죽음을 맞이한다. 그러니 지금의 삶을 즐겨야 하지 않겠는가! 마찬가지로, 우리 모두 언젠가는 대체될 것이다. 그러니 차라리 이것을 새로운 기회를 찾을 촉매제로 활용하자.

긍정적인 면을 보자. AI가 내 일을 자동화했다면, 그 일은 애초에 나를 위한 일이 아니었다는 뜻이다. 원래 인간이 해야 할 일이 아니었다고 생각해도 좋다. 그 일은 나의 특별함, 차별성, 나만이 연마할 수 있는 전문성을 제대로 발휘할 수 있는 일이 아니었던 것이다.

하지만 대체되었을 때 갈 곳이 아예 없는 상황만큼은 반드시 피해야 한다. 오늘 당장 움직이지 않으면 안 된다. 아무런 준비도 하지 않는 것은, 물이

콸콸 새 들어오는 가라앉는 배에 타고 있으면서 발목까지 물이 차오르는데도 멍하니 있는 것과 같다.

그 압박감, 서서히 가라앉는 듯한 공포는 실재하며 나 또한 경험한 바 있다. 너무 오래 기다리면 그 무거운 압력을 고스란히 견디며 서둘러 새로운 기술을 익혀야 하기에 번아웃이나 우울증에 빠질 위험이 크다. 이건 단순히 두려운 정도가 아니다. 나와 내 가족이 겪지 않길 바라는 끔찍한 악몽이 현실이 될 수도 있다.

그럼 무엇을 해야 할까? 예상하고, 준비해야 한다.

직업에서 역량으로 집중 대상 전환하기

대체되는 일에 대한 준비를 어떻게 해야 하나요?

앞서 말했듯, AI로부터 안전한 직업을 찾으려고 하지 말라. 그런 직업은 존재하지 않는다. 대신 직업을 바라보는 관점을 근본적으로 전환해야 한다. '직업 안정성job security'이 아니라 '역량 적응성skill adaptability'으로 집중 대상을 바꿔야 한다.

단적으로 말해, 직업을 지키려고 하지 말고 **유연한 역량flexible skill**을 키우는 데 집중하라는 뜻이다.

사라질 직업을 붙들고 시간과 에너지를 허비하지 말라. 그 시간과 에너지를 새로운 현실에 적응할 수 있는 역량을 개발하는 데 쏟아야 한다. 기술과 역량은 내 능력에 기반하며 평생 나와 함께 남는다. 반면 직업은 그저 명함에 적힌 타이틀에 불과하다. 나의 역량을 변화에 맞게 진화시키는 것이야말로 미래를 위한 최고의 투자다.

변화의 격랑 속에서 나의 역량은 생명줄과도 같다. 그것을 꼭 붙잡고 지키되, 절대 정체되지 않도록 하라. 오늘 나를 먹여 살리는 역량도 계속 보수하고 혁신해야 한다. 그렇지 않으면 결국 나를 바닥으로 끌어내리는 무거운 닻이 될 뿐이다. 이런 혁신은 선택이 아니라 생존을 위한 최소한의 전략이다.

직업을 고정된 경로로 보지 말라. 대신 끝없는 **학습**learning, **의도적 망각**unlearning(학습 해소), **재학습**relearning의 순환 과정이 반복되는 혁명의 과정으로 생각하라. 이 순환 주기 안에 중요하고, 유연하며, '대체불가능'한 상태를 유지할 수 있는 힘이 숨어 있다.

어떻게 해야 제 역량을 '대체불가능'하게 만들 수 있을까요?

사실, 이 질문에 대한 답은 간단하다.

'인간+AI' 방정식을 풀 수 있다면 '대체불가능'해질 수 있다. 이 방정식을 풀기 어려운 이유는 'AI'나 '인간'이라는 항 때문이 아니라, '+'라는 연산 기호 때문이다. 여기에서 가장 중요한 문제는, 어떻게 해야 인간과 AI의 강점은 최대한 연결하고 약점은 최소화하는 최선의 '+'를 만들어낼 수 있느냐 하는 것이다.

그 답은 학교에서 가르쳐준 적이 없지만 현대인에게 가장 중요하다. 성공적인 '+'를 만들려면 인간과 AI 사이에 상호 이해와 긴밀한 협력이 필요하다. 이를 위해서는 파트너십의 이점과 위험에 대한 깊은 이해, 함께 진화할 수 있는 능력, 각자의 강점을 전략적으로 활용해 서로의 약점을 보완하는 지혜가 필수적이다.

만약 이 협력을 효과적으로 해내지 못한다면, 이 방정식은 'AI-인간'으로 변질될 위험이 있다. 즉, AI의 능력이 인간의 역량을 가리고 밀어내게 될 것이다. 따라서 방정식의 총합을 키우기 위해서는 시너지를 내는 균형 잡힌 협력이 반드시 필요하다.

명심하라. 가까운 미래에 당신이 일자리를 잃게 된다면 그 자리는 AI가 아니라, **AI와 협력하는 일에 더 능숙한 다른 사람**, 즉 이 방정식을 풀어낸 사람에게 내주게 될 가능성이 높다. 하지만 만약 당신도 AI와 협력하기로 결심한다면, 누구에게도 따라잡히지 않는 존재가 되어 '대체불가능'해질 수 있다.

AI와 어떻게 협력해야 하나요?

얼마 전, 나는 저명한 체스 그랜드마스터이자 전 세계 챔피언인 가리 카스파로프Garry Kasparov와 대화를 나누며 큰 영감을 받았다. 그는 2005년에 있었던 파격적인 체스 토너먼트 이야기를 들려주었다. 슈퍼컴퓨터, 최고의 인간 선수들, 그리고 인간+AI 팀이 모두 참가하여 진정한 최강자를 가리는 경기였다.

결과는 어땠을까? 놀라웠다! 예상대로 인간+AI 팀은 인간 선수들만으로 구성된 팀을 압도했다. 하지만 더 주목할 점은, 2005년 그 당시에도 인간+AI 팀이 슈퍼컴퓨터마저 꺾었다는 사실이다. 더 큰 반전도 있다. 그 대회의 최종 우승자는 온갖 첨단 기술을 통달한 노련한 체스 그랜드마스터가 아니라, 평범한 두 명의 체스 애호가와 보통 수준의 컴퓨터였다.

카스파로프의 이야기는 내게 큰 깨달음을 주었다. 덕분에 체스 게임을 넘어, AI를 사용하는 어떤 분야에도 적용할 수 있는 원칙을 발견했다. 바로 기술을 다룰 때 가장 강력한 동맹은 기계에 맞서는 인간이 아니라, 기계와 협력하는 인간이라는 것이다.

카스파로프가 이야기한 토너먼트 일화는 내게 단순한 게임 이야기가 아니라 거대한 가르침이었다. 그 대화에서 얻은 두 가지 교훈은 다음과 같다.

- **AI와 협력해야 한다**: AI와 경쟁하려 한다고? 처음부터 지는 게임이다. AI를 이길 수 없다면 차라리 받아들여라. 힘을 합치면 무한한 가능성의 세계가 열린다. AI는 적이 아니라, 발전하기 위한 게임을 함께 플레이하는 궁극의 팀메이트다. 여기에 **AI의 역설**AI paradox이 있다. AI는 가장 큰 위협이지만, 동시에 현명하게 사용한다면 가장 큰 동맹이 될 수 있다.
- **인간다운 요소를 받아들여야 한다**: 대회에서 우승한 인간+AI 팀은 전술적 계산에 뛰어난 기술적 능력에만 의존하지 않았다. AI가 따라올 수 없는 의사 결정을 위해 인간 고유의 전략적 판단 능력까지 활용했다. 인간과 AI는 협력하여 각자의 강점을 뛰어넘는 보완적 능력을 발휘함으로써 폭발적인 시너지를 만들어 냈다. 따라서 우리가 AI와 협력할 때 창출할 수 있는 진정한 가치는, 역설적으로 우리를 인간답게 만드는 고유의 특성에서 나온다.

카스파로프의 이야기에 기반하여, 인간+AI 방정식을 풀기 위한 2단계를 다음과 같이 제시한다.

1. AI와 시너지를 만들며 일할 수 있는 **보완적 역량**을 식별하고 키운다.
2. AI와 구체적으로 **협력하는 방법**을 배우고, AI의 힘을 활용하되 부정적 영향을 받지 않도록 조심한다.

AI와 공생 관계 구축하기

앞에서 우리는 AI가 미래의 직업과 일자리에 미칠 파괴적인 영향을 살펴보았고, 중요한 깨달음을 얻었다. 이 새로운 시대에는 이미 정의된 직업이나 역할을 추구하기보다는 기술과 역량을 키우는 데 집중해야 한다는 사실이다. 그렇다면, AI와 함께 살아남아 성공하려면 구체적으로 어떤 역량에 우선순위를 두어야 할까?

이 장에서는 내가 자주 마주쳤던, 널리 퍼진 몇 가지 오해를 정면으로 반박하고자 한다.

- AI 시대에는 코딩과 프로그래밍 등 기술적 역량을 키우는 데 초점을 맞춰야 한다.
- AI 때문에 인간의 능력은 쓸모없어질 것이다.
- AI 때문에 인간의 소프트 스킬soft skill은 필요하지 않게 될 것이다.
- 인간의 기술이 AI와 잘 어울리는 영역에서 AI와 협력하면, 더 조화롭고 갈등 없는 협력이 이루어질 수 있다.

- AI는 인간의 창의성을 대체할 수 있다.
- AI는 인간과 비슷한 수준으로 맥락을 이해하고 해석할 수 있다.

기술적 역량에 대한 오해 극복하기

AI가 주도하는 세상에서 성공하기 위해서는 기술적 역량이 가장 중요할까요?

아니다.

이는 사람들이 흔히 생각하는 것과는 완전히 다른 얘기일지도 모르겠다. 지난 10년 동안, 비슷한 주제로 책을 쓴 거의 모든 저자는 앞으로 아이들이 필수적으로 컴퓨터공학을 배우고 프로그래밍이나 코딩을 익혀야 한다고 주장했을 테니까 말이다.

하지만 오늘날의 현실은 정반대다. 현재의 컴퓨팅 기술은 이제 아무도 프로그래밍을 하지 않아도 되는 방향으로 진화하고 있다. 프로그래밍 언어는 이제 일반 언어와 똑같아졌다. 우리가 챗GPT와 같은 AI 시스템에 입력하는 '프롬프트(자연어)'가 곧 코드다. 어떤 면에서 지금은 전 세계 모든 사람이 프로그래머가 된 것이나 다름없다. 코드를 단 한 줄도 작성하지 못해도 프로그래머가 될 수 있는 세상이다.

냉정한 현실을 말하자면, 전통적으로 고도의 기술적 전문성이 필요했던 작업들도 이제는 AI가 눈 깜빡할 사이에 처리한다. 단순히 기술직을 넘어 엑스레이 판독부터 계약서 검토에 이르기까지, AI는 이미 의료, 법률, 금융 등 모든 분야에서 인간 전문가를 능가하는 수준을 보여준다. 인간의 전문성은 AI에 의해 차별성 없는 일반 상품이 되고 있다.

바로 작년에 어떤 AI 시스템은 미국 의사면허 시험United States Medical Licensing Examination, USMLE을 통과했고, 또 다른 AI는 미국 변호사 시험에 합격했다. 의사와 변호사가 되려는 사람들이 몇 년씩 준비해야 하는 그 어려운 시험들 말이다.

AI는 이제 계약법에서 피부과 진단에 이르기까지 다양한 분야에서, 인간의 두뇌로는 감당하기 힘든 방대한 데이터를 활용해 숙련된 전문가들과 대등하게 경쟁하는 수준에 이르렀다.

따라서 전통적인 기술적 전문성만으로는 더 이상 경쟁 우위를 보장받을 수 없는 미래에 대비해야 한다.

왜 AI가 기술적 역량을 이리도 쉽게 다룰 수 있는 건가요?

변호사, 회계사, 의사, 프로그래머들이 공통적으로 보유하는 기술적 지식은 **구조화된 지식**에 기반한다. 이는 명확히 정의된 규칙을 따르며 반복적인 특성이 있다. 이런 영역에서는 질문에 대한 답이 '맞다' 혹은 '틀리다'로 명확히 나뉘므로, AI가 방대한 데이터를 통해 상대적으로 쉽게 학습할 수 있다.

AI가 기술적 역량이 필요한 분야에서 뛰어난 성과를 내는 주된 이유는 명확하다. 인간이 도저히 따라갈 수 없는 규모와 속도로 데이터를 처리하고 분석하는 능력, 지치지 않고 반복 작업을 수행하는 능력, 시간이 지남에 따라 새로운 데이터를 학습하며 지속적으로 성능을 향상시키는 적응 능력 때문이다.

표 4.1은 쉽게 자동화될 수 있는 기술적 역량에 어떤 것들이 있는지 보여준다.

역량	AI가 좋은 성과를 내는 이유	영향을 받을 수 있는 직업 예시
통계 분석	AI 알고리즘은 복잡한 통계 모델을 인간보다 더 빠르고 정확하게 처리하며, 방대한 데이터셋에서 추세나 패턴을 찾아낸다.	데이터 과학자, 통계학자
시각 패턴 인식	AI는 머신러닝을 통해 인간의 한계를 넘는 대규모 수준에서 이미지를 인식하고 해석한다. 이는 의료 영상 판독이나 보안 분야에서 특히 유용하다.	영상의학과 전문의, 보안 분석가
예측 분석	AI는 과거 데이터를 분석하여 미래의 결과를 예측하는 일을 인간보다 빠르고 정확하게 수행한다. 금융, 일기예보 등 다양한 분야에서 활용된다.	재무설계사, 기상학자
자연어 처리	AI가 자연어를 이해, 해석, 생성하는 능력이 상당히 고도화되었다. 번역, 고객센터 응대, 콘텐츠 생성 작업에 매우 유용하다.	언어 전문가, 고객센터 직원
정밀 작업	AI 기반 기계(로봇)는 작업을 수행할 때 인간이 따라갈 수 없는 수준의 정밀성과 일관성을 보인다. 특히 제조와 품질 관리에서 큰 의미가 있다.	조립 공장 노동자, 품질 관리 엔지니어
데이터 마이닝	AI는 방대한 데이터셋에서 가치 있는 의미를 추출하는 데 뛰어나며, 인간 분석가의 눈에는 보이지 않는 패턴이나 이상치(outlier)를 식별해낸다.	시장 분석가, 연구 과학자
이상 거래 탐지	AI는 실시간으로 거래를 감시하고 분석할 수 있으므로, 인간보다 훨씬 효과적으로 사기나 이상 거래를 잡아낼 수 있다.	이상 거래 분석가, 리스크 관리 전문가
자동화된 추론	AI 시스템은 논리를 적용하여 문제를 해결하고, 의사 결정을 하며, 정리를 증명할 수 있다. 이는 종종 인간의 추론보다 더 빠르고 정확하다.	논리학 교수, AI 연구원
진단 분석	AI는 의료 데이터와 이미지를 신속하게 분석하여 진단을 지원하며, 인간 의사에게 쉽게 보이지 않는 패턴을 식별하기도 한다.	의사
법률 조사 및 분석	AI는 방대한 법률 문서를 눈 깜빡할 새에 처리하고, 관련 판례나 선례를 식별하여 변호사의 업무 효율을 획기적으로 개선한다.	변호사
코드 최적화 및 버그 탐지	AI 도구는 코드를 분석하고 최적화하며, 버그를 탐지하고 개선 사항을 제안하는 작업을 사람이 직접 하는 것보다 더 효율적으로 수행한다.	프로그래머, 소프트웨어 개발자

표 4.1 **쉽게 자동화될 수 있는 기술적 역량**

AI가 변호사나 의사가 하던 일들을 점점 더 잘하게 되고 있다면, 이 직업들이 곧 사라질 거라는 의미인가요?

아니다.

의료 분야를 예로 들어보자. 많은 사람이 의사의 일이 간호사의 일보다는 AI로 대체되기 더 어려울 것이라고 생각한다. 하지만 이러한 직관과 달리 현실은 정반대일 수 있다.

간호사는 주사를 놓고, 드레싱을 갈고, 심지어 폭력적인 환자를 다루는 일에 이르기까지 복잡한 신체적·정서적 기법들을 활용한다. '돌봄 노동'에는 이처럼 다양한 능력이 필요하다. 어린이, 노인, 병약한 사람들을 돌보는 일에는 자동화하기 어려운, 고도의 인간의 역량이 요구된다.

반면 의사는 주로 데이터를 수집하고 처리하여 환자를 진단한다. 의사가 보통 특정 분야에 전문화되어 있다는 사실은 오히려 자동화에 유리한 요소다. 머지않아 우리는 스마트폰으로 전 세계 그 어떤 명의보다 뛰어난 'AI 의사'와 365일 24시간 연결될 것이다. 그 AI 의사는 전 세계 모든 의사의 지식을 합친 데이터로 훈련받았을 테니까 말이다.

그래도 환자들은 여전히 인간 의사를 찾아갈 것이다! 그 이유는 인간 의사의 의료 전문성 때문이 아니라, 환자의 아픔에 공감하고, 눈을 맞추며 소통하고, 진심 어린 조언을 건네는 **인간적인 교감**을 원하기 때문이다.

그래서 질문에 대한 답은 이렇다. 의사라는 직업은 사라지지 않는다. 하지만 의사의 역할은 분명 달라질 것이며, 이에 따라 의사의 역량 또한 진화해야만 한다.

AI가 지배하는 세상에서는 인간이 기술적 역량을 익힐 필요가 없다는 뜻인가요?

나는 이 상황을 '계산기'에 빗대어 설명하곤 한다. 이미 어떤 인간보다도 훨씬 빠르고 정확하게 계산할 수 있는 계산기가 존재하지만, 우리는 여전히 학교에서 미적분을 배운다. 마찬가지로 AI가 아무리 뛰어나더라도, 인간이 기술적 역량을 익히는 일은 여전히 중요하다. 그 이유는 다음과 같다.

첫째, 근본 원리를 이해해야 비판적 비판적 사고와 문제 해결 능력을 키울 수 있다. 기초 산수를 배워야 더 복잡한 수학 문제를 풀 수 있는 것처럼, 기술적 역량을 숙달해야 미래에 AI가 처리할 더 정교한 개념들을 제대로 이해할 수 있다. 인간은 이러한 깊은 이해를 바탕으로 혁신하고, 개선하며, 나아가 AI의 결정이나 방법론에 의문을 제기할 수 있다.

둘째, 기술적 역량을 배우고 발휘하는 과정 자체가 인간의 창의성과 혁신을 키우는 훈련이다. 인간이 기술적 지식을 활용해 실제 세상과 부딪히며 상호작용할 때, 새로운 아이디어나 혁신적인 응용 방식에 대한 영감이 떠오른다. 반면 AI는 프로그래밍으로 설정된 매개변수 안에서만 작동하기 때문에, 이런 창의적 발상을 자발적으로 시작할 수 없다.

마지막으로, 공감과 윤리적 판단을 위해서다. 인간은 기술적 역량을 이해함으로써 그 기술이 가질 윤리적 함의, 사회적 영향, 타인의 안녕까지 고려하여 판단을 내릴 수 있다. AI는 정해진 작업을 수행할 수는 있지만, 공감이나 가치관에 기반해 판단할 능력은 없다. 기술적 지식을 갖춘 인간만이 AI를 인간의 가치와 윤리에 부합하는 방향으로 이끌 수 있다.

그러므로 우리는 분명 기술적 역량을 계속 배워야 한다. 단, 다음 장에서 다룰 내용처럼 그것을 배우고 평가하는 방식과 범위는 완전히 달라져야 할 것이다.

AI와 공생 관계 구축하기

AI가 정복하기 좀 더 어려운 역량이나 기술에는 어떤 것이 있나요?

이 질문에 답하기 위해서는 먼저 '성공적인 협력'의 본질을 정의할 필요가 있다. 다시 말해, 인간과 인간 사이에서도 마찬가지인, 성공적인 협력을 구성하는 요소는 과연 무엇일까?

흔히 가장 효과적인 팀이란 모든 면에서 완벽한 '육각형 인재'들로 구성된 팀이라고 오해하곤'한다. 그러나 소위 '모든 분야를 얕게 아는 사람들'로 구성된 팀은 종종 그 어떤 분야에서도 깊이 있는 성과를 내지 못하는 결과를 낳는다. 오히려 개별 구성원이 특정 분야에 특화되어 있으면서도, 서로 다른 강점을 인지하고 보완해주는 팀이 범용성 높은 사람들로만 꾸린 팀보다 더 좋은 성과를 낸다.

다양한 기술과 역량을 가진 사람들이 모인 팀이, 개개인은 뛰어나지만 모두 비슷한 기술만 가진 팀보다 더 탁월한 성과를 낸다는 말이 직관적으로는 잘 와닿지 않을 수도 있다. 하지만 앞서 언급한 카스파로프의 이야기를 떠올려 보자.

체스 대회에서 우승한 인간은 아마추어였고, 파트너였던 AI 역시 최고 수준의 시스템은 아니었다. 인간과 AI를 따로 떼어놓고 보면 결코 최고가 아니었던 셈이다. 그러나 서로를 보완하는 팀을 구성하자, 각자의 능력치를 단순히 더한 것보다 더 높은 가치를 만들어냈다. 이것이 '1+1=3'이 되는 **시너지 효과**다.

회사가 전부 CEO로만 구성되지 않는 이유도 이와 같다. CEO라는 직무에서 탁월한 성과를 내려면 특정한 역량들이 필요하지만, 모든 구성원이 같은 역량을 가질 필요는 없다. 반대로 대부분의 CEO는 재무나 마케팅 같은 실무 영역의 전문적 역량은 부족할 수 있다. 성공적인 조직은 각 구성원의 고유한 능력을 고려해 전략적으로 직무를 배정한다. 이 접근법을 통해 구성원 간의 시너지는 극대화하고 불필요한 역할 중복은 최소화한다.

자연에서도 이와 비슷한 관계를 볼 수 있다. 바로 **공생**symbiosis이다. 이 단어는 고대 그리스어로 '함께 살아간다'는 뜻이다. 서로 다른 종이 협력하여 각자의 고유한 방식으로 전체의 이익에 기여하는 관계를 말한다. 예를 들어, 벌은 꿀을 얻기 위해 꽃을 찾는다. 그 과정에서 벌은 꽃가루를 옮겨 꽃의 수분受粉을 돕는다. 이때 벌과 꽃은 완벽한 공생 관계에 있다.

이와 비슷하게, 인간과 AI의 협력도 직관적으로 '공생 관계'의 한 형태로 볼 수 있다. 이런 성공적인 협력 관계를 달성하기 위한 다섯 가지 원칙을 살펴보자.

공생 원칙 1. 보완적 역량

꽃은 이동 능력이 없지만 꿀을 생산하는 고유의 능력을 가지고 있어 양분을 찾는 벌을 끌어들인다. 이동 능력이 있는 벌은 꿀을 얻는 과정에서 특별한 의도 없이 꽃가루를 묻혀 다른 꽃으로 운반하면서 교차 수분과 번식을 촉진한다. 벌과 꽃의 상호의존성은 '보완적 역량'이 현실 세계에서 어떻게 작동하는지 보여주는 완벽한 사례다.

자연의 공생 관계가 서로 다르지만 보완적인 능력을 갖춘 생명체들 사이에 형성되듯이, 효과적인 협력 관계를 위해서는 다양한 역량의 결합이 필수적이다. 조직의 다양성을 높이면 어떤 구성원의 강점이 다른 구성원의 약점을 보완하여, 더 우수하면서도 유연한 조직이 될 수 있다.

AI는 엄청난 계산 능력, 기억력, 데이터 처리 능력, 정밀 작업 능력을 가진 구성원이다. 반면, 인간은 창의적 사고, 감정 지능, 윤리적 판단 능력을 가진 구성원이다. 이렇게 서로 다른 역량들을 결합하면, 폭발적인 시너지를 창출하여 탁월한 효율을 달성하고 앞서나갈 수 있다.

공생 원칙 2. 파트너의 역량과 한계를 이해하기

벌이 어떤 꽃에 가야 할지 본능적으로 알고 꽃이 적절한 수분 매개체를 끌어들이도록 진화하듯이, AI의 역량과 한계를 명확히 이해하면 효과적이고 윤리적으로 AI를 사용할 수 있다. 인간은 AI가 무엇을 할 수 있고 무엇을 할 수 없는지를 파악하여, 필요하다면 적절한 인간의 감독하에 AI를 두어야 한다. 이는 앞에서 설명한 **AI 문해력**과 직접적으로 연결되는 내용이다.

공생 원칙 3. 목표와 가치를 일치시키기

공생 관계는 공통의 이익을 위해 공유하는 목표와 가치에 의해 작동한다. 벌과 꽃은 생존과 번식이라는 공통 목표가 있다. 벌은 꽃의 꿀을 고갈시키지 않을 만큼만 가져가며, 꽃은 벌을 유인하기 위해 딱 적절한 양의 꿀을 제공한다. 이러한 호혜적인 이해관계와 목적의 공유는 양측 모두에게 이익을 준다.

이 원칙을 AI와 인간의 협력에 적용해보자. 양측 모두 공통의 목표와 일치된 가치를 위해 함께 노력해야 한다. 예를 들어 회사가 고객 서비스에 AI를 도입한다면, 그 목표는 단순한 인건비 절감이 되어서는 안 되며, 고객 경험을 개선하는 데 있어야 한다. AI가 일상적인 반복 질문을 처리하는 동안, 인간은 복잡하고 정서적으로 섬세한 처리가 필요한 상호작용에 집중하는 식이다. 이를 통해 AI는 인간 근로자를 대체하는 것이 아니라 보조하게 되며, 고객은 더 나은 서비스를 받는다. 모두에게 이익이 되는 목표를 공유해야 한다.

공생 원칙 4. 과도하지 않게 상호 의존하기

공생 관계에서 생명체들은 서로 의존하지만, 과도하게 의지하지는 않는다. 협력 관계에 있는 구성원들도 독립적으로 일할 수 있는 능력을 유지하면서 동시에 서로를 지원할 수 있어야 한다.

꽃이 벌에게만 의지하지 않고 바람이나 다른 곤충들을 통해서도 수분을 하듯이, 인간도 AI에 의지할 때 균형을 잘 잡아야 한다. AI의 이점을 충분히 활용하되, 필수적인 인간의 역량과 판단력까지 완전히 배제하거나 잊어버려서는 안 된다는 뜻이다.

공생 원칙 5. 적응력과 유연성

자연에서 벌과 꽃은 서로의 존재에 적응하여 진화해 왔다. 시간이 지남에 따라 한 생명체가 다른 생명체에게 맞춰 변화하듯이, 인간과 AI의 관계도 동적으로 변한다.

AI 기술이 발전함에 따라, 인간이 AI 시스템의 방향을 설정하고 상호작용하는 전략도 함께 발전해야 한다. 이를 위해서는 '지속적 학습'이 필요하다. 인간은 계속 진화하는 AI의 능력에 적응하여 스스로의 역량과 방법론을 발전시켜야 한다. 따라서 AI 문해력을 키우고 유지하는 일이 매우 중요하다(이에 대해서는 8장에서 AI 문해력을, 9장에서 적응력과 회복탄력성을 키우는 방법을 자세히 다룰 예정이다).

이러한 상호 대응 관계의 유사성을 보면, 벌과 꽃이 서로에게 적응하며 윈윈win-win 관계로 진화했듯이 인간과 AI도 충분히 공생 관계가 될 수 있음을 알 수 있다. 양쪽 모두 이득을 얻기 위해 서로의 강점을 활용하고, 윤리적으로 협력하며, 효과적인 소통을 유지하고, 변화에 지속적으로 적응하는 관계를 만들어 나갈 수 있다.

AI와 인간의 공생 관계에 특별한 점이 있나요?

AI와 인간이 실제로 협력하는 과정에서 몇 가지 특별한 원리를 발견할 수 있는데, 좀 더 자세히 설명하겠다.

공생 원칙 6. 확장성과 속도에서의 AI 우위

인간과 AI의 기술이 중복되는 영역에서는 굳이 경쟁하려 하지 않는 게 좋다. 이는 인간이 질 수밖에 없는 싸움이다! 인간과 AI가 모두 특정 기술에 능통하다고 가정하더라도, AI는 언제나 그 기술을 인간보다 더 잘해낼 것이다. AI는 인간이 결코 맞붙을 수 없는 압도적인 규모와 속도로 일할 수 있기 때문이다.

따라서 계산, 의학적 진단, 텍스트 요약, 코드 생성, 반복 작업 자동화 등은 이제 AI의 영역이므로, 이런 분야에서는 앞으로 AI와 경쟁하려 애쓰지 말아야 한다. 인간은 이런 영역에서 AI와 겨루기보다는, AI를 활용하여 스스로의 기술을 향상시키고 작업을 자동화하는 방법을 익혀야 한다(이와 관련된 내용은 3부에서 다룬다).

공생 원칙 7. 복제 불가능한 인간의 본질 원칙

'복제 불가능한 인간의 본질 원칙'은 인간이라는 종(種)에 내재된 어떤 특성들이 그 심오한 인간적 성격 때문에 AI가 영원히 복제할 수 없는 대상으로 남는다는 사실을 강조한다. 이런 특성들은 기술이 온전히 품을 수 없는 인간의 핵심 요소에 뿌리를 두고 있으며, 개인의 인생 경험, 인간적 감정, 개성 등을 포함한다. 일반적으로 이 특성들은 1부에서 소개했던 **휴믹스**(인간 고유의 능력)에 해당한다.

어떤 화가가 명작을 그려내고 있다고 상상해보자. 이 그림은 단순한 색과 붓질의 조합이 아니다. 그 화가의 감정, 경험, 자기 자신의 일부가 반영된 결과물이다. 이와 마찬가지로 공감, 창의성, 윤리, 감정 지능과 같은 인간적 능력은 개인사, 감정, 성격적 특성에 깊이 뿌리내리고 있기 때문에 AI가 진정으로 복제할 수 없는 요소들이다.

AI를 보완하는 능력 식별하기

AI가 절대 따라올 수 없을 만한 인간의 능력에는 어떤 것들이 있을까요?

3장에서 확인했듯이, 유일하게 시간의 시험을 견디는 인간의 구성 요소는 결국 **인간성**이다. 인간성은 인간의 고유한 세 가지 능력인 휴믹스, 즉 **진정한 창의성**, **비판적 사고**, **사회적 진정성**을 말한다.

그러므로 AI와 시너지를 창출한다는 것은 곧 휴믹스를 활용한다는 뜻이다. 휴믹스를 키워서 가능한 한 **AI와 다른 존재**가 됨으로써 비로소 AI와 시너지를 낼 수 있다.

왜 휴믹스가 AI를 보완하는지, 그 중요한 근거들을 소개한다.

- **진정한 창의성**genuine creativity은 새롭고 독창적인 아이디어, 해결책, 예술적 표현을 만들어내는 능력이다. AI는 패턴을 모방하고 기존 데이터를 기반으로 새로운 조합을 생성할 수는 있지만, 인간에게 태생적으로 존재하는 '창의성의 불꽃'은 없다. 진정한 창의성은 개인적 경험, 감정, 무의식을 바탕으로 진짜 혁신적이거나 감정적으로 깊은 울림을 주는 무언가를 창작하는 능력이다. AI의 창작물은 인상적으로 보일 수는 있지만, 본질적으로 미리 학습한 데이터에 뿌리를 두고 있으므로 인간의 창의성과 같은 깊이나 예측 불허의 매력을 가질 수 없다.
- **비판적 사고**critical thinking는 독립적인 판단과 윤리적 추론을 통해 정보를 분석하고 평가하는 능력이다. 정보의 타당성을 비판적으로 검토하고, 직관을 활용해 결정하며, 자기 성찰을 통해 스스로의 편향, 목적, 내재적 동기를 이해하는 능력과

관련이 있다. AI는 엄청난 속도로 정보를 처리하고 분석할 수 있지만, 윤리적 추론, 직관, 독립적인 판단에는 한계가 있다. 비판적 사고를 위해서는 맥락에 대한 이해, 인간적 가치를 섬세하게 다루는 능력, 기초 데이터 분석을 넘어 행동의 결과를 예측하는 능력이 필요하다. AI는 자의식이 없으며, 인간처럼 자기 성찰을 하거나 편향을 이해하지 못하기 때문에 진정한 의미의 비판적 사고를 할 수 없다.

- **사회적 진정성**social authenticity은 사람들과 조화롭게 어울리기 위해 필요한 능력이다. 감정을 이해하고 관리하며, 효과적으로 소통하고, 공감하며, 리더십을 발휘하여 사람들을 이끌거나 긍정적인 영향을 미치는 능력이다. AI가 사회적 상호작용을 시뮬레이션하고 공감하는 것처럼 흉내 낼 수는 있어도, 인간의 감정을 진짜로 이해하거나 느낄 수는 없다. 경험 공유와 진정한 공감을 바탕으로 형성된 사람들 사이의 깊은 연결은 여전히 AI가 넘볼 수 없는 영역이다. 사회적 진정성을 가지려면 복잡한 사회적 신호와 미묘한 감정을 이해해야 하는데, 진짜 감정과 의식이 없는 AI는 이런 부분들을 완전히 이해하거나 진정성 있게 복제할 수 없다.

인간이 AI와의 협력을 강화하려면, 휴믹스를 단순히 재학습하고 강화하는 수준을 넘어 최고 수준의 숙련도까지 끌어올려야 한다(6장과 7장에서는 이를 위한 구체적인 과정을 안내할 것이다).

AI가 휴믹스를 절대 대체할 수 없다고 확신할 수 있나요?

일단 짚고 넘어갈 점이 있다. AI의 미래나 앞으로 AI가 우리에게 미칠 영향은 미지의 영역이라는 사실을 인정해야 한다. 우리는 오만한 생각을 버려야만 한다. 역사가 말해주듯이, 인류는 과거에도 기술을 과소평가했다. 인간만이 할 수 있다고 믿었던 창작 작업들을 현재 생성형 AI가 실현해내고 있는 것처럼 말이다. 반면 물리적인 공간에서 길을 찾는 것처럼 쉽게 자동화될 것이라 여겨졌던 작업들에서는 여전히 AI가 풀어야 할 과제가 많이 남아 있다.

이 질문에 바로 답하자면, 나를 포함해 누구도 미래를 정확히 예측할 수는 없다. 따라서 답은 '확신할 수 없다'는 것이다. 기술이 이런 능력들을 달성할 수 있는 수준에 절대 이를 수 없다고 100% 장담할 수는 없다.

그러나 내가 한 가지 확신하는 것이 있다면, 휴믹스를 키우는 것이 지금 우리가 할 수 있는 최선의 선택이라는 사실이다. 지금은 시간과 에너지를 집중하여 휴믹스를 키우는 투자가 가장 현명하다. 반대로 상황을 지켜보다가 AI 발전에 맞춰 끊임없이 새로운 기술을 다시 배우려 한다면, 마치 계속 움직이는 목표의 꽁무니를 쫓는 꼴이 되어, 결국 실패할 수밖에 없다.

AI가 점점 더 인간의 능력을 모방할 수 있게 될지는 몰라도, 휴믹스를 범위나 깊이 면에서 완전히 대체하는 것은 현재의 AI나 예측 가능한 미래 기술의 한계를 넘어서는 일이다. 이 능력들은 인간의 의식, 감정, 세상에 대한 주체적 이해와 깊이 얽혀 있으므로, 인공적으로 만들어진 AI가 진정한 의미에서 가질 수 있는 능력이 아니다.

그렇다면 AI가 휴믹스를 복제할 수는 있을까? 어느 정도 수준에서 모방하거나 시뮬레이션하는 것까지는 가능할 것이다. 하지만 인간과 같은 '진정한 수준'으로 복제할 수 있을까? **분명 아닐 것이다.** 이 책의 2부 전체를 통해 강조하듯이, 휴믹스는 '사랑'이라는 특별한 인간적 감정이 표출된 결과이기 때문이다. 이것이야말로 AI가 복제할 수 없는 인간의 진정성에 관한 결정적 차이를 만드는 또 하나의 장벽이다.

내 생각에 AI가 휴믹스를 그대로복제할 수 있는 유일한 방법이 있다면, 그것은 인간과 AI가 융합해 인간적 요소와 AI의 역량을 합친 새로운 존재를 만들어낸다는 상상 속 시나리오뿐일 것이다. 이런 융합이 실제로 일어나기 전까지는, AI가 인간 고유의 심층적 능력을 진정으로 복제하기는 불가능하다고 생각한다.

AI가 의식을 가지게 되고 초지능 단계에 도달한다면, 결국 AI가 휴믹스를 정복하게 되는 건가요?

만약 AI가 어떤 식으로든 자의식이나 감정을 포함한 '의식'과 유사한 형태를 갖게 된다고 가정해보자. 그렇다 하더라도 AI와 인간의 성격, 경험, 본질적 근본의 차이를 고려하면, 그것은 인간의 의식과는 완전히 다른 무언가일 것이다.

인간으로 존재하며 겪는 주관적 경험, 즉 개인의 서사나 타인과 깊이 공감할 수 있는 능력은 각자의 고유한 인생 경험과 생물학적 구성에 기반하여 형성된다. 설령 AI가 공감 능력을 모방하거나 자기 인식을 하게 된다 해도, 그 '감정'은 살아있는 생명체의 경험에서 비롯된 것이 아니다. 따라서 AI의 공감은 근본적으로 인간의 그것과는 다르며, 그 깊이 또한 인간에 미치지 못할 것이다.

동물도 상당 부분 인간처럼 감각이나 생리적 반응을 통해 세상을 경험한다. 예를 들어 개의 의식은 예리한 후각에 의해 형성되며, 이것이 개의 지각과 감정에 지대한 영향을 미친다. 마찬가지로 인간의 의식은 신체 및 감각과 떼려야 뗄 수 없는 관계다.

정교한 센서를 갖춘 AI는 박쥐가 반향정위echolocation*를 사용하는 것과 비슷한 방식으로 주변 환경을 탐색할 수 있다. AI가 이렇게 주변을 돌아다니며 장애물을 인식할 수는 있겠지만, 인간의 의식을 형성하는 풍부하고

* 옮긴이 음파나 초음파를 발사해 돌아오는 메아리로 상대와 자신의 위치를 확인하는 방법. 돌고래나 박쥐가 이런 방법을 사용한다.

감정적이며 '체득된' 방식으로 세상을 경험하지는 않는다. 따라서 AI는 인간과는 전혀 다른 유형의 의식을 형성하게 될 것이다.

요약하자면, 기술이 아무리 발전하더라도 AI의 의식에는 인간 존재의 근본적 본질인 인간적 결함, 예측 불가능성, 정서적 깊이가 결여되어 있을 것이다. 인공적인 방식으로는 이러한 본질을 완벽하게 복제할 수 없다. AI가 초지능이나 어떤 형태의 의식을 가지게 될 수는 있겠지만, 그것은 인간의 지능이나 의식과는 결코 동일하지 않다.

휴믹스는 인간의 의식과 깊이 연관된 생물학적 진화, 신체적 경험, 사회적 상호작용의 산물이다. 바로 이러한 연결고리 때문에, AI가 인간의 의식에 아무리 가깝게 발전한다 해도 휴믹스를 '있는 그대로' 복제할 수 있는 날은 오지 않을 것이다.

AI가 휴믹스를 인간에 아주 가깝게 모방한다면 어떻게 될까요?

이 시나리오는 챗GPT와 같은 최근 AI 분야의 성과와 꽤 잘 맞아떨어진다. 챗GPT는 인간의 대화를 깊이 이해하지 못한 상태에서도 그럴듯하게 모방할 수 있는 기술이기 때문이다.

두 개의 유리컵을 생각해보자. 하나는 공장에서 기계로 찍어낸 것이고, 다른 하나는 장인이 공을 들여 수작업으로 만든 것이다. 장인이 만든 유리컵은 기계로 만든 컵보다 다섯 배 이상 비싼 가격이 매겨질 수도 있다.

우리는 두 물건이 겉보기에 똑같아 보이더라도, 인간이 만든 물건을 기계가 만든 것보다 더 가치 있게 여기는 경향이 있다. 이 차이는 인간 창작자가 그 물건에 담은 이야기, 개성, 감정, 즉 '장인정신'에서 기인한다. 아무리 AI가 정밀하게 복제해 내더라도, 인간은 영원히 AI가 만든 것보다는 인간이 만든 것에 더 큰 가치를 두게 되어 있다.

마찬가지로 AI가 휴믹스를 인간에 아주 가깝게 모방할 수 있다고 해도, 이런 능력은 인간이 발현했을 때 비로소 더 높은 가치를 인정받을 것이다. 인간의 개입이야말로 진정성, 정서적 깊이, 유대감의 층위를 형성하며, 이는 기계가 아무리 발전하더라도 복제할 수 없는 특성이기 때문이다.

결국 우리가 인간에 의해 발현되는 능력에 부여하는 가치는 인간적인 배경, 즉 인간의 고난, 성장, 감정과 공감을 느낄 수 있는 능력을 깊이 인식하는 데서 나오는 가치인 것이다.

AI가 모방한 결과물에는 항상 중요한 요소가 빠져 있을 수밖에 없다. 바로 '진정성'이다. 이것은 인간 본질의 '대체불가능'한 가치를 드러내는 요소다. 인간의 고유한 관점, 정서적 깊이, 주관적인 자아의 영향이 반영된 결정체인 것이다.

휴믹스가 서로를 강화하는 방식

인간 고유 능력의 결합이 그렇게 특별하다고 보는 이유가 무엇인가요?

앞에서 우리는 이러한 능력들이 인간성의 핵심에 자리한다는 사실을 살펴봤다. 이 능력들에는 공통적이고도 중요한 특성이 있다. 타고난 능력이지만 훈련을 통해 발전시킬 수 있으며, 그 능력을 가진 인간의 감정, 이야기, 개성에 깊이 뿌리내리고 있다는 점이다. 하지만 무엇보다 중요한 것은, 이 모든 것이 인간을 특별하게 정의하는 요소인 '사랑'에서 비롯된 능력이라는 점이다.

나는 휴믹스를 파고들면서 처음 생각했던 것보다 훨씬 더 심오한 깨달음을 얻었다. 휴믹스의 세 가지 요소는 독립적이지 않다. 서로 깊이 연결되어 있다. 휴믹스를 결합하면 정말 특별한, **응집된 완전성**cohesive whole이 만들어진다. 상호 연관된 삼위일체의 **덕성**(德性)을 형성하여, 어느 한 가지 능력도 동떨어져 존재하지 않고 서로를 강화하고 보완한다.

세 가지 휴믹스는 마치 삼원색과 같다. 이들을 혼합하면 무지개색은 물론 수천 가지의 다채로운 색(능력)을 만들어낼 수 있다. 각 휴믹스는 서로를 보완하고 강화하여 더 효과적인 문제 해결, 의사 결정, 혁신을 가능하게 한다.

이 세 가지 능력이 환상적으로 결합되는 방식을 몇 가지 소개한다.

- **진정한 창의성과 비판적 사고**: 창의성으로 다양하고 폭넓은 아이디어를 내고, 비판적 사고로 이를 평가하여 각각의 실현 가능성과 가치를 결정한다.
- **사회적 진정성과 진정한 창의성**: 창의성을 키우면 스토리텔링 능력이 향상되고, 이로 인해 타인과의 소통 능력과 공감대가 강화된다.
- **사회적 진정성과 비판적 사고**: 자기 성찰 능력과 같은 비판적 사고를 강화하면, 자신의 감정을 더 잘 이해하게 되고 인간관계라는 맥락 속에서 이를 능숙하게 다룰 수 있게 된다.

이 세 가지 능력을 개발하면 강력한 시너지가 발생한다. 따라서 이 중 하나의 능력을 개발하면 그 영역만 발달하는 것이 아니라, 적어도 다른 두 가지 능력에도 긍정적인 영향을 미치게 된다. 이러한 시너지를 생각하면 휴믹스 개발에 투자하는 것의 기대 효과는 매우 높다.

휴믹스를 활용한 역량 키우기

이 장에서는 휴믹스(인간 고유의 능력)를 구체적인 개별 역량보다 우선하여 개발하는 하는 이유와 방법, 그리고 이러한 능력들을 활용해 AI 시대에 적응할 수 있는 새로운 역량을 키우는 법을 살펴본다. 또한 AI와 겹치는 인간의 기술적 능력이 점점 설 자리를 잃어가는 세상에서, 왜 휴믹스를 기반으로 키운 새로운 역량의 가치가 직업 시장에서 점점 더 높아지는지 그 이유를 알아보겠다.

구체적 역량보다 휴믹스를 먼저 개발하기

세 가지 휴믹스는 '역량'과 같은 말인가요?

진정한 창의성, 비판적 사고, 사회적 진정성이라는 세 가지 휴믹스는 구체적 역량 그 자체가 아니다. 오히려 역량의 개발을 든든히 받쳐 주는 '기반' 역할을 한다.

휴믹스를 비옥한 토양이라고 생각해보보자. 이 토양에 씨앗을 심고 교육, 연습, 경험이라는 적절한 비료를 주면, 비로소 가치 있는 '구체적 역량'이라는 싹이 트고 열매를 맺게 된다.

진정한 창의성은 예술적 능력과 문제 해결 역량의 뿌리가 되어, 기술과 비즈니스 혁신을 촉진한다. 비판적 사고는 과학적 연구, 법률 분석, 기업의 전략적 기획과 같은 분야에서 필수적인 분석적 사고로 발전할 수 있다. 사회적 진정성은 공감하고 협력하는 경험을 통해 발전하며, 개인적, 직업적 관계를 효과적으로 다루기 위해 필수적인 리더십과 팀워크 역량으로 자라난다.

이러한 휴믹스는 모든 인간에게 내재되어 있으며, 그 사람이 세상에 중요한 기여를 할 수 있는 역량을 키우는 토양이 된다. 구체적 역량 자체는 시간이 지나면 쓸모없어질 수도 있지만, 인간 고유의 능력은 시간을 초월해 계속 변화하는 세상에 적응하고 새로운 역량을 개발할 힘을 준다.

우리는 이런 핵심적인 능력을 활용함으로써, 격변하는 세상이 닥쳐와도 계속 성과를 내고 살아남기 위한 만반의 준비를 할 수 있다.

왜 구체적 역량보다 휴믹스를 먼저 개발하는 게 유리한가요?

진정한 창의성, 비판적 사고, 사회적 진정성이라는 휴믹스 개발을 단순한 기술 습득보다 앞세우는 전략은, 눈이 핑핑 돌게 발전하는 이 세상에서 개인의 성장과 적응력 향상에 아주 중요한 이점이 있다.

직업 시장의 흐름이나 기술 발전 때문에 쉽게 무의미해질 수 있는 구체적 역량과 달리, 이러한 기초 능력은 훨씬 보편적이며 쉽게 다른 분야로 전환이 가능하다. 예를 들어 누군가 금융 분야에서 테크 분야로 이직하려 한다면, 금융에 특화된 기술적 역량은 테크 산업에 맞춰 새로 배워야 하겠지만,

이미 익힌 '비판적 사고' 능력은 그대로 활용할 수 있다.

이 전략의 또 다른 이점은 수천 가지의 역량을 개발할 가능성에 제한 없이 접근할 수 있다는 점이다. 앞서 말했듯 기본 삼원색을 혼합해 수만 가지 색상을 만들어 내듯이, 휴믹스 능력을 다양한 방식으로 결합하면 수많은 종류의 새로운 역량을 개발할 수 있다.

인간 고유의 능력을 기반으로 역량을 개발하면, 그 결과물에는 태생적으로 AI를 보완하는 특성이 담기게 된다. 따라서 이를 통해 개발한 모든 구체적 역량은 AI와 강력한 시너지를 창출할 수 있다.

근본적으로 당장 눈앞의 작업과 역할을 해내기 위해 어떤 구체적인 기술이 중요하다 하더라도, 인간 고유의 능력을 먼저 단단히 다져야 장기적인 적응력, 성취감, 성공이 보장된다. 이는 단순히 현재 직업을 유지하기 위한 준비를 넘어, 복잡한 미래를 의미 있고 보람찬 방식으로 헤쳐나갈 준비를 하는 것이다.

미래를 위한 역량

구체적 역량도 휴믹스와 같은 식으로 진화하나요? 미래를 대비해 개발할 수 있는 역량으로 어떤 것들이 있을까요?

구체적 역량과 휴믹스의 진화 양상은 다르다. 끊임없이 달라지는 AI의 영향력, 문화적 변화, 윤리적 고찰, 사회적 변화 때문에, 미래를 완벽하게 대비할 수 있는 구체적 역량 같은 것은 존재하지 않는다. 인간의 역량은 항상 그 시대의 상황에 맞춰 진화해왔다.

근본적이고 시대를 초월하는 능력인 휴믹스와 달리, 구체적 역량은 환경, 주어진 과제, 기술 발전에 대응하여 생겨나고, 바뀌며, 때로는 사라지기도 한다.

예를 들어, 바퀴의 발명은 새로운 운송 관련 역량과 기계를 다루는 역량을 탄생시켰다. 산업혁명은 기계 관리와 산업 경영 역량에 대한 수요를 창출했다. 그리고 지금의 디지털 시대에는 정보 기술, 디지털 커뮤니케이션, 데이터 분석에 대한 숙련도가 요구된다.

기술이 급속도로 발전함에 따라 역량 자체의 진화 속도 또한 빨라질 것이다. 따라서 역량 개발은 일시적인 이벤트가 아니라 '지속적인 과정'이 되어야 한다. '대체불가능'해진다는 것은, 휴믹스를 최대한 활용해 변화하는 세상에 적합한 새로운 역량을 계속해서 개발해나가는 것을 의미한다.

표 6.1은 이 책을 집필하는 시점을 기준으로 몇몇 핵심 역량에 대한 숙련도를 AI와 인간으로 나누어 비교한 것이다. 앞으로 새로운 역량이 등장하면 이 표의 내용 또한 바뀌어야 할 것이다.

휴믹스	역량	AI 숙련도	인간 숙련도	설명
진정한 창의성	연상적 사고	낮음	높음	AI는 학습 데이터 내에서만 연관성을 식별하지만, 인간의 연상적 사고(associative thinking)는 다양한 개념을 역동적으로 연결하여 훨씬 혁신적이고 예측 불가능한 아이디어를 창출한다.
	아이디어 생성	아주 낮음	높음	인간은 새로운 개념과 패러다임을 제시하는 진정으로 독창적인 아이디어를 구상한다. 반면 AI는 기존 정보를 재조합하여 새로운 아이디어를 생성하는 데 그친다.
	감정적 울림	아주 낮음	높음	AI는 진정한 감정이 없기에 감상자에게 근원적인 감동을 불러일으킬 수 없다. 반면 인간은 타인에게 깊은 정서적 울림을 주는 창작물을 만든다.

비판적 사고	비체계적 문제 해결	낮음	높음	AI는 체계화된 문제를 효율적으로 해결하지만, 인간은 독창적인 접근이 필요한 비정형적이고 복잡한 문제를 더 잘 다룬다.
	정보 비판 및 문제 제기	중간	높음	인간은 맥락, 편향, 함의까지 고려하여 정보를 비판적으로 분석하는 데 더 뛰어나다. 이는 AI 시스템이 제대로 처리하기 어려운 영역이다.
	판단 및 윤리적 의사 결정	아주 낮음	높음	인간은 맥락, 문화적 규범, 윤리적 함의를 이해하는 능력 덕분에 윤리적 의사 결정에서 우위를 점한다. 이는 AI에는 없는 능력이다.
	직관	아주 낮음	높음	인간은 무의식적 이해와 경험을 바탕으로 직관적인 결정을 내린다. 이는 데이터 기반의 AI가 흉내 낼 수 없는 능력이다.
	자기 성찰 및 목적 의식	아주 낮음	높음	인간은 자신의 동기와 목적을 이해하고 성찰하는 데 뛰어나다. 이는 AI의 능력을 넘어서는 영역이다.
사회적 진정성	감정 지능 및 공감 능력	아주 낮음	높음	인간은 감정을 이해하고 표현하는 데 뛰어나다. 반면 진정한 정서적 경험이 없는 AI에게는 이러한 역량이 존재하지 않는다.
	리더십	낮음	높음	인간은 타인이 목표를 달성하도록 영감을 주고 이끄는 데 탁월하다. AI에게는 개인적, 감정적 차원에서 사람들에게 동기를 부여하고 연대할 진정한 능력이 없다.
	소통 능력	중간	높음	인간은 뉘앙스, 맥락, 소통의 섬세한 차이를 자연스럽게 이해한다. 반면 AI는 자연어 처리 기술의 발전에도 불구하고 여전히 종종 한계를 드러낸다.

표 6.1 몇몇 핵심 역량에 대한 AI 및 인간의 숙련도 비교 (2024년)*

---

* Yilmazer, Pelin, et al. "The microstrategy assessment paradigm shows differences in abstraction and generalization between AI systems and young children." Science Advances 8.7 (2022).

Hass, Lawrence. "How creative can AI be? A computational approach." Cognitive Computation 13.2 (2021): 547–558.

NSW Government. "Critical thinking and judgment." ICT Procurement Toolkit.Kim, Been, et al. "Bias in bios: A case study of semantic representation bias in a high-stakes setting." Proceedings of the Conference on Fairness, Accountability, and Transparency (2018).

White, David. "Three reasons why machines still can't really think like humans do."Conversation 29 (2022).

Dindar, Muhammed, et al. "Why AI cannot replace humans." Turkish Journal of Pediatrics 63.2 (2021): 251–260.

Zhang, Siyu, et al. "A multimodal dataset for various forms of distractors in emotion recognition." Frontiers in Robotics and AI 8 (2021).

Shank, Daniel B., et al. "What role does artificial intelligence have in moral reasoning?" Trends in Cognitive Sciences 25.3 (2021): 169–174.

Burton, Neel, Matt Klein, and M.G. Siegler. "Machine learning will never match human creativity." Track Changes (2019).

휴믹스를 활용하여 새로운 역량 개발하기

휴믹스를 활용하여 새로운 역량을 만들어낼 구체적인 방법이 있나요?

휴믹스를 활용해 새로운 역량을 만드는 것은 단순한 '방법론'의 문제가 아니라, 타고난 잠재력을 펼치는 '예술적' 차원의 문제다. 여기까지 읽은 독자들은 이미 무의식적으로 그 방법을 이해하기 시작했을 것이다.

이렇게 생각해보자. 휴믹스는 나의 개인적 성장이라는 정원에 깔린 비옥한 토양이다. 나의 모든 역량, 즉 씨앗이 싹을 틔우고 자라날 수 있는 기반이 되어주는 능력이기 때문이다. 실제 정원에 햇빛, 물, 바람이 필요하듯, 나의 역량에도 노력, 헌신, 변화하는 세상에 대한 경험이라는 양분을 주어야 한다.

> 휴믹스를 활용해 새로운 역량을 만드는 것은 단순한 '방법론'의 문제가 아니라, 타고난 잠재력을 펼치는 '예술적' 차원의 문제다.

이런 성장은 **자율적 성장**이기 때문에 더 강력하다. 그저 자신의 휴믹스를 발전시키려고 노력하기만 해도, 종종 의식하지 못한 사이에 개별 역량들이 쑥쑥 자라난다. 이러한 진화는 기술 발전이나 윤리적 논란 등의 현실적 요소, 자신의 욕구, 내면 깊은 곳에 존재하는 열망이나 개성에 맞춰 자연스럽게 일어난다. 이 과정에서는 자신의 직관을 신뢰하고, 기존 역량이 업무적 상황이나 개인적 성향에 맞춰 적응하게 내버려둘 필요가 있다.

미래는 알 수 없으며, 내일 당장 어떤 역량이 필요할지 오늘 알 수는 없다는 사실을 인정해야 한다. 그렇기 때문에 구체적 역량 개발에만 매달리는 것은, 휴믹스에 뿌리를 둔 포괄적인 '적응형 역량'을 키우는 일보다 덜 유용할 수 있다.

정원사가 식물을 자라게 하는 보이지 않는 자연의 힘을 믿듯이, 휴믹스가 구체적 역량들을 길러낼 수 있다고 믿어보라. 그러면 개인적 성장이나 열망, 기술적 또는 사회적 변화에 맞춰 필요한 역량이 자연스럽게 자라날 것이다.

결국 미래를 대비한 역량을 키우기 위해서는 '휴믹스 키우기' 이상의 일을 할 필요가 없다. 자신의 역량은 스스로 발전하며, 자신이 키운 자질과 환경에 반응해 유기적으로 성장할 것이다. 잘 가꾸어진 정원처럼, 당신의 역량은 예상하지 못한 아름다운 모양으로 뻗어 나가 당신이 살아갈 세상에 완벽하게 적합한 형태로 만개할 것이다.

이렇게 직관적으로 역량 개발에 접근하면, 인간이 가진 가능성의 힘과 세상에 적응하고 성장할 수 있는 본질적인 능력이 얼마나 중요한지 깨닫게 된다.

휴믹스를 활용해 새로운 역량 개발에 성공한 사람들이 있나요?

그렇다. 아주 많다. 내가 역량 개발 과정을 연구하며 만나본 몇몇의 사례를 소개한다.

변호사 악셀(Axel)의 이야기

악셀은 원래 법률 분석이나 논증 기술과 같은 직무 역량을 갈고닦는 데 관심이 많았던 변호사다. 그런데 악셀은 휴믹스 개발에 투자하기로 결심하고, 그중에서도 '사회적 진정성'과 '비판적 사고'에 집중하기로 했다.

업무 과정에서 공감을 더 깊이 활용하기 시작하자, 의뢰인의 감정적 뉘앙스와 개인적 이야기에 더 적절하게 반응할 수 있게 되었다. 이 변화를 통해 악셀은 사건을 더 설득력 있게 설명하고 주장할 수 있게 되었고, 법원의 판사 및 배심원들의 마음에 강력한 울림을 주면서 변론 능력이 크게 향상됐다.

동시에 비판적 사고 능력을 강화하자 다각도에서 사건을 분석하고 상대방 변호사의 주장을 더 정확하게 예측할 수 있게 되었다. 이를 통해 전략적 계획 능력도 발전했고, 더 혁신적인 법적 해결책을 만들어낼 수 있었다.

악셀이 공감과 비판적 사고 능력을 의식적으로 개발하면서 무의식적인 역량 진화가 이루어진 것은 '자연적 성장'의 메커니즘을 잘 보여준다. 시간이 흐르자 악셀은 법률적 전문성만이 아니라, 기술적 역량에 인간적 감정 및 윤리적 요소에 대한 깊은 이해를 더한 독특한 접근 방식으로 업계에 이름을 알리게 되었다.

악셀은 이러한 통합적 발전을 통해 유능한 변호사에서 '대체불가능'한 법률 대리인으로 거듭났다. 이 사례는 휴믹스 개발에 먼저 집중하면 직업적 역량이 자연스럽고 무의식적으로 확장되어, 해당 업계에서 차별화된 존재가 될 수 있음을 증명한다.

- 악셀의 기본 역량
  - **법률 분석**: 복잡한 법률 문서와 사건을 풀어서 분석하고 이해하는 능력
  - **논증 능력**: 법정에서 논리적인 주장을 구성하고 전달하는 능력
  - **리서치 능력**: 관련 판례와 법령을 효율적으로 찾고 해석하는 능력

- 휴믹스를 통해 키운 새로운 역량
  - **설득력 있는 사건 설명 능력**: 사건의 맥락을 감정적으로 공감이 가고 설득력 있는 방식으로 전달하는 능력
  - **법률 업무 관련 감정 지능**: 사건의 감정적 측면을 이해하여 의뢰인을 더 잘 변호하고 모든 당사자의 입장을 조율하는 능력
  - **법률 업무에서의 전략적 계획**: 사건을 다각도에서 검토하여 상대방의 주장을 예상하고 창의적인 전략을 개발하는 능력

- **윤리적 성찰 및 의뢰인의 이익 추구**: 윤리적 요소를 깊이 고려하며, 의뢰인의 이익을 최우선으로 하되 통합적인 관점을 적용하는 능력

이러한 새로운 역량들은 공감과 비판적 사고라는 기반에서 생겨나 악셀의 업무 방식을 송두리째 바꿔놓았다. 이를 통해 그녀는 업계에서 고객들이 많이 찾고 실력 있는 변호사로 자리매김했다.

의사 엘레나(Elena)의 이야기

엘레나는 헌신적 의사로, 원래 직업적으로 중요한 다음과 같은 기술적 역량들의 개발에 집중했었다.

■ 엘레나의 기본 역량

- **진단 능력**: 증상과 검사에 근거하여 질병을 정확히 진단하는 능력
- **임상 지식**: 의학적 상태, 치료방법, 절차와 관련한 많은 지식에 대한 이해
- **기술적 역량**: 의학적 치료 수행 및 의료 장비 사용에 관한 숙련도

엘레나는 자신만의 휴믹스를 발전시키는 것이 중요하다는 사실을 깨닫고, '공감(사회적 진정성)'과 '비판적 사고'에 집중하기로 했다. 이 결정을 통해 엘레나는 다음과 같은 새로운 역량들을 키워 자신의 의학적 업무 성과를 획기적으로 개선했다.

■ 휴믹스를 통해 키운 새로운 역량

- **환자 중심의 소통**: 공감 능력을 강화하자 환자들과 더 효과적으로 소통하게 되었고, 환자들에게 '의사가 자신의 이야기를 경청한다'는 느낌을 주어 환자 만족도와 치료 계획 준수율이 개선되었다.
- **통합적 접근법**: 환자의 신체 건강과 함께 감정적 욕구 및 심리적 욕구까지 고려하여 종합적인 치료 전략을 수립하게 되었다.

- **고급 문제 해결 능력**: 비판적 사고를 통해 복잡한 증례를 다양한 관점에서 분석함으로써, 더 정확한 진단과 혁신적인 치료법을 찾아낼 수 있었다.
- **전문가 간 협력**: 향상된 사고력 덕분에 다른 과 전문의들과 효과적으로 협력하여 다각적인 치료 계획을 수립했고, 이는 환자의 치료 결과를 좋게 만들었다.

공감과 비판적 사고를 바탕으로 엘레나는 유능하기만 한 의사에서 '공감 능력과 혁신적 사고를 갖춘 진정한 의료인'으로 바뀔 수 있었다. 환자와 공감하고 의학적 편견을 뛰어넘는 사고 능력 덕분에 그녀는 의료 분야에서 독보적인 위치를 차지할 수 있었다.

마케팅 전문가 조던(Jordan)의 이야기

조던은 다음과 같은 마케팅 분야에서의 필수 역량과 관련하여 튼튼한 기초를 갖춘 마케팅 전문가다.

- 조던의 기본 역량
  - **시장 조사**: 시장 관련 정보를 수집하고 분석하여 유행의 추세와 고객의 욕구를 이해하는 능력
  - **디지털 마케팅**: 광고, SNS 참여, 콘텐츠 배포를 위해 디지털 플랫폼을 활용하는 숙련도
  - **전략적 계획**: 비즈니스 목표와 타겟 고객의 선호에 맞는 마케팅 전략을 개발하는 능력

조던은 더 뛰어난 성과를 내기 위해 휴믹스 중에서도 특히 '창의성(진정한 창의성)'과 '비판적 사고' 향상에 집중했다. 이러한 변화는 그에게 새로운 혁신적 역량을 선물했다.

■ 휴믹스를 통해 키운 새로운 역량

- **브랜드 스토리텔링**: 창의성이 깊어지면서 고객의 마음을 울리는 브랜드 스토리텔링이 가능해졌고, 이는 브랜드 충성도 강화로 이어졌다.
- **소비자 심리 포착**: 비판적 사고를 마케팅 문제 해결에 적용하여, 소비자 행동 이면의 심리적 요인을 꿰뚫어 보고 더 정교한 타깃 마케팅을 수행했다.
- **혁신적인 마케팅 설계**: 치열한 경쟁 시장에서 고객의 시선을 사로잡기 위해, 기존의 틀을 깨는 색다른 채널과 메시지를 설계했다.
- **데이터 기반 창의성**: 창의적 역량에 데이터 분석 능력을 결합하여, 흥미로우면서도 데이터로 검증된 전략적인 콘텐츠를 제작할 수 있게 되었다.

조던이 스스로의 창의성과 비판적 사고 능력 개발에 집중하면서 키워진 이런 새로운 역량들로 인해 그의 마케팅에 대한 접근 방식은 완전히 달라졌다. 전통적인 마케팅 방식을 뛰어넘어 통합적이고 혁신적인 접근법을 받아들였으며, 업계에서 남들보다 한발 앞선 선구적 리더로 자리매김했다.

소프트웨어 개발자 마야(Maya)

마야는 처음부터 자신의 역할에 필수적인, 다음과 같은 주요 기술적 역량들의 수준이 높았던 소프트웨어 개발자다.

■ 마야의 기본 역량

- **코딩 숙련도**: 여러 프로그래밍 언어를 활용하는 전문성과 깔끔하고 효율적인 코드를 작성하는 능력
- **디버깅 기술**: 소프트웨어 애플리케이션 내의 오류를 빠르게 확인하고 수정하는 재주
- **시스템 아키텍처 이해**: 소프트웨어 시스템에서 구성 요소들이 어떻게 상호작용하고 작동하는지에 대한 확실한 이해

마야는 직업적으로 더 성공하고자 하는 동기에 의해 두 가지의 휴믹스 향상에 집중하기로 결정했다. 바로 '문제 해결 능력(비판적 사고)'과 '적응력(사회적 진정성)'이 그 대상이었다. 이를 통해 다음과 같은 의미 있는 새 역량을 개발하게 되었다.

■ 휴믹스를 통해 키운 새로운 역량

- **크로스 플랫폼 혁신**: 문제 해결 능력이 향상되자 다양한 플랫폼과 기기를 아우르는 혁신적인 솔루션을 설계하여 사용자 경험을 개선하고 프로젝트의 영향력을 확대했다.
- **애자일* 리더십**: 적응력이 좋아지면서 빠르게 바뀌는 프로젝트 환경에서도 팀원들에게 동기를 부여하고 '유연하게 대처하는 리더'로 성장했다. 이를 통해 적시에 고품질의 소프트웨어를 완성할 수 있었다.
- **사용자 중심 개발**: 기술적 역량과 사용자의 요구에 대한 깊은 이해를 결합하여, 사용자 경험에 초점을 둔 소프트웨어를 개발하기 시작했다. 이를 통해 그녀가 개발한 제품은 시장에서 더 직관적이라는 평가를 받으며 성공했다.
- **지속적 학습과 적용**: 뛰어난 적응력 덕분에 신기술을 빠르게 습득하여 업무에 적용했고, 항상 최첨단 기술 수준을 유지할 수 있었다.

이러한 고급 역량들은 마야가 문제 해결 능력과 적응력 개발에 집중했기에 얻어진 결과다. 이로 인해 마야는 유능한 소프트웨어 개발자를 넘어 혁신적인 기술 리더이자 문제 해결사가 될 수 있었다.

다음 장에서는 이 세 가지 휴믹스를 각각 깊이 살펴보면서, 어떻게 휴믹스를 개발하고 더 나아가 완전히 새로운 수준으로 끌어올릴 수 있는지 알아볼 것이다. 이를 통해 우리는 성공적인 미래를 위해 필요한 모든 역량을

---

* 옮긴이 '민첩한'이라는 뜻을 가지고 있으며, 소프트웨어 개발에서는 프로젝트를 반복적인 작은 덩어리로 나누어서 변화하는 환경에 적응하며 체계적인 협력을 통해 빠르고 효율적으로 결과물을 내는 유연한 프로젝트 관리 방식을 말하는 용어

갖추게 될 것이다.

휴믹스를 활용함에 따라 자연스럽게 역량 개발이 이루어지는 예시를 몇 개 들어줄 수 있나요?

AI가 진화하는 가운데, 세 가지 휴믹스를 차별성 있게 조합하면 새롭고 독특한 인간적 역량이 생겨날 것이다. 예를 들면 다음과 같은 경우를 생각해 볼 수 있다.

- **감정적 혁신**: 예술, 문학, 산업 디자인 등에서 나타날 수 있는 복잡한 인간 감정을 창의적으로 다루고 표현하는 능력이다. AI가 패턴을 모방하거나 콘텐츠를 생성할 수는 있겠지만, 만약 인간 감정의 깊이, 뉘앙스, 독창성을 창의성과 결합할 수 있다면 개인적이고 인간적인 차원에서 깊은 울림과 공감을 주는 전례 없는 예술 작품이나 제품이 탄생할 수 있다. 이러한 감정적 혁신은 치료 기법, 엔터테인먼트, 제품 디자인 등 여러 분야에서 매우 중요한 성과를 낳을 수 있다. 이곳은 인간의 관여가 여전히 '대체불가능'하면서 오히려 가치가 점점 높아지는 영역이다.
- **복잡한 윤리적 의사 결정**: 인간은 복잡한 윤리적 딜레마를 처리하는 타고난 능력을 가지고 있다. 이는 우리 사회가 기술 발전으로 인한 여러 문제에 직면하면서 점점 더 중요해지는 능력이다. 예를 들어 생명공학이나 환경 보존 등의 분야에서 인간은 서로 충돌하는 다양한 가치와 원칙들을 비교하여 사회적 규범과 윤리적 요소에 부합하는 결정을 내릴 수 있다.
- **직관적 리더십 및 조직 관리**: 리더십과 조직 관리 능력이란 단순히 의사 결정의 문제가 아니라, 조직에 영감을 주고, 동기를 부여하며, 조직 내의 미묘한 감정적 역학을 이해하는 능력과 직결된 문제다. 업무 환경이 변화함에 따라, 인간과 AI 간 협업 효과를 극대화하는 데 능숙한 새로운 유형의 리더가 등장할 수도 있다. 이러한 리더는 인간과 AI 각각의 강점을 활용하여 조화롭고 생산적인 환경을 만들 수 있다. 이는 인간 심리, 감정, 조직 역학의 섬세함에 대한 깊은 이해를 통해 키워지는 리더십이며, 여전히 AI가 잘하지 못하는 영역이다.

- **동적인 환경에서의 창의적 문제 해결**: AI가 명확한 규칙이 있는 구조화된 환경에서 뛰어난 성능을 발휘한다면, 인간은 동적이고 예측하기 어려운 환경에서 창의적으로 문제를 해결하는 데 뛰어나다. 미래에는 매개변수가 고정되지 않고 계속 변화하는 복잡한 현실 세계의 문제를 다룰 수 있는 인간에 대한 수요가 늘어날 것이다. 구체적으로 위기 관리나 실시간 단위의 적응력, 혁신적인 해결책이 필요한 분야에서는 이런 능력이 매우 중요할 것이다.

휴믹스를 새로운 경지로 끌어올리기

지금까지 우리는 휴믹스를 활용해 변화에 맞춰 역량을 개발하는 일이 생존에 얼마나 필수적인지 살펴보았다. 이러한 능력을 되살리고 강화하여 전례 없는 수준의 숙련도로 끌어올리는 것이야말로 생존 전략의 핵심이다. 이 장에서는 창의성을 높이고, 비판적 사고를 갈고닦으며, 사회적 능력을 강화하기 위한 구체적인 전략을 설명한다.

초창의적(Ultra-Creative) 인간이 되기

저는 창의성과는 아주 거리가 먼 사람인데요. 뭔가 개선할 방법이 있을까요?

그림을 잘 그리지 못한다면 스스로 창의성을 타고나지 못했다고 생각할지도 모르겠다. 혹은 아버지나 어머니에게 예술적 기질이 없었다면 유전적으로 한계가 있다고 여길 수도 있다. 그런데 정작, 창의성이란 무엇일까?

창의성은 새롭고 독창적인 아이디어, 해결책, 예술적 표현을 만들어내는 능력이다. 흔히 오해하곤 하지만, 이는 예술적 능력에만 한정되는 개념이 아니다. 오히려 과학, 기술, 비즈니스, 일상생활에 이르기까지 다양한 분야에서 문제를 해결하고 혁신적으로 사고하는 폭넓은 능력을 포함한다.

또 하나의 흔한 오해는 창의성이 항상 갑작스럽게 번쩍이는 영감이나 "유레카!"를 외치는 순간으로 찾아온다는 믿음이다. 물론 그런 순간도 분명 있지만, 사실 창의성은 탐색, 실험, 정리라는 단계적 과정과 관련된 경우가 더 많다. 즉, 창의성은 배울 수 있고 향상시킬 수 있는 역량이라는 뜻이다.

마지막으로 중요한 오해가 있다. 바로 창의성이 소수의 선택받은 사람들만 타고나는 재능이라는 믿음이다. 사실 창의성은 누구나 키우고 개발할 수 있는 역량이다. 우리 모두에게 이 중요한 역량을 키울 동등한 기회와 가능성이 있다.

그런데 AI가 예술이나 시를 창작하는 시대가 왔는데도 창의성이 여전히 중요할까요?

AI는 재료를 혼합하고 조합할 수 있지만, 인간 창의성의 깊이를 복제할 수는 없다. AI를 레시피에 따라 요리하는 요리사로 생각하자. 이런 요리사는 재료(기존의 아이디어)를 결합할 수는 있어도, 개인적인 경험이나 감정에서 영감을 받은 '새로운 맛'을 창조할 수는 없다. 앞서 설명했듯이, 인간의 창의성은 그 개인의 감정, 인생사, 성격, 개성, 자기 자신(희망, 꿈, 두려움까지도)과 깊숙이 얽혀 있기 때문에 마치 지문처럼 제각기 고유하고 유일하다.

창의적 역량은 AI에 의해 진정으로 자동화될 수 없기 때문에, 많은 연구 결과가 지난 수십 년간 직업 시장에서 이 역량의 가치가 높아져 왔으며 앞으로도 계속 높아질 것임을 시사한다.[1] 그중 채용 공고를 분석한 한 연구에 따르면, 크리에이티브 디렉터의 연봉은 2015년 이후 94%나 증가한 것으로

나타났다.[2, 3]

직업 시장에서 몸값을 높일 수 있다고요? 어떻게 창의성을 키울 수 있나요?

진정한 창의성이 어떻게 작동하는지에 대한 연구는 아직 진행 중이며, 세부적인 작동 원리를 확정적으로 설명할 방법은 없다. 하지만 내가 다양한 분야의 전문가들과의 교류하며 깨달은 사실이 있다. 창의성에 대해 연구할 부분이 여전히 많이 남아 있기는 하지만, 호기심을 발휘하고, 새로운 경험을 추구하며, 성찰을 위해 쉬어 가는 시간을 가지는 등의 훈련을 통해 창의성을 분명히 향상시킬 수 있다는 것이다.

나는 연구자이자 작가, SNS 콘텐츠 제작자로서 창의성을 매우 중요하게 여긴다. 그래서 아주 다양한 훈련 방법들을 실험해 보았고, 그중 가장 효과적이었던 방법들은 다음과 같았다.

창의성 훈련 1: 달리기

나는 매일 아침 5킬로미터 정도를 뛴다. 신체 건강을 유지하기 위해서이기도 하지만, 더 중요한 이유는 달리는 중이나 달린 후에 스스로 더 창의적이게 된다는 사실을 깨달았기 때문이다. 전문가들도 이것이 창의성을 향상시키는 검증된 방법이라고 확인해주었다. 구체적인 이유는 다음과 같았다.

- **엔도르핀 분비**: 달리기와 같은 신체 운동은 뇌에서 엔도르핀의 분비를 촉진한다. 흔히 '행복 호르몬'으로 불리는 엔도르핀은 기분을 고양시키거나 '러너스 하이 runner's high'*를 불러일으킨다. 이런 긍정적인 기분 변화 덕분에 생각이 열리고 창의적으로 사고하기가 쉬워진다.

* 옮긴이 장시간 달리기나 운동을 할 때 경험하는 특별한 심리적, 생리적 상태. 주로 도취감과 유사한 황홀감이나 무아지경 상태를 느낀다.

- **뇌 혈류 증가**: 달리기를 하면 혈류가 증가하면서 근육과 뇌에 산소가 더 많이 공급된다. 이 덕분에 인지 기능이 향상되고 창의적 사고가 촉진된다.
- **스트레스 감소**: 달리기는 아주 좋은 스트레스 관리법이다. 스트레스가 줄어들면 걱정으로 흐려진 정신이 맑아지며, 창의적으로 사고할 수 있는 심리적 여유가 생긴다. 많은 연구자가 지속적인 스트레스를 창의성의 억제 요인으로 지적한다.
- **멍 때리기**: 달리기를 할 때, 특히 장거리 저속 달리기 같은 반복적인 활동을 할 때는 이른바 **멍 때리기**mind wandering 상태가 될 수 있다. 사실 이 상태는 창의적 아이디어가 자라기 아주 좋은 환경이다. 머리를 많이 써야 하는 인지적 작업을 할 때는 집중하기 어려웠던 문제나 개념을 무의식적으로 살펴볼 수 있기 때문이다. 신경과학에 따르면, 이런 멍 때리기 상태에서는 뇌에서 겉보기에는 관련 없는 아이디어와 기억을 연결하는 **연상적 사고**associative thinking가 활발해져 새로운 조합이나 관점이 생길 수 있다.

참고로 나의 경험에 따르면, 분당 심박수 100회 이상이 15분 넘게 지속되는 운동이라면 종류에 상관없이 같은 효과가 있었다.

창의성 훈련 2: 입면 상태 활용하기

나는 잠들기 직전, 침대에 누워 눈을 감고 심호흡을 할 때 창의성이 더 좋아지는 경험을 했다. 실제로 최고의 아이디어들이 이 상태에서 나왔다! 학자들에게 이 경험을 공유했더니, 그들은 신경과학과 심리학에 기반해 이 현상을 설명해주었다. 흔히 **입면 상태**hypnagogic state라고 불리는 이 상태는 수면과 각성 사이의 전환기다.

이 상태가 창의성을 키우는 온상인 이유는 다음과 같다.

- **입면 상태**: 수면과 각성 사이의 전환기인 입면 상태는 창의성에 불꽃을 당기고, 독특한 연결을 만들어내며, 혁신적인 아이디어를 떠올릴 수 있는 상태로 알려져 있다. 이 시기에는 완전 각성 상태에서는 의식에 의해 억눌려 있었을 창의적

생각들이 무의식에 의해 표면으로 떠오를 수 있다.

- **무의식의 표출**: 수면 상태에 가까워질수록 무의식에 접근하기 쉬워진다. 이 무의식적 사고 영역은 창의성, 기억, 직관을 공급하는 원천이다. 이 상태에서는 완전 각성 상태에서 의식이 사고를 지배할 때는 접근하기 어려웠던 창의적 아이디어에 도달할 수 있다.
- **알파파**: 입면 상태는 창의성과 연결된 '알파파'라고 하는 뇌파의 증가와 관련이 있다. 알파파는 이완 상태, 명상, 잠들기 직전에 보이는 뇌파 파형이다. 왜 내가 밤에 잠들기 직전 아이디어를 떠올리는 경우가 많은지 설명이 된다. 나는 이럴 때마다 휴대폰 메모 앱에 즉시 그 아이디어를 기록한다.

창의성 훈련 3: 몰입

몰입 상태에 있을 때도 창의력이 매우 높아진다. 글쓰기에 몰두하거나 영감을 주는 음악을 들으면 몰입 상태에 도달할 수 있다. **몰입**flow 상태에서는 시간과 외부적 부담을 잊고 내면의 생각과 창의성에 깊이 집중할 수 있다.

몰입 상태가 창의성을 높이는 이유는 다음과 같다.

- **신경화학적 최적 균형**: 몰입 상태일 때 뇌는 도파민, 엔도르핀, 노르에피네프린, 세로토닌과 같은 신경화학 물질들을 최적의 비율로 분비한다. 이를 통해 집중력을 높이고 정보 처리를 빠르게 하며 창의적 사고를 촉진한다. 특히 도파민은 뇌의 보상 회로에서 중요한 역할을 하는데, 패턴을 인식하고 새로운 연결을 만들어내는 능력을 향상시킨다.
- **집중력 및 명확성 증대**: 몰입 상태는 그 순간의 강력한 집중을 수반하며, 주의력 분산을 최소화한다. 이러한 수준으로 집중하면 진행 중인 작업과 관련된 정보를 더 많이 소화하고 처리할 수 있으며, 창의적인 해결책이나 아이디어를 만들어내는 능력이 향상된다.

여기에서 공개한 내용은 창의성 훈련의 시작 단계를 위한 기본적인 팁이다.

더 많은 정보는 '대체불가능 아카데미(www.irreplaceable.ai)'에서 찾을 수 있다. 이 능력을 더 잘 키우려면 스스로에게 잘 맞는 훈련법을 찾아 읽고 시도해보는 것이 좋다.

그리고 이런 훈련을 해본 경험을 SNS에 #irreplaceable 해시태그를 사용해 공유해주었으면 한다. 자신의 창의력을 키울 때 유용했고 다른 사람들에게도 도움이 될 만한 훈련법을 알게 된 독자들도 있을 것이라 생각한다.

참고 자료

이 주제와 관련하여 더 자세한 정보를 얻을 수 있는 추가 참고자료를 소개한다.

- Kelley, Tom, and David Kelley. 《Creative Confidence: Unleashing the Creative Potential Within Us All》 Currency, 2013.
- Liberman, Zoe. 《Re:Think Creativity: Understand How the Creative Mind Works to Maximize Creativity in Your Life》, Ten Speed Press, 2022.
- Tharp, Twyla. 《The Creative Habit: Learn It and Use It for Life》, Simon & Schuster, 2021.
- Von Oech, Roger. 《A Whack on the Side of the Head: How You Can Be More Creative》, Grand Central Publishing, 2008

비판적 사고를 연마하기

비판적 사고는 토론을 잘하거나 다른 사람의 아이디어에서 허점을 짚어내는 것과는 다른가요?

만약 비판적 사고가 복잡하고 골치 아픈 토론에서나 쓸모 있다고 여긴다면, 이 주제에 별로 관심이 가지 않을 수도 있다. 그저 차갑고 융통성 없는 논리에 관한 능력이라 생각할 테니 말이다.

그러나 창의성처럼 비판적 사고도 훈련과 교육을 통해 시간을 들여 개발하고 향상할 수 있는 능력이다. 어떤 이는 비판적 사고가 단순히 다른 사람들의 아이디어를 비판하는 것이라 생각하기도 한다. 절대 그렇지 않다. 비판적 사고는 오류를 찾아내는 능력이 아니라, 정보를 객관적으로 분석하고 평가하는 능력에 더 가깝다.

또 어떤 사람은 학문적이거나 고도의 지적 수준이 필요한 상황에서나 비판적 사고가 중요하다고 믿기도 한다. 역시 그렇지 않다. 이 능력은 일상적인 의사 결정, 문제 해결, 자기 성찰, 그 외 다양한 직업적 또는 개인적 상황에서 아주 쓸모 있는 능력이다.

그 외에도 비판적 사고를 하려면 감정을 배제한 순수한 논리적 접근이 필요하다고 믿는 것 또한 널리 퍼진 오해다. 당연히 비판적 사고에서 논리적 추론도 필요하지만, 감정과 직관도 중요한 역할을 한다. 즉, 합리적 사고와 감정 지능을 균형 있게 다뤄야 한다.

그럼 비판적 사고는 정확히 어떤 능력인가요?

비판적 사고는 독립적 판단과 윤리적 추론을 통해 정보와 주장을 분석하고 평가하는 능력이다. 정보의 타당성에 의문을 제기하고, 직관을 활용하며,

자기 성찰을 통해 자신의 편향, 목적, 내적 동기를 이해하는 과정을 포함한다. 이로써 기대하는 궁극적인 결과는 그 대상을 신뢰할 수 있는지 확인하는 것이다.

비판적 사고는 '올바른 질문을 던지는 능력'이기도 하다. 과학자들은 오랫동안 이 사실을 알고 있었다. 올바른 질문을 던지고 풀고자 하는 문제를 잘 정의하기만 하면, 그 문제는 이미 절반 이상 풀린 것이나 다름없다. 이는 요즘 AI를 활용하는 방식인 **프롬프트**prompt와도 밀접하게 관련된 부분이다.

AI가 휴가 계획을 세워주고 사람의 의사 결정을 도와준다면, 비판적 사고도 이미 정복했다고 봐야 하지 않나요?

AI는 정보를 분석하고 제안할 수 있다. 그러나 진정한 비판적 사고는 인간만의 특수 능력이다. 그 이유를 설명하겠다.

AI는 정보를 분류하고 처리할 수 있지만, 인간과 같은 통찰력으로 다양한 아이디어를 연결하는 능력을 완전히 따라갈 수는 없다. AI는 논리에 따라 일할 수 있지만, 인간처럼 윤리를 이해하거나 정보 자체에 의문을 제기하지 못한다. AI는 비판적으로 '의심'하거나 '성찰'하지 않는다. 게다가 인간은 '어떻게how'를 넘어 행위와 아이디어의 배경에 있는 '왜why'에 대해서도 질문할 수 있다.

더 구체적으로 들어가자면, 예를 들어 기술로 인한 결과를 비판적으로 평가하고 그 적절성을 판단하는 역할은 오직 인간의 몫이다. 이 역할을 수행하려면 그러한 결과가 갖는 사회적 의미와 의도치 않은 영향이 발생할 가능성까지 깊이 이해해야 하기 때문이다.

인간은 정의, 공정, 인권 등의 요소를 고려하여 행동과 결정의 윤리적 의미를 고찰할 수 있는 능력을 갖추고 있다. 반면 AI 시스템은 데이터 기반 프로세스를 따르기 때문에 본질적으로 도덕적, 윤리적 추론을 거치지 않는다. 게다가 AI는 인간의 윤리 가이드라인 내에서 작동할 수는 있지만, 그 가이드라인을 스스로 만들 수는 없다. AI는 미묘한 인간적 가치와 이를 형성하는 사회적 맥락을 이해하지 못하기 때문이다.

마지막으로, 비판적 사고는 자신의 동기, 목적, 가치 등을 발견하는 개인적 차원의 능력이기도 하다. 이러한 자기 성찰적인 특성은 인간에게 고유한 능력이다. AI에게는 자기 인식이나 개인적 동기가 없으며, 자기 성찰에 빠져들거나 개인적인 '이유'를 스스로 찾아내지 못한다.

정리하자면, 비판적 사고는 인간의 경험, 자기 인식, 직관, 도덕적 및 윤리적 고려, 더 큰 맥락에서 질문하고 평가하는 능력과 깊이 연결되어 있다. 이러한 특성은 인간의 의식과 밀접하게 얽혀 있기 때문에 현재의 AI 기술로는 도달할 수 없는 영역이다.

어떻게 해야 비판적 사고를 더 연마할 수 있을까요?

내가 비판적 사고 능력을 향상시키기 위해 평소 실천하는 훈련법 중 몇 가지를 추천한다.

- **인지 편향에 대한 인식과 통제**: 우선 다양한 인지 편향에 대해 공부한다. 확증 편향 confirmation bias,* 정박 효과 anchoring,† 과신(過信) overconfidence‡ 등 수많은 편향이 존재한다. 인간이 가진 188개의 인지 편향을 정리한 위키백과의 '인지 편향' 페이지§를 읽어보길 권한다. 자신의 의사 결정 과정을 정기적으로 돌아보며, 편향이

* 옮긴이 자신의 기존 신념이나 가설을 지지하는 정보를 선택적으로 찾고 받아들이는 경향

† 옮긴이 앵커링, 또는 닻내림 효과라고 하기도 하며, 초기에 제시된 정보나 수치에 과도하게 의존하는 경향. 예를 들어 할인 전 가격을 보고 할인된 가격이 저렴하다고 느끼는 현상이 있다.

‡ 옮긴이 자신의 판단에 대한 개인의 주관적 확인이 객관적 정확성보다 더 크게 느껴지는 편향

§ https://en.wikipedia.org/wiki/List_of_cognitive_biases

스스로에게 영향을 끼치는 순간을 포착해야 한다.

- **직관을 키우고 신뢰하기**: 과거의 결정을 돌아본다. 직관이 정확했던 경우와 그렇지 않았던 경우를 식별하고, 진정한 '직관적 통찰'과 단순한 '충동적 반응'을 구별하는 방법을 배워야 한다.
- **미디어와 정보의 비판적 분석**: 소비하는 정보를 비판적으로 분석하는 습관을 들인다. 정보의 출처, 맥락, 의도에 의문을 품어야 한다. 이를 통해 정보를 비판적으로 감별하고 평가하는 능력을 연마할 수 있다.
- **자기 인식**: 자신의 동기, 가치, 편향을 이해하기 위해 시간을 투자한다. 자기 인식은 자신의 '이유why'를 이해하는 열쇠이자, 자신의 가치와 일치하는 결정을 내릴 수 있는 기반이 된다.
- **반성적 사고 훈련**: 정기적으로 시간을 내어 자신의 행동, 결정, 그 결과를 정기적으로 반성하고 성찰한다. 이를 통해 스스로의 사고 과정을 더 잘 이해할 수 있고, 미래의 결정에 대해 비판적으로 검토하는 능력을 키울 수 있다.

이 능력을 더 심도 있게 연마하고 싶다면, 다음의 심화 참고 자료들을 읽고 시도해보기 바란다. 이 주제와 관련된 많은 자료들이 있는 '대체불가능 아카데미(www.irreplaceable.ai)'도 잊지 말고 활용해보자.

참고 자료

다음은 내가 추천하는 추가 자료들이다.

- Heuer, Richards J., and Randolph H. Pherson. 《Critical Thinking for Strategic Intelligence》, CQ Press, 2021.
- Hirt, Edward R., and Keith D. Markman. 《Social Psychology: Goals in Interaction》, W.W. Norton & Company, 2018
- Kahneman, Daniel. 《Thinking, Fast and Slow》, Farrar, Straus and Giroux, 2011.
- Levitin, Daniel J. 《Weaponized Lies: How to Think Critically in the Post-Truth Era》, Dutton, 2016.

사회적 능력을 향상시키기

사회적 능력이란 그저 사람들과 자연스럽게 잘 어울리고 외향적인 사람이 가진 능력인가요?

우리는 흔히 사회적 능력이 외향적이거나 사교적인 성향과 동의어라고 착각하곤 한다. 기술 분야에서 일하는 사람이라면 자신에게 이런 능력이 부족하다고 지레짐작할지도 모른다. 하지만 사회적 능력은 생각보다 더 넓은 범위를 포괄하며, 효과적 의사소통, 공감, 리더십, 경청, 갈등 해결, 팀워크 등 개인적, 직업적 맥락에서 유용한 모든 능력을 포함한다.

사회적 능력이 고객 응대나 팀 작업에서만 중요하다고 생각하는 사람도 많다. 하지만 고도로 기술적이거나 독립적인 업무라 해도 아이디어를 전달하고, 협력하며, 조직 내 역학 관계를 잘 헤쳐나가는 능력은 여전히 매우 중요하다.

인간은 누구나 타고난 사회적 능력을 갖추고 있으나, 이 능력은 훈련과 학습을 통해 더욱 개발하고 연마할 수 있다.

그렇다면 사회적 능력은 정확히 어떻게 정의되나요?

사회적 능력은 개인이 타인과 효과적이고 조화롭게 어울리기 위해 필수적인 능력이다. 그 핵심에는 **감정 지능**emotional intelligence이 자리 잡고 있다. 감정 지능은 자신의 감정을 이해하고 다루며 표현하는 능력이자, 공감을 바탕으로 대인 관계를 이끌어 나가는 능력이다.

리더십 또한 사회적 능력의 중요한 요소로, 다른 사람들에게 방향을 제시하고 동기를 부여하며 긍정적인 영향을 미치는 능력과 관련이 있다. 이 모든 능력의 중심에는 **효과적인 소통**, 즉 언어와 비언어적 신호를 모두 활용해 메시지와 감정을 명확하고 유효하게 전달하는 기술이 있다.

이러한 능력은 사적인 관계부터 전문적인 업무 환경에 이르기까지 삶의 모든 영역에서 매우 중요하며, 팀워크, 갈등 해결, 그리고 전반적인 관계의 질을 크게 향상시킬 수 있다.

챗GPT 같은 AI가 인간처럼 이해하고 말하는 시대인데, 결국 사회적 능력에서도 인간을 능가하게 될까요?

챗GPT와 같은 AI가 소통의 일부를 보조하고 강화할 수는 있다. 하지만 사회적 능력의 전체 범위, 특히 감정적 차원이나 깊은 관계 형성과 관련된 능력은 여전히 인간 고유의 영역으로 남는다. AI가 특정 감정 상태를 해석하고 반응할 수는 있겠지만, 이는 프로그래밍된 알고리즘과 학습된 패턴에 따른 것일 뿐, 진정한 공감이나 이해에서 비롯된 것은 아니다.

인간의 소통은 주로 **진정성**과 **진실성**에 기반하며, 이는 신뢰를 쌓고 의미 있는 관계를 형성하는 데 필수적이다. AI에게는 진정한 감정을 느낄 능력이 없으므로, 사람들이 AI와 심층적이고 사적인 수준에서 연결되었다고 느끼기는 어렵다.

AI가 감정을 이해한 것처럼 흉내 낼 수는 있겠지만, 그것은 의미를 모른 채 단어를 반복하는 앵무새와 같다. AI에게는 공감의 핵심 요소가 결여되어 있다. 반면 인간의 공감에는 개인적 맥락과 감정적 깊이가 넘쳐흐른다. 본질적으로, 인간 이외의 어떤 존재가 진정한 의미에서 인간과 소통하는 것은 불가능하다.

이러한 이유로 높은 사회적 능력이 필요한 직업과 역량의 가치는 계속 높아지고 있다. **고객 성공 전문가**customer success specialist*나 커뮤니티 매니저 등 인간

* [옮긴이] 고객의 제품 사용 만족도를 높이고 관계를 관리하며 이탈을 방지하는 직무

중심 직무의 채용은 2019년부터 2022년 사이에 200% 이상 증가했다.[4] 이는 관계 형성에 능숙하고 감정 지능이 높은 전문가에 대한 수요가 늘고 있음을 보여준다.

어떻게 해야 사회적 능력을 향상시킬 수 있을까요?

내가 평소 사회적 능력을 기르기 위해 실천하는 훈련법 중 몇 가지를 추천한다.

- **공감 능력 개발**: 다른 사람이 말할 때 바로 대답을 준비하기보다 그 내용을 진지하게 경청한다. 말하는 사람의 단어, 어조, 몸짓 언어body language에 주의를 기울인다. 상황을 다른 관점에서 보는 연습을 지속한다. '내가 상대방이라면 어떻게 느낄까?' 상상하거나, 상대방의 경험을 더 잘 이해하기 위해 질문을 던지는 훈련이 도움이 된다.
- **소통 능력 개선**: 말하기의 명확성과 표현력을 강화한다. 스토리텔링을 훈련하고 복잡한 아이디어를 쉽게 설명하는 연습을 한다. 상대방과 소통할 때 자신의 보디랭귀지, 표정, 제스처에 의식적으로 주의를 기울인다. 비언어적 표현이 언어적 메시지와 일치해야 한다. 상대방과 적절한 눈 맞춤을 유지하고, 목소리 톤이 대화에 어떤 영향을 미치는지 관찰한다.
- **갈등 해결 방법 학습**: 갈등이 있을 때 상대방에게 동의하지 않더라도, 다른 의견과 관점을 인정하고 공감한다. 중립 유지하기, 대화를 건설적인 방향으로 이끌기, 공통점 찾기 등 분쟁 조정을 위한 전략을 개발한다.
- **사회적 신호 인식 능력 개발**: 몸짓 언어, 사회적 의례, 집단 역학 같은 사회적 신호에 주의를 기울인다. 사회적 소통에 큰 영향을 미치는 다양한 문화적 배경과 규범을 이해하고 존중한다.
- **팀 협업 능력 강화**: 팀 내의 다양한 역량과 관점을 인정하고 존중하는 방법을 배운다. 모든 구성원이 스스로 가치를 인정받고 있음을 느끼고 팀에 기여할 수 있는 포용적인 환경을 조성한다.

- **리더십 능력 개발**: 다른 사람들에게 영감을 주고 동기를 부여하는 능력을 훈련한다. 여기에는 연설 능력, 스토리텔링, 열정과 비전을 보여주는 능력이 포함된다. 전략적으로 사고하고 단기 및 장기 목표에 모두 부합하는 결정을 내리는 능력을 키운다.

이런 영역들에 집중하여 노력하면 사회적 능력을 크게 향상시킬 수 있으며, 효과적이고 섬세하며 공감에 기반한 소통을 할 수 있게 된다.

'대체불가능 아카데미(www.irreplaceable.ai)'에서 이 주제에 관한 풍부한 추가 자료를 제공하고 있으니 꼭 활용하길 바란다. 사회적 능력을 한 단계 높이는 데 도움이 될 만한 참고 자료를 추천한다.

참고 자료

다음은 내가 추천하는 추가 참고자료다.

- Bolton, Robert., 《People Skills: How to Assert Yourself, Listen to Others, and Resolve Conflicts》, Simon & Schuster, 1986.
- Carnegie, Dale., 《How to Win Friends and Influence People》, Simon & Schuster, 2009.
- Goleman, Daniel., 《Emotional Intelligence》, Bantam Books, 2006.
- McKay, Matthew, Martha Davis, and Patrick Fanning., 《Messages: The Communications Skills Book》, New Harbinger Publications, 2009.
- Patterson, Kerry, Joseph Grenny, Ron McMillan, and Al Switzler., 《Crucial Conversations: Tools for Talking When Stakes Are High》, McGraw-Hill Education, 2021.

3부

일터에서 '대체불가능'해지기

2부에서는 AI 시대에 성공적으로 살아남기 위해 필요한 역량들에 대해 배웠다. 이제는 이러한 역량들을 실제 업무 현장에 구체적으로 적용하는 방법을 배우게 될 것이다. 일하는 삶은 우리 존재의 일부에 불과하지만, 동시에 매우 중요한 부분을 차지한다. 업무에서 '대체불가능'한 존재가 된다면 당신은 커리어에서 성공하고 깊은 성취감을 누릴 수 있게 된다. 하지만 3부의 내용을 읽을 때 꼭 기억해야 할 점이 있다. 여기서 다루는 전략들은 단순히 '일'뿐만 아니라, 당신의 열정을 쏟는 분야나 자녀 양육 등 삶의 다른 영역에서도 똑같이 적용될 수 있다는 사실이다.

일하는 나 자신을 AI로 강화하기

앞서 살펴본 것처럼, AI 시대에 전략적으로 살아남으려면 AI를 보완할 수 있는 역량을 키워야 한다. 이 장에서는 좀 더 전술적인 수준에서 AI와 협업하는 방법을 배운다. 핵심은 AI를 활용해 스스로를 강화함으로써 더 잘, 더 스마트하게, 더 빠르게 일하는 것이다. AI와 함께 초인적인 '일잘러'가 되기 위해 사용할 수 있는 기법들을 살펴보자.

AI를 통해 스스로를 강화하는 3단계 접근법

평소 일할 때 AI와 어떻게 협력해야 할까요?

내가 어떤 세상의 슈퍼히어로고, AI가 나의 조력자라고 상상해보자. 배트맨에게 로빈이 있듯이, 누구나 AI를 믿음직한 동료로 삼을 수 있다. 이것이 바로 'AI를 활용한 인간 강화'다.

AI로 자신을 강화한다는 것은 AI를 활용해 자신의 능력과 성과를 향상시킨다는 뜻이다. AI가 나를 대체하게 두지 않고 나 스스로 더 강해지고, 더 똑똑해지고, 더 빨라지는 것이다. 우리는 AI의 첨단 기능을 이용해 인간적 역량을 더 확대할 수 있다.

연구에 따르면, AI를 활용하면 업무 속도를 20% 이상 높이고 품질을 40% 이상 향상시킬 수 있다.[1] 고용주들 또한 AI 관련 기술을 보유한 직원들에게 최대 44% 더 많은 급여를 지불할 의향이 있다고 한다.[2]

AI 시대를 대비해 일하는 방법을 바꾸는 과정을 세 단계로 살펴보자.

- **첫째, 사고방식 바꾸기**: AI는 파트너지 경쟁자가 아니다. 나보다 더 두뇌 회전이 빠른 얄미운 조커가 아니라, 나를 도울 준비가 된 로빈인 것이다. 함께 어떤 일들을 해낼 수 있을지 생각하라. '효율'을 새로운 좌우명으로 삼아야 한다. 이는 일과 삶의 균형을 찾아 번아웃을 피하기 위한 길이기도 하다. 고생스러운 일은 AI에 맡기고, 당신은 전략 세우기에 집중하라. 무엇보다 중요한 것은 깨어있고 성찰하는 열린 사고방식이다. 시간을 내어 AI가 나의 일과 삶에 영향을 주는 방식을 이해하고 배워야 한다.
- **둘째, 지식을 쌓고 계속 발전시키기**: AI 분야는 계속 변하고 있으므로 따라잡기 위해 노력해야 한다. 새로운 주제들을 놓치지 않고 따라가며 AI 문해력을 키우고 깊이 연구하되, 기술적 세부 사항에 너무 깊게 매몰되지 않는 것이 중요하다. 이 방식이 더 유연한 대응을 가능하게 한다.
- **셋째, 전략적으로 일과 삶에서 AI를 활용하기**: AI는 인간이 쓸 수 있는 도구 중 가장 강력한 도구가 될 수 있다. 그러나 현명하게 사용하지 않으면 인간은 이 도구의 주인이 아닌 하인이 될 수도 있다. AI를 잘못 활용한다면 기술의 노예가 되어 그 가능성을 제대로 활용하지 못하거나, 반대로 부적절하게 사용하는 악순환에 빠질 수 있다. AI를 통해 자신을 강화하려면 언제, 어떻게 AI를 사용할지 명확히 이해해야 한다.

요약하자면, AI 시대를 대비해 일하는 방법은 AI와 파트너가 되고, 효과적인 사용법을 이해하며, 변화를 따라가며 지속적으로 배우는 것이다. AI를 받아들이면 AI가 자신의 일을 더욱 즐겁고 충만한 경험으로 바꿔주는 것을 체험하게 될 것이다. AI와 인간이 완벽한 팀을 이룬 미래의 일하는 모습을 상상해보자!

이제 각 단계를 더 자세히 살펴보겠다.

1단계: AI 마인드 가지기

AI 마인드를 가져야 한다는 게 어떤 뜻인지 설명해줄 수 있나요?

AI가 바꿔놓은 세상에서 기존의 일에 대한 지식은 더 이상 유효하지 않다. AI로 자신을 강화하려면 전통적인 사고방식을 떨치고 새로운 'AI 마인드AI mindset'를 탑재해야만 한다.

> 지금까지 우리가 배워온 모든 것과는 정반대의 새로운 사고방식이 필요하다.

긴 근무 시간과 끈질긴 노력을 미화하던 시절은 잊어야 한다. 근면하게 일하기를 권장하는 분위기부터 경쟁은 피하는 게 좋다는 원칙 등, 지금까지 우리가 배워온 모든 것과는 정반대의 새로운 사고방식이 필요하다. 새로운 규칙을 세운다면? '더 열심히'가 아니라 '더 스마트하게' 일해야 한다. 근면이 아니라 효율로, 양에서 질로 전환해야 한다. 투자한 시간으로 성공을 측정하던 옛 사고방식을 버려야 한다. AI 시대에는 시간이 아니라 '효과'가 중요하다. 전략적으로 에너지, 창의성, 집중력을 쏟을 곳을 선택해야 성공할 수 있다. 이런 AI 마인드를 받아들여야만 '대체불가능'한 존재로 남을 수 있다.

다음은 이 새로운 AI 마인드의 다섯 가지 원칙이다.

AI 마인드 원칙 1: 근면보다 효율

'스마트한 게으름'이 이제 진정한 똑똑함이다. 투혼이나 장시간 노동을 칭송하던 과거의 노동관에 결별을 고해야 한다.

내가 어떤 팀의 관리자라고 생각해보자. 30분짜리 업무를 지시했는데, 팀원들이 그 업무를 10분 만에 끝내버렸다. 옛날 방식으로 일하는 상사라면 반칙이라고 화내며 꼼수나 실수가 없었는지 의심할 것이다. 결과보다 '시간'에 집착하기 때문이다. 이런 낡은 사고방식은 오랜 시간 일하는 것과 성실히 일하는 것을 동일하게 보기 때문에, 번아웃이나 비효율로 이어지는 위험한 길이다.

하지만 새로운 AI 마인드에서는 게임의 룰이 다르다. 관리자는 팀원들이 일을 빨리 끝냈음을 칭찬해야 한다. 소요 시간이 아니라 효율, 즉 더 적은 노력으로 더 많은 일을 해내는 능력이 새로운 평가 기준이다. 팀원들이 일을 빨리 끝냈다면, 똑똑하게 자동화를 활용했거나 위임을 잘했다는 뜻이므로 지능적으로 일했다는 증거가 된다. 여기서 정말 중요한 결과가 생기는데, 바로 그들에게 더 필요한 업무에 투자할 시간이 생겼다는 것이다.

이는 일을 덜 하는 문제가 아니라, 더 지능적으로 더 큰 부가가치를 창출하는 문제다. AI 시대에서 최고의 관리자란 효율적으로 업무를 수행하는 직원을 알아보고 보상하며, 기존의 노동관을 뒤집어 더 스마트하고 지속 가능한 미래로 이끄는 사람들이다.

AI 마인드 원칙 2: 양보다 질

투입 대비 산출, 즉 생산성은 AI의 성과 측정 지표가 될 수는 있지만 인간을 위한 측정 지표는 아니다.

AI 시대에 인간이 집중해야 할 대상은 '양'에서 '질'로 전환되어야 한다. AI를 활용하면 많은 양을 다루는 일은 적은 비용으로 쉽게 처리할 수 있다. 유리잔을 예로 들어보자. 이케아에서는 수많은 저렴한 유리잔을 구입할 수 있다. 기술을 활용해 대량 생산했기 때문이다. 하지만 장인이 품질에 신경 써서 수작업으로 제작한 유리잔은 이케아 제품보다 100배 비싼 가격에도 팔릴 수 있다. 진정한 가치는 대규모 생산이 아니라 '품질'에서 나온다.

이와 마찬가지로, 현재 직장 문화는 산출물의 양(예: 작성한 보고서 수, 전화 통화 수, 생산 부품 수 등)에 대해 보상하는 식으로 잘못 설계되어 있다. 하지만 새로운 사고방식에서는 일한 결과나 그 영향(예: 고객 또는 직원 만족도가 얼마나 증가했는지 등)을 우선순위로 평가한다. 얼마나 많이 일했느냐가 아니라 얼마나 큰 결과를 냈느냐가 중요하다.

AI 마인드 원칙 3: 통제보다 협력

어릴 적부터 우리는 스스로 뭔가를 해내면 칭찬을 받았다. 걸음마를 떼거나, 처음으로 식기를 사용해 밥을 먹거나, 보조 없이 자전거를 타는 데 성공했을 때가 그랬다. 이럴 때 "잘했어, 혼자서도 해냈구나!"라는 얘기를 듣는다. 그러면 이런 사고방식이 깊숙이 배어들어, 어떤 과제를 독립적으로 잘 수행해내는 일을 성공과 동일시하게 된다. '혼자 해내기'가 생존력, 사회적 유용성, 생산성을 상징하는 성과가 되는 것이다. 그 결과, 많은 사람이 혼자 뭔가를 해내지 못할 때 통제력을 잃었다는 두려움을 느끼기도 한다!

그러나 오늘날 AI가 주도하는 세상에서 통제력에 집착한다면 함정에 빠지는 것이나 다름없다. 위임, 특히 'AI에 위임하는 것'을 마음 편하게 생각해야 한다. 통제력을 잃는다고 생각하지 말고 '더 스마트하게 일한다'고 생각하면 된다. AI가 반복적인 작업을 처리하고, 산더미 같은 양의 데이터를 분석하며,

인간의 의사 결정을 지원하거나 자동화해주면, 인간은 진짜 '인간의 관여'가 필요한 일에 집중할 수 있다.

무작정 일을 떠넘기는 게 아니다. AI와 신뢰할 수 있는 협력 관계를 단계적으로 구축하기 위해 투자하는 것이다. 어떻게 하면 될까? 일단 작은 일부터 시작한다. AI에게 작업 일부를 맡기고, 결과를 확인한다. 결과가 성공적이라면 더 많은 작업을 맡기는 것이다. 완전히 신뢰할 수 있을 때까지 반복하면 된다.

이는 단순히 업무량을 줄이는 문제가 아니다. 나의 가치를 확 끌어올리는 방법이기도 하다. AI가 작업 일부를 맡는다고 해서 나의 역량이 약화되지는 않는다. 오히려 AI가 나의 능력을 강화한다. AI에 일을 위임하고, 나의 잠재력이 어떻게 증폭되는지 확인하라.

AI 마인드 원칙 4: 번아웃보다 워라밸

'쓰러질 때까지 일하는' 방식은 이제 포기해야 한다. 우리는 스스로를 불태우는 일을 헌신으로 착각하며 번아웃에 이르는 스타트업 리더들을 숭배해왔다. 하지만 현실을 직시하자. 과도한 업무량은 생산성이 아니라 번아웃을 낳는다.

예를 하나 들어보자. 당신은 존과 아니타라는 직원의 관리자로 일하고 있다. 아니타는 휴가를 더 많이 신청하는 반면, 존은 거의 쉬지 않고 일한다. 과거의 사고방식에 따르면 아니타에겐 게으른 직원이란 딱지가 붙었을 것이다. 하지만 이는 낡은 생각이다. 이제는 끝없이 일만 하는 게 아니라, 제대로 일하고 재충전하는 것이 중요하다. AI와 기술은 단순한 도구가 아니라, 과잉노동으로 잃어버린 인간성을 회복하여 일과 삶의 균형을 얻기 위한 열쇠다.

이제 생각을 바꿔보자. 아니타는 골칫거리가 아니라 오히려 본보기가 되어야 할 직원이다. 휴식, 가족과의 시간, 재충전하는 시간은 게으름을 부리는 시간이 아니라 지속 가능한 성공을 위한 '전략적 투자'의 시간이다.

리더로서, 팀원들이 일과 삶 사이의 최적점을 찾아 일할 수 있도록 도와야 한다. 팀원들이 목표를 달성하기만 한다면, 어디에서 얼마나 일하든 문제 되지 않는다. 휴식을 잘 취한 팀이 효과적인 팀이다. 지금은 AI를 활용해 직장 문화를 보다 인간적이고 지속 가능한 방식으로 재설계해야 할 때다.

AI 마인드 원칙 5: 서두름보다 성찰

AI 도입을 무작정 서두르는 식은 자제해야 한다.

존은 홍보 이메일을 보내는 새로운 AI 도구를 도입한 후, 기능을 최대한 활용해 30명의 신규 고객을 확보하는 성과를 올렸다. 반면 아니타가 확보한 고객은 3명뿐이었다. 당연히 처음에는 존이 적응력과 기술 활용력이 뛰어나다는 칭찬을 한 몸에 받았고, 아니타는 존을 본받으라는 말을 들었다.

그러나 시간이 지나자 존의 성과는 동의 없는 수천 건의 이메일 발송에서 나온 것이었으며, 그 결과 개인정보 무단 활용 논란과 브랜드 손상이라는 대가를 치렀다는 사실이 드러났다. 반면 아니타는 목적에 맞고 윤리적인 방식을 선택해 고객으로부터 지속적인 신뢰와 좋은 평가를 얻어냈다.

냉정한 현실을 말하자면, 무작정 AI를 사용해봤자 그 결과는 재앙이다. 더 현명한 접근 방식은 숙고, 윤리, 책임의 원칙하에 AI를 받아들이는 것이다. AI를 활용할 때 기반이 되는 동력은 일시적 열광이 아니라 '지속 가능한 효과'여야 한다.

지금, 이 새로운 시대는 근본적인 변화를 요구한다. AI 사용 자체를 목표로 삼는 게 아니라, 목적 의식과 원칙을 이정표 삼아 지속 가능한 성과를 얻어야 한다.

이렇게 AI가 빨리 발전하는 세상에서, 진짜 대범한 선택은 오히려 '행동하기 전에 먼저 생각하는 것'이다. AI 시대에는 진정성의 원칙하에 혁신을 실천하는 자들이 진정으로 앞서나가는 자라는 사실을 기억하라.

> " AI 시대에 인간이 집중할 대상은 양에서 질로 전환되어야 한다. "

2단계: AI 문해력 유지하기

AI 문해력이 무엇인가요?

AI 문해력AI literacy은 새로운 언어를 배우는 능력과 같다. 언어를 배우면 그 문화를 이해하고 소통할 수 있듯이, AI 문해력을 갖추면 인공지능의 세계를 이해하기가 훨씬 쉬워진다. 예를 들어 음성 비서를 잘 사용하려면 올바른 명령어를 알고, 이 소프트웨어가 내 요청을 어떻게 처리하는지 이해해야 하는 것과 같다.

좀 더 구체적으로 풀자면, AI 문해력은 다음을 의미한다.

- **AI 개념 이해하기**: 머신러닝, 신경망, 자연어 처리 등 기본적인 AI 용어를 아는 것
- **윤리적 요소 고려하기**: 개인정보, 편향, 책임 소재, 오용 가능성 등 AI와 관련된 윤리적 이슈를 이해하는 것
- **AI와 상호작용하며 사용하기**: 인공지능 비서, SNS, 검색 엔진 같은 알고리즘 기반 플랫폼과 효과적으로 상호작용하는 것. 여기에는 내가 속한 산업이나 업무에 적용할 수 있는 애플리케이션들을 파악하는 능력도 포함된다.

- **AI 시스템 평가하기**: AI 기술을 비판적으로 바라보는 것. 기능, 사용된 데이터, 구동 알고리즘에 대해 건전한 의문을 제기할 줄 아는 능력이다.
- **AI를 안전하게 사용하기**: AI 시스템과 관련된 보안 위험을 이해하고, 개인 데이터를 악용되지 않게 보호하는 방법을 아는 것
- **AI 및 관련 기술의 최신 발전 동향 이해하기**: 이 기술이 불러오는 새로운 기회와 잠재적 위험을 지속적으로 이해하는 것

AI 문해력을 갖춘다는 것이 곧 데이터 과학자 수준의 지식을 의미하지는 않는다. 99.99%의 사람들에게는 복잡한 알고리즘의 작동 원리를 파헤치는 것보다, AI가 사회, 윤리, 그리고 자신이 속한 업계에 어떤 영향을 미치는지를 아는 편이 훨씬 더 중요하다.

이는 기술 전문가뿐만 아니라 모든 사람에게 필요한 능력이다. AI 문해력을 키우는 일은 일회성 이벤트가 아니라 지속적인 과정이며, 정기적인 업데이트와 적응이 필수적이다.

AI 문해력이 왜 그렇게 중요한가요?

AI 문해력은 필수적인 능력이지만, 여전히 많은 사람이 그 중요성을 간과한다. 이 능력이 없으면 사이버 범죄에 취약해지고, 취업 시장에서 불이익을 당하며, 잘못된 정보에 속을 가능성이 커진다. 또한 심화되는 디지털 격차 속에서 뒤처질 수 있고, 사회 참여나 정보에 기반한 올바른 결정을 내리기도 어려워진다. AI가 점점 더 지배력을 넓혀가는 세상에서 AI의 영향력을 이해하는 능력은 선택이 아니라 필수다.

최근 연구들을 보면 디지털 문해력 수준은 우려스럽다. 퓨 리서치 센터Pew Research Center의 조사에 따르면, 많은 미국인이 주요 테크 기업에 대해서는

알고 있지만, AI나 관련 프라이버시 법에 대해서는 매우 제한적인 지식만을 갖고 있다.[3] 이러한 격차는 모든 인구층에서 AI 문해력을 시급히 개선해야 함을 보여준다.

전 이미 너무 바쁜데, AI 문해력을 어떻게 향상시킬 수 있을까요?

AI 문해력을 갖추고 이를 유지하기 위해서는, 업무 시간의 약 15%를 AI에 관한 학습, 실험, 최신 정보 업데이트에 할애할 것을 제안한다.

만약 당신이 관리자라면 직원들이 근무 시간 내에 이런 시간을 쓸 수 있도록 배려해야 한다. 주당 40시간을 일하는 사람이라면 약 6시간을 AI 문해력 유지에 투자해야 한다는 뜻이다. 직원들이 지속적으로 자신의 역량, 도구, 프로세스를 업데이트한다면 그 팀은 일관되게 최고의 성과를 낼 것이므로, 이를 가치 있는 투자로 여겨야 한다. 이 투자로 확실한 투자 대비 성과를 보장한다고 장담한다.

AI의 발전을 따라잡으려면 능동적인 접근이 필요하다. 테크 뉴스 구독, 팟캐스트 청취, 온라인 강의, 커뮤니티 가입, 테크 이벤트 참석, 관련 도서 읽기, 정기적인 학습 시간 확보 등 다양한 방법을 활용할 수 있다.

이미 꽉 찬 내 일정표에서 이 시간을 짜낼 수 있을까? 바로 시간이 많이 걸리던 기존 작업 일부를 자동화해서 얻은 시간을 재투자하면 된다. 또한 러닝 중, 출퇴근길, 대기 시간 등 평소 충분히 활용하지 못했던 자투리 시간에 팟캐스트나 오디오북을 듣는 것도 좋은 방법이다.

일상생활에 AI 문해력을 결합하고 학습 전략을 계속 조정해나간다면, 당신은 정보에 뒤처지지 않고 자신의 가치를 유지하며, 미래에 대비된 상태로 이토록 빠르게 진화하는 AI 세상을 성공적으로 헤쳐나갈 수 있다.

매일 새로운 AI 관련 쟁점이 등장하는데, 어떻게 우선순위를 정해야 할까요?

AI 지식을 배우고 유지할 때는 자신의 목표와 관심사를 파악하는 일부터 시작해야 한다. 중요성에 따라 학습의 우선순위를 정하고 현실적인 목표를 세운다. 정확한 정보를 전달하는 신뢰할 만한 정보처를 모아 정리하고, 학습을 위해 따로 시간을 할당한다. 자신에게 맞는 학습 방법을 적절히 활용하되, 능동적으로 필기하고 정리하며, 습득한 지식을 실제로 써보고 정기적으로 학습 목표를 재평가해야 한다.

기억하라. **의식적인 휴식 시간**mindful break은 정신 건강과 학습 효과 향상에 매우 중요하다.

또한 AI뿐만 아니라 로봇공학, 윤리, 프라이버시, 블록체인, 양자 컴퓨팅 등 관련 분야 정보도 함께 학습해야 한다. 이 분야들은 서로 밀접하게 영향을 주고받고 있기 때문이다.

AI와 관련된 모든 것을 전문가 수준으로 알아야 할까요?

AI를 잘 활용하기 위해 모든 것을 전문가 수준으로 알 필요는 없다. 내가 '30% 규칙'이라고 부르는 원칙에 따르면, 특정 주제의 약 3분의 1만 알아도 충분히 실용적으로 쓸 수 있다.

영어를 완벽히 익히려면 약 12,000개의 단어를 배워야 하지만, 모국어가 아닌 사람은 약 4,000개의 단어만으로도 직장에서 효과적으로 소통할 수 있다는 사실[4]에서 착안한 원칙이다. 이와 마찬가지로, AI의 기초, 내 일과의 관련성, 윤리적 요소 중 30%만이라도 이해하는 것이 코딩이나 프로그래밍 같은 기술적인 전문 지식을 깊이 파고드는 것보다 훨씬 중요한 일이다.

3단계: AI를 전략적으로 활용하기

일할 때 AI를 효과적으로 활용하려면 어떻게 해야 할까요?

AI를 활용한 자기 강화의 세 번째 열쇠는 AI를 '올바르게' 사용하는 것이다. AI가 일의 본질을 재정의하는 시대에는 그저 AI를 사용하는 것만으로는 부족하다. '어떻게' 사용하는지가 중요하다.

대부분의 사람이 스스로 AI 활용법을 안다고 생각하지만, 현실은 그렇지 않다. 연구에 따르면, 실제로 자신의 일에 도움이 될 정도로 AI를 잘 사용하는 사람은 20%에 불과하다.[5] 능력이 부족해서가 아니라 제대로 배운 적이 없기 때문이다.

나는 지난 20년 간 많은 기업의 AI와 디지털 시스템 도입을 도우며, 사람들이 AI로 역량을 향상시키지 못하게 방해하는 네 가지 주요 장애물을 발견했다 (실제 사례지만 등장인물의 이름은 프라이버시 보호를 위해 의도적으로 변경했다).

실책 1: 과도한 의존

킬리안은 회계용 AI로 청구서를 처리했지만, 결과를 검증하지 않았다. 오류 데이터가 쌓여 청구 문제가 심각해졌고, 엄청난 수작업으로 이를 바로잡아야 했다. 효율을 높이려다 알고리즘 재앙을 수습하느라 몇 주를 낭비했다.

- **교훈**: AI를 검증 없이 맹목적으로 신뢰해서는 안 된다. 입력이 잘못되면 출력도 잘못될 수밖에 없다.

실책 2: 부분적 또는 부실한 구현(AI의 노예가 되는 것!)

카렌은 이메일 필터링 AI를 도입해 초반에는 받은 편지함을 정리하는 마법 같은 효과를 봤다. 그러나 얼마 지나지 않아 미묘한 소통이 필요한 업무 메일들이 제대로 처리되지 않아 중요한 메일들이 잘못 분류되는 일이 반복됐다.

결국 카렌은 매일 1시간 이상 휴지통에서 고객들의 이메일을 건져내야 했다.

- **교훈**: 결함 있는 AI의 노예가 되면 안 된다. 제대로 고쳐 쓰거나, 안 되면 과감히 버려라.

실책 3: 인내심 부족 또는 과한 기대

크리에이티브 디렉터 라비는 최신 생성형 AI를 도입했지만, 프롬프트 기술 부족으로 엉망진창인 첫 결과물을 얻었다. 이 결과는 고객을 감동시키기는 커녕 크게 실망하게 했다. 좌절한 라비는 더 양질의 결과물을 얻는 기술을 익히지 않고 AI를 쓸모없다며 포기해버렸다.

- **교훈**: 인내심을 갖고 학습 곡선을 따라 배워야 한다. AI를 제대로 익히면 마법 같은 일들이 펼쳐진다.

실책 4: 실행력 부족

마지막 문제는 가장 빈번하고도 가장 치명적인 문제인데, 바로 AI를 사용하지 않는 것이다. 나는 수많은 회사와 전문가들이 AI를 통해 업무 능력을 강화할 기회를 놓치는 것을 보았다. 그 사례 중 하나로, 사라는 의사로서 최신 AI 진단 도구를 사용할 기회가 있었지만, 이 도구를 믿지 못해 사용을 피했다. 그 결과 환자 진료에 필요한 중요한 통찰을 놓쳤다. 사라는 어떤 기술이 나온다 하더라도 자신이 그 기술보다 의사 역할을 더 잘 수행할 자신이 있다고 말했다. 대부분 이런 문제는 학습 부족과 관련이 있다. 이런 사람들은 자신이 모른다는 사실조차 알지 못한다.

- **교훈**: AI를 대체자가 아닌 파트너로 받아들여야 한다. 열린 마음과 학습으로 일하는 방식을 혁신할 수 있다.

AI를 제대로 사용하고 이런 실책들을 피하려면 어떻게 해야 할까요?

AI는 초대받은 손님과 같다. 내가 주도적으로 초대하면 내 공간을 존중하며 가치를 더할 것이다. 하지만 고객, 관리자, 경쟁자 등 타의에 의해 억지로 도입하면 주도권을 뺏길 수 있다. 반응하기보다 선제적으로 행동해야 한다.

AI를 내 업무 공간에 초대하는 **4단계 접근법**을 소개한다.

1단계: 활동 목록 작성하기

일주일 동안 자신이 하는 모든 활동(일과 삶 포함)을 기록한다. 각 활동의 소요 시간과 그 활동에서 얻는 가치나 만족도를 파악한다.

2단계: 각 활동을 자동화, 개선, 제거하기

어떤 부분을 자동화, 개선, 제거할지 결정한다. 모든 일에 AI를 사용할 수는 없다. 시간이 많이 걸리거나 가장 큰 가치를 창출하는 활동에 집중하자(표 8.1 참조).

활동 분류	정의	식별 기준	예	이점
자동화할 활동	가치 대비 시간이 많이 드는 단조롭고 반복적인 활동	시간의 80%를 쓰는 20%의 활동	데이터 입력, 반복적인 행정 업무, 이메일 분류	더 가치 있는 활동을 위한 시간 확보
개선할 활동	가장 높은 가치와 만족을 주는 활동. 능력을 향상시키면 결과도 개선된다.	가치/만족의 80%를 생성하는 20%의 활동	전략적 기획, 창의적 설계, 고객과의 소통	인간적 강점을 배가시킴
제거할 활동	효과가 상대적으로 낮은 활동. 최소화하거나 없애면 효율이 높아진다.	최소의 가치를 창출하는 20%의 활동	불필요한 회의, 낡은 절차, 무의미한 이메일	집중력 향상

표 8.1 **자동화, 개선, 제거할 활동 분류**

구체적인 접근방식은 다음과 같다.

- **활동 제거하기**: 먼저 제거해야 할 필요성을 확실히 평가해야 한다. 만약 어떤 활동의 가치와 이점을 명확하게 설명할 수 없다면, 줄이거나 제거해야 할 후보로 올려둔다. 불필요하게 반복되는 회의, 읽지 않는 보고서, 비효율적인 이메일 등의 작업을 대상으로 할 수 있다. 저가치 활동을 최소화하여 더 영향력 있는 작업을 위한 시간을 확보하는 것이 목표가 되어야 한다. 현 상태를 꾸준히 평가한다면 계속해서 가치가 높은 작업에 집중하고, 진짜 결과와 영향을 만들어내는 영역으로 자원을 재배치할 수 있다.
- **활동 개선하기**: 가치가 높은 활동을 개선한다. 가치나 만족의 80%를 생성하는 상위 20%의 활동을 분류 기준으로 삼길 추천한다. 개선할 활동으로 분류된 경우, AI를 결합하기 전에 스스로 관련 역량을 숙달해야 한다. AI가 내게 부족한 역량을 대체하기보다, 내게 이미 있는 강점을 강화하는 데 쓰이도록 하기 위해서다.

  탄탄한 개인의 능력을 먼저 구축해 놓아야 한다. 예를 들어 고객 분석 활동을 개선하고자 한다면, 우선 수작업 분석 방법부터 다룰 수 있어야 한다. 세분화, 고객 생애 가치 지표customer lifetime value metric, 이탈률 분석 등의 기본기를 배운다. 반드시 스스로가 강력한 분석 전문성을 확보한 뒤에 AI를 도입해야 그 활동을 더욱 개선할 수 있다. AI는 경험 많은 전문가가 사용할 때 비로소 초보자의 능력을 대체하는 도구가 아닌, 인간의 기존 역량을 개선하는 역할을 하게 된다.

  다음으로, 다양한 AI 도구를 살펴보고 자신의 필요에 맞는 도구인지 평가한다. 목적에 맞는 적절한 AI 도구를 선택하는 일은 매우 중요하며, 그 도구에 완전히 의존하기 전에 먼저 신뢰할 수 있는지 확인해야 한다. 수많은 도구가 저마다 복잡한 차이와 전문 기능을 제공하고 있다. 결과의 품질, 설명가능성, 윤리적 요소와 같은 기준을 바탕으로 사용 목적에 맞게 선택지들을 신중히 평가해야 한다. 적절한 도구를 객관적으로 잘 선택하려면, 자신만의 기준을 세운 후에 시장에 나와 있는 다양한 도구들을 평가하는 것이 좋다.

  이런 활동들을 개선하면, '인간+AI' 방정식을 보다 강력한 '인간×AI' 방정식으로 전환할 수 있다. 이로써 협업을 시너지 수준으로 끌어올려, 인간과 AI 간의 상호작용을 통해 개별 요소의 단순 합을 초월하는 전체를 만들어낼 수 있게 된다. 이는 가장 높은 가치를 창출할 수 있는 AI와의 협업 방식이다.

나는 경험 많은 커뮤니케이션 매니저인 아눕을 만난 적이 있다. 아눕은 AI의 힘을 활용해 자신의 업무 흐름을 혁신하기로 했다. 그리고 AI를 자신의 독창적 전략과 결합하여, 회사의 커뮤니케이션 활동을 전례 없는 창의성과 효율성을 갖춘 수준으로 끌어올렸다. 이 혁신적인 접근 방식은 그녀의 미래지향적인 비전을 반영하며 이 분야에서 새로운 표준으로 자리매김하고 있다. 표 8.2는 아눕이 AI를 활용해 새로운 커뮤니케이션 활동을 만든 방식을 보여준다.

단계	설명	수행자	예
1	아이디어 브레인스토밍 및 프롬프트 입력	인간	환경 의식 또는 건강한 삶 등의 캠페인 주제를 구상
2	기초 개념 기반 수백 가지 후보 생성	AI	여러 버전의 광고 시안, 디자인 레이아웃, 이미지 생성
3	후보 검토 및 최적안 선택	인간	메시지를 가장 효과적으로 전달하는 디자인 선택
4	피드백 루프로 아이디어 다듬기	AI	선택된 디자인 컬러, 타이포그래피, 배치 조정
5	현실 제한 요소(예산, 브랜드 등) 추가	인간	비용 효율성, 브랜드 가치 부합 여부, 플랫폼 요구사항 점검
6	제한 요소 반영하여 세부 조정	AI	예산, 가이드라인, 플랫폼 규격에 맞춰 디자인 수정
7	뉘앙스, 윤리, 현실성 최종 검토	인간	톤앤매너, 문화적 민감성, 법적 준수 사항, 전체 브랜드 일관성 최종 확인

표 8.2 **AI와 인간의 상호작용에 의한 이상적인 창의적 업무 수행 사례**

아눕의 말에 의하면, 자신의 일에 AI를 결합해 얻은 주요 성과는 다음과 같다.

- **창의성 강화**: AI가 광범위한 후보 시안을 제공해준 덕분에, 아눕은 전에는 생각해본 적 없던 창의적인 가능성을 살펴볼 수 있었고, 더 혁신적이고

다양한 캠페인 시안을 만들 수 있었다. 아눕에 따르면, 팀에서 얻은 영감의 질이 50% 이상 향상되었다고 한다.

- **효율성 증대**: AI는 아이디어를 순식간에 생성하고 다듬을 수 있으므로, 아눕이 창의적 프로세스 진행 속도를 높여 귀중한 시간을 절약하는 데 큰 도움이 되었다. 아눕은 AI를 활용해 조사나 시안 제작 업무량을 30% 이상 줄일 수 있었다고 한다. 이 덕분에 아눕은 팀원들이 제품 팀이나 영업 팀과 더 밀착해 협력하고, 인간의 통찰이 필요한 전략이나 비판적 사고가 필요한 일에 더 집중하도록 업무 우선순위를 재정렬할 수 있었다.
- **대규모 맞춤화**: AI는 특정 제약 조건이나 데이터 분석 결과를 기반으로 콘텐츠를 다듬는 능력이 탁월하다. 덕분에 아눕은 다양한 고객을 대상으로 고도로 개인화된 맞춤형 캠페인을 제작할 수 있게 됐다. 이는 고객 참여도를 높여 즉각적인 매출 증대로 이어졌으며, 매출이 약 20% 증가했다고 추산했다.

아눕은 AI로 업무 활동을 개선하여 자신의 창의적 역량을 배가시키고, 데이터 기반 분석과 통찰을 마케팅 캠페인에 반영했다. 또한 스토리텔링, 감정적 연결, 윤리적 요소와 같은 인간적인 심층 요소에 집중할 여유를 확보했다. 이런 식으로 AI를 도입하자, AI는 인간의 창의성을 대체하지 않고 확장하는 결과를 낳았으며 인간의 일을 새로운 차원으로 끌어올렸다.

- **활동 자동화하기**: 시간이 많이 소요되는 활동을 자동화한다. 이런 활동을 식별하는 방법은 간단하다. 경험칙으로 볼 때, 전체 시간의 80%를 차지하는 20%의 활동을 추려내면 된다. 그리고 그중 정해진 규칙이 있고, 반복적이며, 일관된 활동을 우선 자동화할 것을 추천한다. 매주 정기적으로 수행하며 항상 동일한 방식으로 처리하는 활동이 이에 해당한다.

  물론 모든 작업이 자동화에 적합한 것은 아니다. 어떤 작업은 자동화하기에 너무 복잡하거나 민감도가 높을 수도 있다. 공용어가 아닌 외국어로 들어오는 요청이나, 대규모 자금 및 민감한 정보를 전송하는 일과 같이 예외 처리가 잦은 작업이 그렇다. 이런 작업은 다른 사람에게 위임하는 것이 현실적인 대안이 될 수 있다. 중장기적으로 보면 인간에게 위임하는 것은 그 작업을 더 잘 이해하는 방법이 될 수도 있고, 장래 완전 자동화로 가기 전의 중간 단계가 될 수도 있다.

  새로운 자동화 프로세스를 설계할 때는 작업을 세부 단계로 나누는 과정이 필요하다. 예를 들어 주간 뉴스레터를 작성한다면, 자동화 프로세스에는 정보를 수집하고 저장한 후, 이를 사람이 읽을 수 있는 형식으로 변환해서 이메일이나 링크드인 같은 다양한 채널에 배포하는 과정이 포함될 것이다.

  최적화되지 않은 프로세스는 자동화하지 않는 것이 좋다. 엉망인 프로세스를 자동화하면 더 엉망인 결과가 나올 뿐이다. 프로세스를 최적화하려면 동일한 결과를 달성하기 위해 더 간단한 방법이 있는지 고민해야 한다. 지름길을 찾거나 불필요한 단계를 제거하는 방법이 있을 수 있다. 뉴스레터 사례에서는 콘텐츠 수집 및 분류 단계를 자동화하거나 배포 단계를 효율화하는 일이 이에 해당한다. 이런 접근법을 통해 효율을 개선하고 더 높은 가치를 창출하는 활동에 집중할 수 있다.

대형 다국적 회사의 최고 전략 책임자인 메이 리의 사례를 소개한다. 메이는 정보에 기반한 전략적 의사 결정을 할 때, 방대한 관련 데이터의 양과 복잡성 때문에 애를 먹었다. 수작업으로 데이터를 수집하고 분석하는 방식은 시간이 너무 많이 걸릴뿐더러, 결과 데이터가 의사 결정 단계에 도달할 즈음에는 이미 낡은 정보가 되는 일이 많았다.

변화가 빠른 비즈니스 환경에서 경쟁력을 유지하려면 민첩성과 시의적절한 통찰력을 높여야 함을 깨달은 메이는 프로세스를 자동화하기로 했다. 제대로 자동화한다면 귀한 시간을 절약할 수 있고, 데이터 분석이 정확해지며 효과도 좋아져서 전략적 사고와 혁신에 더 집중할 수 있을 것이 분명했기 때문이다.

메이는 자동화 도구를 선택하고 적용할 때 전략적으로 예측하고 철저하게 평가하여 신중하게 접근했다. 다음은 그녀가 자동화 도구를 선택할 때 사용했던 방법이다.

- **필요성 검토**: 우선 소속 조직에서의 필요성을 검토하며, 현재 프로세스에서 병목현상이 발생하는 지점과 의사 결정을 위해 어떤 데이터가 가장 중요한지 식별했다.
- **시장 조사**: 사용할 수 있는 AI 기반 도구 현황을 파악하기 위해 광범위한 조사를 실시하면서 기능, 확장 가능성, 구현 가능성에 초점을 맞췄다.
- **공급자 평가**: 잠재적 공급자 후보군을 좁힌 뒤, 과거 성과, 고객 지원, 솔루션 유연성 등을 기반으로 각 공급자를 평가했다.
- **비용 편익 분석**: 각 도구별 비용 편익 분석cost-benefit analysis을 수행해, 투자 대비 절약되는 시간 및 창출 효과의 가치를 비교했다.

- **시행착오 및 실험**: 최종 결정을 내리기 전에 직접 사용해보고 실험해서 실제 대상 도구들을 테스트했고, 조직의 특수한 수요에 맞는지 확인했다.
- **이해관계자 설득**: 리더와 팀원들의 참여가 중요하다는 사실을 인지하고, 선택한 도구가 제공할 투자 대비 이익과 효율을 입증하여 동의를 얻었다.

이렇게 AI 자동화 도구를 적절히 선택하고 실제로 적용한 지 3개월 만에, 메이는 다음과 같은 성과를 얻었다.

- **데이터 수집 자동화**: AI 시스템이 시장 보고서, 고객 피드백 채널, SNS 트렌드, 경쟁사 활동 등 다양한 데이터 원천을 쉬지 않고 탐색한다. 과거에는 사람이 직접 수집하느라 시간이 많이 걸렸고, 정보가 너무 많아 중요한 데이터를 놓치기도 쉬웠다. 그러나 자동화 이후 AI 시스템은 24시간 쉬지 않고 놀라운 속도와 범위로 데이터를 정리했다. 사후 평가에 따르면, 메이의 팀은 기존 업무량의 3분의 1을 줄이면서도 중요한 정보를 놓치지 않을 수 있었다.
- **의사 결정 지원 정보 통합**: 메이가 도입한 AI 도구는 정보 통합 프로세스를 자동화하여 의사 결정 접근 방식을 혁신했다. 과거에는 데이터를 샅샅이 뒤지고 의미 있는 내용을 추출해 보고서로 작성하는 등 노동집약적 작업을 사람이 직접 해야 했다. 이제는 AI가 간결하고 실행 가능한 보고서를 신속히 생성해주기 때문에, 팀원들은 정보를 평가하고 의사 결정을 내리는 일에 집중할 시간이 생겼다. 이러한 변화로 인해 전략적 집중력 및 효율이 강화되었으며, 팀 업무량이 20% 이상 줄어 운영 효율이 크게 개선되었다.

이런 중요한 과정들을 AI로 자동화함으로써 메이의 팀은 상당한 시간을 벌었고, 수행할 수 있는 분석의 양도 크게 늘었다. 메이의 팀은 더 이상 데이터 관리의 늪에서 허우적대지 않는다. 대신 새롭게 확보한 시간을 다음의 두 가지 핵심 영역에 쓰고 있다.

- **팀 협업**: 메이의 팀은 이제 부서 간 협업에 더 많은 시간을 투자한다. 이 인간 중심 접근법은 다양한 시각과 관점을 최대한 활용하고, 통찰을 공유하며 집단 지성을 형성하는 조직 문화를 양성한다. 이는 통합적 전략 수립에 아주 중요한 부분이다. 메이는 팀원들에게 다른 부서의 동료들과 활발하게 소통하며 발견한 것이나 깨달음을 공유하고, 피드백을 받아 전략 기획을 개선하라고 독려한다.
- **계속적 학습**: 기술 환경이 끊임없이 변하므로 메이의 팀은 최신 기술 발전에 뒤처지지 않기 위해 노력한다. 정기적으로 산업 컨퍼런스, 워크숍, 교육 세션에 참석해 지식과 기술을 쌓는다. 이러한 자기계발을 통해 사용 중인 AI 도구를 계속 개선하고, 스스로를 강화할 새로운 수단을 찾으며, 전략을 더욱 날카롭게 다듬어 미래에 대비한다. 메이는 팀원들이 학습 내용을 서로 공유하도록 장려하여 계속 성장하는 문화를 만들고 있다.

데이터 수집, 처리, 요약 과정을 자동화한 메이의 결정은 본질적으로 자신의 가장 귀한 자원인 '시간'을 전략적으로 재배치한 것이다. 이를 통해 메이는 전략적 효과를 증대하고, 인간의 집단 지성을 활용하며, 인간의 통찰력과 AI 사이에 긍정적인 피드백을 주고받는 방식이 무엇보다 중요해진 세상에서 앞서나갈 수 있었다.

요약하자면, AI를 활용해 인간의 일을 강화하려면 현재 업무를 신중히 검토하고 구체적인 활동을 제거, 개선, 자동화하는 등 전략적으로 접근해야 한다. 이 과정은 단순히 AI를 활용하는 것을 넘어, 생산성과 효과를 극대화하기 위한 업무 방식을 재구축하는 일이다.

3단계: 선택, 적용, 학습

무엇보다 적합한 도구를 선택하는 일이 가장 중요하다. 나의 경우 자동화할 대상과 이유를 명확히 정의하는 일부터 시작했다. 이렇게 했을 때 수많은 AI 도구 중에서 진정으로 내게 필요한 도구를 찾을 수 있었다. 나는 경험을 통해 마케팅용 감언이설이 아닌, 사용자 리뷰와 사례 연구들을 살펴봐야 함을 깨달았으며, 이를 통해 주요 후보를 추린 후 실제로 시험해보는 과정을 거쳤다. 가장 중요한 것은 필요하지도 않은 화려한 기능에 현혹되기보다 자신의 구체적인 목표에 부합하는 도구를 찾는 것이다.

어떤 AI 도구든 효과적으로 활용하려면 기존 업무 흐름에 원활하게 적용할 수 있어야 한다. 나는 세부 계획을 세우고 호환성을 확인한 후, 때로는 맞춤형 솔루션이 필요하다는 사실을 인정하기도 한다. 이럴 때는 인내심이 매우 중요하다. 무리하게 서두르면 나중에 더 골치 아픈 문제가 생길 수 있다. 나는 시간이 지날수록 API를 잘 지원하고 기존 시스템에 유연하게 적용할 수 있는 도구들을 높이 평가하게 되었는데, 이런 요소가 잘 갖춰져 있으면 실제 도입과 적용 과정이 매우 쉬워지기 때문이다.

그다음으로 한 번에 끝내지 않고 계속 수행해야 할 일이 있다. 바로 도구를 효과적으로 사용하는 방법을 배우는 일이다. 나는 항상 기본 사용법뿐만 아니라 효율을 크게 높일 수 있는 고급 기능까지 배우려고 한다. 이를 위해 온라인 자료를 찾거나 사용자 커뮤니티에 참여하며, 때로는 정식 교육을 받기도 한다. 이는 충분히 가치 있는 노력이다. 도구의 기능을 자세히 이해하면 처음에는 상상도 못 했던 방식으로 많은 작업을 자동화할 수 있다. 이 여정을 시작하려는 사람들에게 주고 싶은 팁은, 학습은 선형적이지 않고 '학습 곡선learning curve'을 따른다는 사실을 받아들이라는 것이다. AI 도구의 기능을 많이 알수록 더욱 창의적으로 활용해서 삶을 편하게 만들 수 있다.

4단계: 모니터링, 조정, 재평가

이 도구들이 어떻게 작동하고 있는지 지속적으로 살펴봐야 한다. 정기적인 조정이 필요할 것이다. AI 도입이란 계속해서 개선을 반복해야 하는 장기 프로세스다. 도구를 사용할 때마다 새롭게 발생하는 문제를 해결하기 위해 끊임없이 평가하고 개선하면서 새로운 기능들을 활용해야 한다.

정기적으로 AI의 필요성을 평가하고 앞에서 말한 단계적 접근 방식을 다시 적용하는 것이 바람직하다. 최소한 1년 단위로 필요성을 식별하고, 우선순위를 정한 뒤 실행하기 바란다.

급변하는 세상에서 회복탄력성과 적응력 강화하기

AI를 폭넓게 활용하면서 생기는 영향 중 하나는 변화의 속도가 빨라지면서 불확실성이 높아지고, 위기도 더 빈번하게 찾아온다는 것이다. 이러한 변동성은 우리의 일에 심각한 영향을 미치며, 그로 인해 스트레스, 번아웃, 우울증과 같은 문제가 나타난다. 이 장에서는 이런 새로운 세상에서 살아남기 위한 '회복탄력성'과 '적응력'에 대해 자세히 살펴보며, AI 시대에 필수적인 이 능력을 효과적으로 개발할 방법을 제시하고자 한다.

회복탄력성과 적응력의 중요성

세상이 점점 더 빨리 발전하고 있어요! AI가 원인일까요?

우리는 단순히 변화를 겪는 수준을 넘어, 특히 AI와 기술 영역에서 기하급수적 성장을 목격하는 시대에 살고 있다. 쉽게 말해, 우리 세대는 지난 한 세기 동안 이룬 혁신의 총량을 다음 10년 안에 달성하는 것을 보게 될 것이다.[1]

20년 전만 해도 사무실 책상은 계산기, 다이어리 등 실물 도구들이 차지하고 있었다. 이것들은 이제 전부 컴퓨터나 스마트폰 속 세련된 디지털 도구로 바뀌었다. 애플이 2007년 첫 아이폰을 출시했을 때를 기억하는가? 그 후 세상은 놀랍게 발전해 오늘날 미국인의 97%가 휴대폰을 소유하고 있다.

기술 혁명은 여기서 멈추지 않는다. 한때 공상 과학에나 등장하던 가상현실 헤드셋이 대중화되면서 AI와 기술을 말 그대로 우리 눈앞에 가져다 놓았다. 이에 그치지 않고 뇌와 컴퓨터를 연결하는 인터페이스가 발전하면서 기술은 인간과 더 밀접하게 연결되고 있다. 사랑하는 사람에게 꽃을 보내겠다고 '생각'만 해도 즉시 배송이 시작되는 세상이 올 것이다. 먼 미래의 이야기가 아니다. 앞으로 10년에서 20년 정도면 현실화될 가능성이 있는 가까운 미래다.

지금 기술은 단순히 빨리 발전하는 것을 넘어, 서로 결합하며 더욱 강력한 시너지를 내고 있다. 이 기술 폭풍의 중심에 바로 AI가 있다. 하나의 혁신이 그다음 혁신을 더욱 가속화하는 구조다. 예를 들어 더 강력한 컴퓨터가 생기면 더 첨단 로봇을 제작할 수 있고, 이를 통해 다시 더 복잡한 기계가 만들어지는 식이다. 이러한 기술 간의 상호작용이 '자기 강화적 선순환'에 불을 당기면서 역사상 유래없는 속도로 진보를 가속화하고 있다. 이렇게 멈추지 않는 급성장 속에서는 무엇이든 변할 수 있고 통째로 뒤바뀔 가능성조차 있다.

이렇게 기술이 기하급수적으로 발전하면 생길 수 있는 부정적 영향이 뭘까요?

점점 빨라지는 속도와 이를 뒷받침하기 위한 에너지 및 천연자원 수요 탓에 경제적, 환경적 위기가 빈번해지고 있다. 세계화로 인해 전 세계 경제가 서로 깊이 얽혀 있어, 한 곳에서 발생한 위기가 전 세계로 퍼져나갈 위험도 크다. 산업의 부침이 심해졌고 회사의 수명은 짧아지고 있다. 해고가 늘고 직업 안정성이 약화되는 현상이 흔해졌으며, 지구 환경은 큰 위기를 겪고 있다. 기후 변화로 인해 자연재해가 심각해지고 보건 환경은 더 악화되고 있다.

이러한 진보의 폭풍에는 대가가 따랐고, 그 대가는 바로 우리의 '정신 건강'이었다. 급변하는 세상에 뒤처지지 않으려 노력하는 일은 정신적으로 매우 힘들 수밖에 없다. 스트레스, 우울증, 그 외 정신 건강 문제가 늘어나고 있다. 2022년 미국인의 행복도는 역대 최저치를 기록했으며,[2] 약물 등의 중독률은 매년 4%씩 증가하여 지금은 매년 100만 명씩 늘고 있다. 스트레스 문제는 매우 빠르게 퍼지는 데다 끊임없이 생겨나서, 세계보건기구WHO는 이를 '21세기의 전염병'이라고 명명했다.[3]

또 다른 영향은 우울증이다. 1990년에서 2017년 사이 전 세계 기준 우울증 사례는 50% 가까이 증가[4]하여 건강 장애의 주원인이 되었다. 그 결과 자살이 세계적인 주요 사망 원인 10위에 오르고 말았다.[5]

우리는 기술 혁명만 겪고 있는 것이 아니다. 심각한 정신 건강 위기가 눈앞에 닥쳐와 있다.

이러한 문제들을 해결하기 위해서는 반드시 **회복탄력성**과 **적응력**을 키워야 한다. 인간의 뇌는 더 느린 삶의 속도에 맞춰 진화했기 때문에 지금의 변화 속도를 따라가기 버거워한다. 회복탄력성과 적응력을 키우는 일은 하면 좋은 일이 아니라 '반드시 해야 하는 일'이다. 이는 인류의 역사에서 선조들이 각자의 문제를 해결하며 발전시킨 DNA에 깊이 뿌리박힌 능력이기도 하다. 미래에도 살아남으려면 이런 타고난 강점을 활용하면서도 시대의 요구에 맞게 개선하고 강화하는 방법을 배워야 한다.

지금부터 회복탄력성과 적응력을 강화하기 위한 실질적 방법, 훈련법, 그리고 나의 깨달음을 공유하겠다. 이렇게 빨리 돌아가는 세상이 퍼붓는 스트레스에 굴복하지 않고 성공할 수 있는 방법을 살펴보자.

> "인간의 뇌는 더 느린 삶의 속도에 맞춰 진화했기 때문에 지금의 변화 속도를 따라가기 버거워한다."

회복탄력성을 키우는 방법

AI로 인한 정신 건강 문제에서 회복탄력성을 키우려면 어떻게 해야 할까요?

회복탄력성이 높다고 하면 어떤 도움도 받지 않고 혼자 문제를 해결하는 사람을 떠올리기 쉽다. 하지만 사실은 다른 사람들에게 도움을 구하는 것이야말로 회복탄력성을 키우는 핵심 열쇠다. 회복탄력성은 언제 도움을 요청해야 할지 아는 것 그리고 자신을 지지하는 네트워크에서 힘을 얻는 능력과 관련이 있다.

또한 회복탄력성이 높은 사람은 스트레스나 슬픔을 느끼지 않는다는 오해가 있다. 사실은 반대다. 회복탄력성이란 감정을 억압하지 않고 이를 있는 그대로 인식하며 극복하는 능력이다. 고난에 전혀 영향을 받지 않는 것이 아니라, 고난을 겪고도 다시 일어나는 것이다.

그리고 회복탄력성은 회복 속도로만 판단할 수 없다. 때로 회복탄력성이란, 시간을 들여 이미 일어난 일을 이해하고 받아들인 후 점차 앞으로 나아갈 길을 찾는 것을 의미한다.

회복탄력성이란 정확히 무엇인가요?

회복탄력성resilience이란 개인이 장애, 변화, 압박에 대해 정신 건강을 유지하거나 회복할 수 있게 되는, 개인적 성장의 역동적인 과정이다. 고난을 피하는 것이 아니라 고난에 대처할 수 있는 힘과 유연성을 키우는 것이다.

이 급변하는 세상에서 더 강한 회복탄력성을 키우려면 어떻게 해야 할까요?

내가 회복탄력성에 대해 배웠던 개인적인 경험을 공유하고 싶다. 나는 스무 살 시절 방학 기간 동안 아프리카를 중심으로 배낭여행과 히치하이킹을 했다. 목표는 새로운 사람들을 만나고 다양한 문화를 탐험하며 스스로에 대해 더 배우는 것이었다. 당시 나는 혼자서 무전여행을 떠나며 스스로의 한계에 도전하는 것을 즐겼다. 현지 문화에 완전히 몰입할 수 있는 상황에 나 자신을 몰아넣고자 의도적으로 택한 방식이었다.

여행 중 한 번은 사하라 사막의 유목민 공동체였던 투아레그족Tuaregs을 만날 귀한 기회를 얻었다. 투아레그족은 지구상 최고의 회복탄력성을 보유한 사람들 중 하나라고 할 수 있다. 그들은 지구에서 가장 살기 어려운 환경인 사막에서 수 세기를 살아왔다. 사막의 혹독함에 대응하여 생존하고 성장하기 위해 독특한 정신적 적응 능력을 발전시켰을 것이다. 그들은 나에게 불안과 스트레스를 평온과 기쁨으로 전환하는 방법을 가르쳐 주었다.

투아레그족이 알려준 **인갈**In'Gall은 그들의 언어로 '평화' 또는 '고요'를 뜻하며, 수 세대에 걸쳐 전해져온 훈련법이다. 이 전통 훈련법은 세 가지 핵심 요소로 구성되어 있다.

회복탄력성 요소 1: 호흡

인갈의 첫 번째 요소는 호흡이다. 투아레그족은 천천히, 의식적으로 하는 호흡이 불안을 완화하고 생각을 명료하게 하며 평온을 스며들게 한다고 강조한다. 그들의 말에 따르면, "호흡은 플루트에 불어넣어 선율을 만들듯, 내가 가진 가장 귀한 악기인 나 자신을 조율할 때도 중요한 역할을 한다." 투아레그족은 조상 대대로 전해져 내려온 호흡법을 알려주었다. 호흡을 늦추어 에너지를 끌어올리는 방법과, 날숨을 길게 내쉬어 이완하는 방법이다.

느리고 리드미컬한 호흡은 몸 안에서 진정의 리듬을 만들어내어 이완, 정신적 명료함, 감정적 균형으로 이어진다. 불안한 상황에서는 호흡이 얕아지기 마련이다. 의식적으로 천천히 깊게 호흡하면 불안감을 상쇄할 수 있다. 날숨을 길게 내쉬는 데 집중하면 부교감 신경계를 자극해 이완과 세포 회복이 촉진된다. 그리고 뇌로 가는 혈류를 증가시켜 에너지 수준을 높인다.

이후 나는 세계적인 호흡법 전문가 댄 브륄레Dan Brule를 만나 이 호흡법의 과학적 근거를 확인했다. 그는 나에게 '일정한 호흡법coherent breathing'을 알려주기도 했는데, 이는 6초 들숨과 6초 날숨을 반복하는 고대 의식에 뿌리를 둔 방식으로 현대 과학에서도 치료 효과를 인정받고 있다.

나는 이러한 호흡법을 일상에 적용하여 문제 처리 능력을 향상시켰다. 일이나 생활에서 갈등이 생겼을 때, 혹은 불면에 시달리는 밤처럼 특정한 순간에 이 호흡법을 행한다. 엘리베이터를 탈 때, 줄을 설 때, 운전할 때 이 호흡법을 즐겨 쓴다. 이러한 훈련을 일상에서 실천했더니 평온함, 집중력, 회복탄력성을 잘 키울 수 있었다.

회복탄력성 요소 2: 자연과 연결되기

인갈의 두 번째 요소는 주변 환경, 특히 자연과 연결되는 것이다. 투아레그족은 인간의 건강이 근본적으로 자연과 연결되어 있다고 믿는다. 그들은 동물을 관찰하거나 식생을 통해 수원(水源)을 찾아내는 등 주변 환경을 이해하는 과정에서 평온함과 명료함을 찾는다. 이러한 직관적인 이해를 통해 기후 변화나 위험을 감지하고 대비할 수 있다.

연구에 따르면 모든 인간은 자연에 선천적인 친밀감을 가지고 있으며, 이를 **바이오필리아**biophilia라고 한다. 자연에 대한 본능적인 사랑은 우리를 자연으로 이끌며, 자연에는 치유 효과가 있다. 단 15분 동안 숲을 산책하는 것만으로도 부교감 신경계가 활성화되면서 휴식과 회복 메커니즘이 켜진다.

나는 매일 공원에서 걷거나 가볍게 러닝을 하는데, 여러분도 똑같이 해보았으면 좋겠다. 일단 시작하기만 해도 몸에 활력이 넘치고 마음이 편안해지는 것을 느껴 계속하게 될 것이다.

회복탄력성 요소 3: 마음챙김 훈련

인갈의 세 번째 요소는 내면을 깊이 들여다보는 성찰이다. 투아레그족은 생각과 감정을 '사막에 부는 바람'에 비유하며, 거리를 두고 관찰해야 한다고 강조한다. 생각이나 감정이 나라는 존재의 본질을 정의하는 것이 아니라, 그저 스쳐 지나가는 순간의 경험임을 이해하기 위한 기법이다.

떠오르는 모든 생각이 진실은 아니라는 사실을 깨달아야 한다. 생각의 대부분, 특히 부정적인 생각은 우리 마음이 만들어낸 허구일 때가 많다. 부정적인 생각이나 감정이 떠오를 때는 이를 인식하되, 거기에 붙잡히지 않아야 한다. 쳇바퀴 돌듯 같은 생각에 사로잡혀서도, 그런 생각들이 진실이라 단정해서도 안 된다.

현대 과학은 우리가 하루에 4,000번 이상 생각하며, 이 중 많은 생각이 되풀이되고 스트레스를 유발함을 밝혀냈다. 인갈이나 최근 세계적으로 인기 있는 마음챙김mindfulness 등의 훈련법은 스트레스를 줄이고 감정적 안정과 평온함을 얻는 데 효과적이다.

이런 훈련을 바쁜 일상에서 실천하기란 쉽지 않지만, 아주 작은 노력만으로도 가능하다. 나는 일하는 틈틈이, 공간을 이동할 때, 줄을 서서 기다릴 때와 같은 자투리 시간에 마음챙김을 적용하거나 '마음챙김 전환' 연습을 하려 노력한다. 이럴 때는 호흡이나 신체 감각에 집중한다. 다음 미팅을 위해 걸어갈 때는 발이 땅에 닿는 감각이나 피부에 닿는 공기의 느낌에 주의를 기울인다. 모든 일상적인 활동이 마음챙김 연습 기회가 될 수 있다.

예를 들어 나처럼 설거지를 하며 마음챙김을 실천할 수도 있다. 설거지하는 동안의 감각적 경험에 집중해 보자. 손에 닿는 따뜻한 물의 감각, 수도에서 물이 나오는 소리에 주의를 기울인다. 주방 세제의 향을 맡고, 그릇의 뽀드득거리는 질감을 느끼며, 설거지를 하나씩 끝낼 때마다 차오르는 만족감에 취해본다. 잡생각이 떠오르면 부드럽게 주의를 돌려 현재 느끼고 있는 감각으로 돌아온다. 이런 연습을 통해 잡일에서도 평온함과 이완을 느낄 수 있다.

나는 일상생활에서 이런 연습을 실천하며 혁신적인 효과를 보았다. 인지적, 감정적 반응을 잘 조절하게 되었고, 의사 결정 능력이 향상되었으며, 에너지를 아끼고 보이지 않던 해결책을 찾을 수 있었다.

언뜻 역설적으로 들릴 수 있겠지만, 인간 세상이 빠르게 진보하며 미래로 나아갈수록 충분히 이완된 상태와 평온함을 유지하는 것은 우리의 안전을 위해서도 반드시 필요한 일이다. 내 안의 못된 회의론자가 나를 괴롭히려 할 때, 마음챙김을 통해 어떤 압박이 닥쳐오더라도 스스로를 지키고 부정적인 감정을 초월할 수 있다.

적응력을 강화하는 기술

왜 적응력이 중요한가요?

어떤 사람들에게는 무슨 일이든 매우 쉽게 적응하는 것처럼 보이는 재주가 있다. 하지만 변화가 이미 일어난 후에 반응하기보다, 변화를 예측하고 준비하는 방법 또한 배울 수 있다.

흔히 적응력이 높은 사람은 변화를 아무 어려움 없이 받아들인다고 생각하기 쉽다. 하지만 실제로는 그들도 변화를 힘들어할 수 있다. 다만 그들은 변화라는 도전 과제를 효과적으로 관리하고 다루는 전략을 갖춘 사람들이다.

또 다른 오해 중 하나는 적응력이 높다는 것이 자신의 핵심 가치나 원칙을 포기하고 타협하는 것을 뜻한다는 생각이다. 진짜 적응력이란 자신의 가치에 충실하면서 동시에 목표를 달성하기 위해 유연한 접근 방식을 찾는 능력이다.

적응력을 단순히 '변화가 발생했을 때 반응하는 능력'으로만 생각하는 사람도 많다. 그러나 진정한 적응력이란 선제적으로 생각하고, 변화를 예측해서, 효과적으로 변화에 대응할 준비를 하는 힘과 더 깊은 관련이 있다.

> **"AI 시대에 성공하는 사람은 힘이나 지능으로 결정되지 않으며, 변화에 적응할 수 있는 능력에 의해 정해진다."**

변화가 상시적으로 일어나고 그 빈도와 규모도 점점 커지는 세상에서는, 변화를 위기로만 보지 말고 성장할 수 있는 상황으로 인식해야 한다. 미래에 더 많은 변화가 있을수록 더 많은 기회가 온다는 뜻이다. 그리고 변화의 폭이 클수록 기회도 더 커진다.

적응력을 어떻게 정의할 수 있나요?

적응력adaptability이란 새로운 상황, 환경, 변화에 빠르고 효율적으로 적응할 수 있는 능력을 말한다. 적응력의 본질은 그저 생존하는 수준을 넘어, 끊임없이 바뀌는 환경에서 성공하는 능력이다. AI 시대에 성공하는 사람은 힘이나 지능으로 결정되지 않으며, 변화에 적응할 수 있는 능력에 의해 정해진다.

적응력에는 변화가 발생했을 때 반응하는 수준을 넘어 선제적으로 변화를 미리 예측하고 준비하는 능력이 포함된다. 나아가 계속 바뀌는 상황에서 자신의 핵심 가치와 원칙을 유지하면서도 창의적인 해결책을 찾아내는 능력이기도 하다.

예를 들어 소규모 사업자가 시장 트렌드의 변화를 미리 예상하고 이에 대응하여 제품군을 늘렸다면, 이는 변화를 견뎌내는 수준을 넘어 변화를 이용해 이득을 얻은 것이다. 진정으로 적응력이 높은 사람은 위기를 기회로 전환할 수 있다.

AI의 영향으로 끊임없이 변화하는 이 세상에서 더 적응력을 키울 수 있는 방법이 있을까요?

앞서 설명했던 투아레그족의 교훈을 바탕으로 이 질문에 답하고자 한다. 세상에서 가장 가혹한 환경 중 하나에서 살아가는 투아레그족은 우리에게 영감을 주는 놀라운 적응력을 갖게 되었다. 다음은 내가 이들과 함께한 경험으로 얻은 중요한 깨달음들이다.

1. 삶에 변화를 적극적으로 촉발한다.

투아레그족은 끊임없이 변화를 추구하는 습성이 있다. 다른 사회에서는 대개 안정을 유지하고 변화하지 않는 상태가 가장 안전하고 성공적인 길이라고 여기는 것과는 매우 대조적인 모습이다.

투아레그족은 몇 달마다 유목 생활을 하며 거점을 옮기는데, 반드시 필요해서라기보다는 정신을 무겁지 않게 유지하면서 정체되고 안주하는 위험을 피하기 위한 목적이 크다. 그들은 스스로를 '나의 운명의 주인'이라고 여기며, 상황에 반응하는 대신 적극적으로 변화를 만들어낸다.

그들의 지도자가 쓴 철학적 표현을 그대로 옮기자면, "변화를 촉발시키면 보상을 얻을 수 있다." 이 철학에 따르면 변화를 통해 정신적 정체 상태를 방지하고, 단조로운 일상에서는 잘 보이지 않는 새로운 기회와 경험의 문을 열 수 있다.

특히 급속도로 AI 발전이 일어나고 있는 시대에, 이런 접근 방식은 매우 큰 의미가 있다. 여기서 얻을 수 있는 조언은 명확하다. 변화가 일어나길 기다리지 말고, 스스로 자신의 변화를 설계하여 진보하고 성장해야 한다. 변화해야 하는 상황이 오기 전에 먼저 변화하라.

나는 투아레그족의 유연성과 이동성에 대한 철학을 몸소 실천하며 지난 15년에 걸쳐 가족과 함께 파리, 상하이, 싱가포르, 샌프란시스코, 마이애미에 이르기까지 세 대륙을 넘나들며 이곳저곳을 옮겨 다녔다. 이사를 할 때마다 새로운 가능성이 열렸고, 우리 가족의 적응력과 다른 문화에 대한 이해력이 높아졌으며, 끊임없이 변화하는 세상에서 적극적으로 변화를 받아들일 때 어떤 가치가 생기는지 알 수 있었다.

2. 가능한 이익에 집중한다.

투아레그족과 함께 시간을 보내는 동안 나는 변화를 받아들이는 또 다른 독특한 접근 방식을 배웠다. 그들이 거점을 옮기기로 결정할 때는 '티나리웬

채터Tinariwen Chatter'라는 이름의 의식이 중요한 역할을 한다. 이 의식에서 그들의 공동체는 집단적으로 다음 이동을 통해 얻게 될 이익을 최대한 생생하게 시각화하고 논의한다. 마치 정신적 스위치를 톡 켜는 느낌으로, 잃을 위험보다 얻을 이익으로 초점을 옮기는 과정이다. 이런 방식을 통해 긍정적인 감정과 관련된 뇌의 부분을 활성화하여, 위기에 대한 본능적 사고 반응에서 의도적으로 생각의 초점을 바꾸게 하는 것이다.

이 의식에서 각 구성원은 자신이 기대하는 이익을 이야기한다. 어떤 아기 엄마는 아이를 위한 새로운 자원을 생각하고, 어떤 젊은이는 새로운 연인을 만날 가능성에 들뜨며, 어떤 노인은 새로운 경험을 통해 자신의 정신을 더 역동적으로 유지할 수 있게 되기를 기대한다. 이런 집단적인 시각화 세션을 통해 낙관주의적 분위기를 형성하여 모든 구성원이 앞으로 펼쳐질 다양한 가능성을 볼 수 있게 된다. 그래서 원래 손실과 위험에 더 집중하는 경향이 있는 뇌의 작동 방향을 바꾼다.

우리는 이 의식을 통해 아주 중요한 것을 배울 수 있다. 변화를 마주할 때, 특히 AI가 주도하는 이 초스피드 세상에서 변화를 피할 수 없을 때는 의식적으로 생각을 전환해야 한다는 것이다. 두려움이나 손실 가능성에 발목을 붙잡히는 대신, 변화가 가져올 수 있는 이익과 기회를 상상해야 한다. 손실과 이익을 모두 인식하는 균형 잡힌 시각을 가지면 변화에 대한 접근법을 바꿀 수 있으며, 변화를 불안의 발원지가 아니라 '기회가 솟아나는 샘'으로 바꿔 생각할 수 있다.

3. 역경을 기억하고 기념한다.

나는 투아레그족과 함께 시간을 보내면서 그들이 고난과 역경을 어떻게 힘으로 바꾸는지 배웠다. 뛰어난 이야기꾼들이 그렇듯이, 그들도 혹독한 모래

폭풍 같은 과거의 고난을 회복과 극복의 인상적인 서사로 엮어내어 모든 구성원이 기억하고 기념하도록 한다.

이런 이야기에는 단순히 오락을 위해 소비하려는 목적이 아니라 더 심오한 뜻이 있다. 거대한 모래폭풍과 같은 역경을 학습 경험으로 재정의함으로써, 모든 경험을 고난을 이기고 회복한 증거로 만드는 것이다.

투아레그족 문화에서 실패를 이야기하는 것은 금기가 아니라 자부심의 원천이다. 나도 처음에는 이해하기 어려웠다. 서구 문화에서는 실패를 드러낸다는 것을 약점으로 여기는 경향이 있기 때문이다. 그러나 투아레그족은 "나를 죽이지 않는 것은 나를 더 강하게 만든다"라는 격언과 비슷한 관점을 취한다. 역경을 극복한다면 결국 더 강해질 수밖에 없는 것이다.

공동체는 어려움을 겪은 경험을 공유함으로써 역경을 해체하고 귀중한 교훈을 얻는다. 이를 통해 독특한 형태의 강인함을 키울 수 있으며, 나는 이를 **반(反)취약성**antifragility이라는 개념으로 표현한다. 역경은 견디거나 저항하는 것이 전부인 대상이 아니라, 그것을 통해 더 강해질 수 있다는 생각이다. 마치 운동을 통해 근육이 성장하는 것처럼 말이다.

나는 삶의 불확실성을 헤쳐나가는 모든 사람에게 이런 사고방식을 강력히 추천하고 싶다. 좌절을 실패로 보지 말고, 더 나아지기 위한 귀중한 피드백으로 여기는 '성장형 사고방식'을 가져야 한다. 투아레그족이 고난을 통해 힘을 키웠듯이, 우리도 역경을 더 큰 회복탄력성과 적응력을 얻기 위한 디딤돌로 삼는 방법을 배울 수 있다.

4. 함께 하면 더 적응력이 강해진다.

나는 투아레그족과 함께 지낸 경험을 통해, 적응력을 키우는 데 있어 공동체적 연대가 얼마나 중요한지 깨달을 수 있었다. 그들의 삶은 공동체 의식을 강화하는 공동 식사, 이야기, 노래, 의식 등을 통해 서로 얽혀 있었다.

이 사실은 어떤 구성원의 텐트가 화재로 소실되었을 때 아주 분명하게 드러났다. 공동체는 이 재난에 대응하여 구조물 재건 같은 물리적인 부분은 물론이고, 그 구성원의 감정적 회복을 돕기 위해서도 서로 지지하고 협력했다. 그들의 협력적 정신이 정말 아름답게 표현된 사례이자, 지식 공유와 상호 지원을 통해 얼마나 회복탄력성을 강화할 수 있는지 알 수 있었던 계기였다.

현대 사회와는 대조적으로 투아레그족의 문화에서는 타인과 분리된 사고방식이 설 자리가 없다. 오히려 그들의 회복탄력성의 토대는 '강한 연대'다. 협력은 그들에게 그저 구호가 아니라 삶의 방식이며, 그들은 다양한 관점과 경험을 결합하여 시너지를 창출해 적응한다. 마치 직물을 구성하는 실 하나하나의 공헌으로 더 강력하고 더 생동감 넘치게 탄생한 융단과도 같다.

특히 AI 혁명의 한가운데에 있는 우리는 여기서 중요한 교훈을 배울 수 있다. 바로 '유대에 대한 투자의 중요성'이다. 강력한 네트워크를 구축하고 상호 지원 체계를 만들면, 특히 계속되는 변화를 겪어내야 하는 상황이 되었을 때 개인적, 집단적 회복탄력성을 크게 높일 수 있다. 투아레그족이 공동체의 연대에서 힘을 얻었듯이, 우리도 서로의 삶을 상호 연결한 다채로운 융단을 짜내어 회복탄력성을 끌어낼 수 있다.

기술과 AI가 인간이 살아가는 환경을 너무나 빨리 변화시키고 있는 이 시대에, 투아레그족이 가르쳐준 교훈은 아주 중요하다. 투아레그족의 적응력을 단순히 생존을 위한 메커니즘의 결과로만 볼 수는 없다. 오히려 역동적인 존재의 본질을 기리는 삶의 방식에서 나온 것이라고 봐야 한다. 많은 사람이 변화를 두렵게만 여기는 이 세상에서, 그들의 문화는 삶이란 원래 끊임없는 변화를 겪게 되어 있다는 사실을 받아들이면서 얻은 강인함과 회복탄력성에 대한 생생한 증거가 되어 준다.

회복탄력성과 적응력을 키우기 위한 전문가의 조언, 커뮤니티에서 공유되는 내용, 훈련법들을 더 자세히 알고 싶다면 '대체불가능 아카데미(www.irreplaceable.ai)'를 참고하기 바란다.

일의 미래는…
노동의 종말인가?

앞 장에서는 AI 때문에 급변하는 세상을 헤쳐나가기 위해 회복탄력성과 적응력이 얼마나 중요한지 살펴보았다. 직업적 성공을 위해서도, 내 삶을 건강하게 살기 위해서도 이런 능력은 아주 중요하다.

그러나 AI가 우리의 일에 끼치는 영향의 수준은 새로운 역량과 사고방식만으로 대처할 수 있는 정도가 아니다. 인간이 수행하는 게 당연하던 많은 일을 점차 AI가 대체하게 되면서 일의 본질 자체가 문제의 중심에 놓였다.

이 장에서는 아주 도발적인 질문을 다루게 된다. "미래의 일은… 안 해도 될까?" 이 가능성을 자세히 살펴보고, 우리 자신, 우리의 가족, 사회 전체에 이것이 어떤 의미를 가지게 될지 알아보자.

일의 재구성: 9시부터 6시까지의 틀을 넘기

AI가 반복적인 일을 다 해준다면 근로 시간이 더 줄어들 수 있을까요?

그렇다. 이론적으로는 맞다. AI가 반복되는 정해진 작업들을 대신해주고, 인간은 인간 고유의 능력인 휴믹스와 관련된 작업에만 집중할 수 있다면, 우리의 자녀들이 더 적은 시간만 일해도 되는 세상이 올 수도 있다. 이런 세상에서는 모두가 일을 덜 해도 되고, 소수의 사람만 일하는 대신 나머지 사람들은 일해야 하는 의무에서 풀려날 수도 있다.

이런 상상은 기술에 의해 생산성이 향상되고 있으니 더 적은 시간을 일해도 비슷한 생활 수준을 유지할 수 있어야 한다며 근로 시간을 줄이자는 주장과 이어진다. AI는 인간과 일의 관계를 다시 생각할 수 있는 귀한 기회를 주었다.

일과의 관계를 다시 생각한다는 게 무슨 뜻인가요?

학교의 목적이 무엇일까? 학교의 본질적 기능은 아이들을 사회에서 일할 수 있게 준비시키는 것이다. 하지만 왜 우리가 일해야 한단 말인가?

> **인류의 존재 기간에 비해 현재 우리가 일이라고 생각하는 활동의 역사는 5%도 채 되지 않는다. 일이란 사실 최근에 발명된 개념이다.**

물론 지금 세상에서 살아가려면 모두가 음식, 주거, 그 밖의 기초 생활을 영위하기 위해 돈을 벌어야 한다. 하지만 이게 다는 아니다. 우리가 일하는 이유는 '바쁘고 생산적인 상태'가 사회적으로 가치를 인정받기 때문이기도 하다. 사람들이 생각하기에 일은 삶을 의미 있게 만드는 요소로서 매우 중요하다.

하지만 일을 사랑하는 마음을 타고나는 사람은 없다. 어떻게 알 수 있을까? 대략 5세에서 10세 사이의 아이들을 보면 종종 "왜 일을 해야 해요?"라고 묻는다. 이들은 어른들처럼 일에 가치를 부여하도록 사회화되지 않았기 때문에 이런 의문을 가지는 것이다. 쉬지 않고 일하려는 우리의 동기는 본능이라기보다 성장하면서 주변 환경에 영향을 받아 획득한 특성임을 알 수 있다.

실제로 나이가 들수록 많은 사람이 자신의 정체성을 직업과 혼동하기 시작한다. 다른 사람을 처음 만나면 흔히 "무슨 일을 하세요?"라고 물은 뒤, 그 대답을 통해 얻은 정보를 바탕으로 그 사람을 판단한다. 직업은 우리가 누구이며, 삶의 목표가 무엇인지를 정하는 아주 중요한 요소가 되었다. 어릴 때 어른들이 "커서 뭐가 되고 싶니?"라고 묻거나 "좋은 성적을 받아야 좋은 직업을 가질 수 있어"라고 할 때부터 아이들의 이런 믿음은 커져간다.

내가 생각하기에, 일은 우리의 삶에서 지금처럼 중요한 자리를 차지해서는 안 된다. 현재 우리가 '일'이라고 생각하는 활동의 역사는 현생 인류인 호모 사피엔스의 존재 기간 중 5%도 채 되지 않는다. 일이란 사실 최근에 발명된 개념이다. 인간이 반드시 일을 해야 할 본질적인 이유는 없다. 적어도 사무실 칸막이 안에서 하는 일은 확실히 그렇다.

현재 인간이 수행하는 많은 업무를 AI가 점점 더 대체할 수 있다는 이야기는, 곧 인간이 더 인간적인 새로운 사회를 세울 기회가 온다는 뜻이다. 오늘날 우리가 '일'이라고 부르는 족쇄에서 벗어나, 인간적 가치에 초점을 맞추고 환경을 존중하는 새로운 문화를 받아들이는 사회가 만들어질 수 있다.

지금의 일하는 세상은 엉망이다!

일이 우리 문화에 이미 깊이 얽혀 있는데 왜 그걸 바꿔야 하나요?

솔직히 말해서, 오늘날의 많은 일이 정말 형편없다.

불행히도 모든 사람이 자신의 열정과 일치하는 일을 할 기회를 가질 수는 없다. 많은 사람이 자신의 잠재력을 충분히 활용하지 못하거나 성취감을 얻지 못하는 역할에 머물며, 정체됐거나 삶의 목적을 상실했다는 느낌을 받는다.

사람들은 인생의 3분의 1을 일터에서 보내지만,[1] 전 세계 노동자의 85%는 자신이 하는 일이 흥미롭지 않다고 답했다. 그들은 자신의 일이 지나치게 반복적이며 만족감을 주지 못한다고 느낀다.[2]

이해하기 어려운 일은 아니다. 송장을 입력하는 것 같은 반복적인 작업을 매일매일 똑같이 해야 한다면 영혼이 빠져나가는 듯한 느낌이 들 것이다. 미국만 따져도 오늘날 150만 명 이상의 사무직원이 장부 정리, 회계, 감사와 같은 일을 하고 있다.

그리고 많은 일이 빠듯한 일정, 성과 압박, 장시간 근무, 버거운 업무 부담 등으로 인한 과도한 스트레스를 수반한다. 만성적인 스트레스는 불안이나 우울 등 정신 건강 문제를 비롯한 심각한 건강 문제를 야기할 수 있다. 직업적 성공을 추구하는 과정에서 나를 위한 시간과 가족과의 시간이 희생되는 경우도 많다. 이러한 불균형 때문에 중요한 관계가 악화되고, 전반적인 삶의 만족도가 낮아지면서 결국 번아웃으로 이어질 수도 있다.

오늘날 일의 대부분은 좌절감을 주는 정도를 넘어 위험하기까지 하다. 국제노동기구International Labour Organization, ILO에 따르면, 스트레스, 과도한 장시간 근무, 그리고 이로 인한 질병 때문에 매년 거의 280만 명의 노동자가 사망하며, 연간 약 3조 달러의 사회적 비용이 발생한다.[3] 이는 교통사고로 인한 사망자의 2배,[4] 나아가 전쟁으로 인한 사망자의 14배[5]에 달하는 수치다. 충격적인 현실이 아닐 수 없다. 일이 건강을 잃게 하는 데다 무의미하게까지 느껴지는 세상을 미래의 아이들에게 물려주고 싶은 사람은 없을 것이다.

이런 일들을 AI로 자동화할 수 있게 된다면, 우리 아이들은 삶에서 가치를 창출하는 인간 중심적 활동에 더 집중할 수 있는 자유를 얻게 된다.

근로 시간을 줄이거나 일을 재정의하려는 시도에는 어느 정도 이런 문제를 해결하고자 하는 목적이 있다. 사람들이 자신의 직업적 정체성을 초월해, 한 인간으로서의 건강과 행복에 도움이 되는 인간관계나 관심사에 더 많은 시간과 에너지를 쏟을 수 있는 환경을 조성하기 위한 노력인 것이다.

사람들이 비록 현재의 생활 수준을 지탱할 수 없는 일이라 해도, 그래도 자신의 개인적 가치와 관심사에 더 잘 맞고 더 충족감을 주는 일을 택하게 될 가능성이 높아질 수도 있다. 만약 학생들이 학교를 졸업할 때쯤 사라질지도 모르는 직업을 위한 교육을 받을 필요가 없다면, 그들은 자유롭게 세상을 탐색하고, 자신의 열정을 따르며, 삶의 목적을 찾고 달성하는 데 집중할 수 있을 것이다.

Y세대와 Z세대에 속한 젊은이들은 이미 일과 삶의 균형에 있어서 이전 세대와 다른 접근법을 보여준다. 그들은 전통적인 경력 개발의 사다리를 오르는 것보다 삶과의 균형, 충족감, 개인적 가치와의 조화를 더 우선시한다.

결국 이 문제는 단순히 일을 덜 하는 것에 관한 이야기가 아니다. 더 의미있고, 삶과 균형을 이루며, 한 인간으로서의 종합적인 건강을 유지하는 일을 할 수 있는 사회를 만드는 문제에 관한 것이다.

전에 근로 시간 감축을 시도했던 사례가 있나요?

있다. 그것도 아주 많다. 일을 줄이거나, 바꾸거나, 아예 없애려는 생각은 새롭지 않다. 존 메이너드 케인스John Maynard Keynes*는 1930년 〈우리 손주 세대의

* 옮긴이 20세기 경제학자로 현대 거시경제학의 창시자로 평가받는다. 이른바 '케인스 경제학'은 제2차 세계대전 이후 서구 국가들의 경제 정책에 폭넓게 적용되었다.

경제적 가능성Economic Possibilities for Our Grandchildren〉이란 글에서 노동이 획기적으로 줄어든 미래를 상상했다. 그는 21세기가 되면 주당 15시간, 즉 현재 기준으로 주 2일도 되지 않는 시간만 일하게 될 것이라 예측했다.

케인스는 이렇게 썼다. "인류는 등장 이래 처음으로 진짜 지속적인 문제에 맞닥뜨리게 될 것이다. 바로 무거운 경제적 고민에서 벗어나 얻은 자유를 어떻게 사용할지의 문제, 과학과 복리compound interest의 힘으로 얻은 여가를 어떻게 지혜롭고 즐겁게, 잘 살기 위해 채울지의 문제다."

케인스만 이렇게 생각한 것이 아니다. 마윈(马云)은 2019년 8월 공개 토론 중 전기의 발명 덕분에 개인의 여가 시간이 극적으로 증가했다고 언급하며, AI의 힘을 빌리면 하루 4시간만 일하면서 주 3일 근무가 가능해질 것이라고 주장했다.[6]

실제로 기술 발전 덕분에 주당 근로 시간 단축은 이미 진행 중이다. 사회보다 한발 앞선 학교에서 먼저 시작될 수도 있다. 예를 들어 폴란드의 일부 학군에서는 주 4일만 등교하고, 5일째는 과학센터 견학, 숲 산책, 공예 배우기 등 전통적 방식에서 벗어난 학습 경험을 하는 제도를 실험 중이다.[7]

일본 정부는 직원들에게 월요일 오전에 휴가를 쓰도록 권장하고 있으며, 영국의 노동조합회의Trades Union Congress, TUC*는 주 4일 근무제 전환을 지지하고 있다.[8]

점점 더 많은 진보적인 기업과 학교들이 이런 시간 단축 모델을 채택하고 있으며, 근로 시간이나 공부 시간이 줄어들면 직원이나 학생이 더 건강해지고 생산성이 오르는 효과를 확인하고 있다. 게다가 이러한 정책은 인재

* 옮긴이 잉글랜드와 웨일스를 기반으로 하는 거대 노동조합

확보, 성평등 개선, 종합적인 성과 향상과도 관련이 있다.

2019년, 뉴질랜드 기반 회사인 '퍼페추얼 가디언Perpetual Guardian'은 240명의 직원을 대상으로 주 32시간 근무제를 실험했다. 직원들은 급여 삭감 없이 주당 8시간을 덜 일했다. 그러자 직원들의 스트레스 수준이 감소하고 회사와의 유대감이 강화되었다. 놀랍게도 생산성 역시 30~40%까지 치솟았는데, 이는 직원들이 시간 관리 능력을 향상시키고, 회의를 더 압축적으로 진행했으며, 방해받고 싶지 않은 시간을 명확히 표시했기 때문이었다.[9]

기업가이자 비즈니스 혁신가인 앤드루 반스Andrew Barnes, 스테파니 존스Stephanie Jones의 저서 《The 4 Day Week(주 4일제)》를 강력하게 추천한다. 이 책은 전 세계를 무대로 성공을 거둔 실험들을 바탕으로 주 4일 근무제라는 아이디어를 심층적이고 설득력 있게 파헤친다.

일하지 않아도 되는 세상을 상상하기

일하지 않아도 되는 세상은 어떤 모습일까요?

사회적 가치가 높은 일이 항상 높은 보수를 받지는 않는다. 아이를 양육하거나 다른 사람을 돌보는 일은 오늘날 가장 중요한 사회적 직업 중 하나지만, 대개 보수가 박하거나 아예 보수를 받지 못하는 경우도 많다. 일을 재정의하면 이런 현실이 바뀔 기회가 온다.

AI가 인간의 일을 대신하게 된다면, 인간이 가족과 지역 사회를 돌보는 일에 더 많은 시간을 쏟을 수 있는 사회가 등장할 수도 있다. 우리의 자부심이 직업적 경력이 아니라, 인간관계나 자녀들의 충만한 삶에 의해 정의될 수도 있을 것이다.

이런 생각이 낯설게 들릴지도 모르지만, 오늘날 우리가 '일'이라고 부르는 것에서 사회를 해방시킨다는 아이디어는 완전히 새로운 것만은 아니다. 데이비드 그레이버David Graeber, 헬렌 헤스터Helen Hester, 닉 스르니체크Nick Srnicek, 벤자민 허니컷Benjamin Hunnicutt, 피터 플레밍Peter Fleming 외 여러 인물이 속해 있는 '탈(脫)근로주의자post-workists'라는 집단이 있다. 이들은 기계가 인간의 일을 자동화하고 인간이 환경에 영향을 끼치는 현실에서, 사회에 대한 극적인 인식 전환, 특히 일에 대한 접근 방식이 바뀌어야 한다고 주장한다.

결과적으로 우리 사회는 일의 정의를 근본적으로 바꿔야 할 것이다. 생각할 수 있는 이점은 무궁무진하다. 더 평등하고, 평온하고, 통일되고, 정치 참여가 활발하며, 전체적으로 더 충만한 삶이 가능해질 수도 있다. 인간으로서의 경험 자체가 완전히 달라질 것이다.

만약 인간이 일을 덜 하거나 아예 하지 않아도 된다면, 그때는 무엇을 해야 할까요?

우리 자녀 세대나 손주 세대는 일하는 대신 그 시간을 써서 다른 사람을 돌보고 지구를 보살피는 등 더 목적 지향적인 활동을 할 수 있을지도 모른다.

근로 시간이 크게 줄어들거나 더 이상 예전처럼 오래 일할 필요가 없다면, 시간을 쓰는 방법에 매우 다양한 가능성이 열리게 된다. 그렇다면 삶에서 무엇이 중요하고 만족감을 주는지 재평가하게 될 것이다. 이런 미래가 왔을 때 우리 아이들이 시간을 활용할 방법을 몇 가지 소개한다.

- **취미와 창작**: 자유 시간이 늘어나므로 예술, 음악, 스포츠, 정원 가꾸기 등 즐겁고 만족감을 주는 활동에 투자할 수 있다. 일부는 남는 시간을 활용해 창의적 프로젝트나 비즈니스를 시작하여 자신의 열정을 새로운 수입원이나 혁신으로 전환할 수도 있다.

- **평생 학습**: 9시부터 6시까지 근무의 굴레가 없어지면 새로운 능력, 언어, 호기심을 자극하는 주제를 배우는 데 시간을 투자할 수 있다. 더 많이 여행하고, 새로운 문화를 탐험하며, 삶에 대한 더 넓은 시야를 얻게 될 것이다.
- **사회 공헌**: 자원봉사, 멘토링, 지역 프로그램 참여 등을 통해 커뮤니티에 공헌하며 사회적 유대와 공동체적 결속력을 강화할 수도 있다.
- **건강 관리**: 더 많은 시간이 생기면 운동, 명상, 영양가 있는 식사 준비 등 건강 증진 활동을 통해 신체적·정신적 건강의 우선순위를 높일 수 있다.
- **관계의 심화**: 자유 시간이 늘어나면 가족이나 친구와의 관계가 깊어지고, 사회생활이 풍요로워지며, 오래도록 남을 추억을 만들 기회가 생긴다. 존경받는 컴퓨터공학자이자 작가인 리카이푸Kai-Fu Lee에 따르면, 우리는 AI로 인해 얻을 자유 덕분에 "우리를 진정으로 인간답게 만드는 일, 즉 사랑하고 사랑받는 일"에 집중할 수 있게 된다고 한다.

더 적게 일하거나 지금까지와 다른 유형의 일을 하는 혁신적 전환이 일어난다면, '충만한 삶'이 무엇인지 재정의하는 사고방식의 변화가 필요하다.

가능성은 무궁무진하다. 역사에서 비슷한 사례를 찾아보면, 산업혁명 시기 자동화로 인해 진이 빠지는 장시간 노동의 필요성이 줄어들자, 사람들의 여가 시간이 극적으로 늘어났다. 영화관이 세워지고 음악과 연극이 호황을 맞았으며, 새로운 형태의 예술과 엔터테인먼트가 탄생했다. AI도 이와 비슷한 기회를 가져다줄 가능성이 높다. 여가 시간의 확장뿐 아니라, 새로운 놀이 문화나 학습 방식의 발전이 뒤따를 것이다.

사무실에 가야 하는 사람들이 줄어들면, 빈 건물의 유휴 공간을 도서관, 놀이 공간, 아트 스튜디오, 저렴한 주택, 지역 보육 시설 등 지역 공동체 공간으로 변경할 수도 있다. 컴퓨터 작업, 과학 실험, 동영상 제작, 음악 작업 등을 위한 공간도 생길 수 있을 것이다.

오늘날 우리가 정의하는 '일'이 사라진다고 해서 자본주의의 종말이나 경제 붕괴가 오지는 않는다. 기계가 많은 일을 떠맡아 효율화하면 경제는 계속 성장할 것이며, 인간은 휴식과 소비에 더 많은 시간을 사용할 수 있게 된다. 헨리 포드Henry Ford가 1924년 《The World's Work》 지에서 언급했듯이, "여가는 성장하는 소비자 시장에서 빼놓을 수 없는 요소다. 근로자들에게 충분한 자유 시간이 있어야만 자동차를 비롯한 소비재를 사용할 여유가 생기기 때문이다."

인간이 일을 하지 않는다면 생계를 어떻게 유지하나요?

AI가 창출한 부를 공평하게 분배하는 시스템을 도입해야 한다.

오늘날 노동에 대한 보상 메커니즘은 공정하지 않다. 나는 항상 이 점에 충격을 받았다. 육아 노동, 교사, 경찰의 급여만 보더라도 일의 가치가 보수 수준과 일치하지 않는 사례는 흔하다.

이를 해결하는 방법 중 하나는 일의 성격에 관계없이 보편적인 보상을 주는 것이다. AI가 더 많은 가치를 창출하면 이 가치를 사람들에게 공평하게 나누자는 것이다. 정부에 요구하여 기술로 창출된 부를 분배하는 시스템을 만드는 것도 가능하다.

보편적 기본소득universal basic income, UBI과 같은 부의 공유 메커니즘에서는 고용 상태와 무관하게 모든 사람에게 기본 소득을 지급하는 것을 목표로 한다. 간단히 말해 모든 시민이 정부로부터 매년 일정 금액을 받고, 자녀가 있는 부모는 양육을 위한 추가 금액을 받는 식이다.

이 금액은 주거비와 식비 등 기초 생활비를 충당하거나 최소한 상당 부분을 감당할 수 있을 정도여야 한다. 이론적으로 이를 통해 모든 사람이 빈곤에서 벗어나고 최소한의 생활 수준을 보장받을 수 있다. 이로써 사람들은 생계를 위해 일해야 할 필요에서 벗어나, 자신이 사회에 기여하고 싶은 방식을 자유롭게 선택할 수 있게 된다.

이 시나리오에 대비하기 위한 사회적 논의와 준비를 최대한 빨리 시작해야 한다. 보편적 기본소득이나 이와 유사한 메커니즘은 노동 여부와 무관하게 인간다운 삶을 보장하는 해결책이 될 수 있다.

우리 아이들 중 그 누구라도 뒤처지는 미래는 바람직하지 않다. 미래는 가능한 한 '포용적인 모습'이어야 한다.

4부

'대체불가능'한 아이로 키우고, 나 자신을 지키기

앞에서 살펴본 것처럼, '대체불가능'해지는 것은 우리의 개인적, 직업적 삶에서 매우 중요하다. 하지만 우리 중 많은 사람에게 가장 중요한 역할은 바로 부모로서의 역할일 것이다. 4부에서는 AI 시대의 자녀 양육에 초점을 맞춘다. AI가 초래할 잠재적인 위험으로부터 아이들과 자신을 보호하는 동시에, AI가 주는 혜택을 활용하는 방법을 살펴본다. 이는 AI가 주도하는 세상에 대비해 스스로와 다음 세대를 강화하는 과정이다.

AI 시대에 미래 대비형 사고방식 교육하기

AI가 세상을 바꿔놓으면서, 성공에 필요한 기술과 지식도 유례없는 속도로 진화하고 있다. 이 장에서는 아이들이 AI 시대에 성공할 수 있도록 교육하는 방법을 살펴본다. 낡은 교육 모델에서 벗어나, 다가올 미래에 충분히 대비된 젊은 두뇌를 키우기 위한 새로운 전략을 소개한다.

아이들이 AI와 함께 성공할 수 있도록 키우기

현재 교육 시스템은 학생들이 AI가 불러올 새로운 도전과 기회를 준비하기에 충분할까요?

이 점 하나는 분명히 짚고 넘어가자. 미래에 자녀들이 가진 학위나 IQ 테스트 점수는 아무런 쓸모가 없을지도 모른다. 미래는 '대체불가능'한 사람들, 즉 단순히 정보를 처리하고 암기하는 것을 넘어 사고하고 감정을 느낄 수 있는 사람들의 것이다.

받아들이기 어려울 수도 있지만 진실은 냉정하다. 정보 검색? AI가 한다. 정해진 작업이나 계산? 알고리즘이 처리한다. AI가 지배하는 세상에서 진정한 인간다움의 지표가 되는 비판적 사고, 창의성, 공감, 윤리적 판단은 표준화된 시험 점수 체계에서 뒷전으로 밀려나 있다. 우리는 아이들을 기계와 경쟁시키기 위해 교육하고 있지만, 그런 경쟁은 시작하기도 전에 이미 진 게임이다.

> **미래는 '대체불가능'한 사람들,**
> **즉 단순히 정보를 처리하고 암기하는 것을 넘어**
> **사고하고 감정을 느낄 수 있는 사람들의 것이다.**

왜 다음 세대에게, 자동화된 세상이 오면 AI의 블랙홀로 사라져 버릴 일에 관한 지식을 주입해야 하는가? 소수만 혜택을 보는 현 상태를 유지하기 위해서인가? 이는 아이들을 실패로 이끄는 교육일 뿐만 아니라, 암기할 수 있는 지식이 아니라 창조하고, 질문하고, 혁신할 수 있는 지혜가 필요한 세상에서 아이들을 뒤처지게 만드는 교육이다.

지금의 교육 체계를 뒤집어엎을 때다. 교육 방식을 완전히 혁신해야 한다. 물론 기초 지식을 가르치는 것도 중요하다. 하지만 그 못지않게 지식을 초월한 창의성, 문제 해결력, 윤리적 추론을 교육에 결합하는 일 또한 매우 중요하다. 이러한 능력이 미래에 '대체불가능'한 인간을 정의할 것이기 때문이다.

아이들에게 무엇을 가르쳐야 할까요?

요즘 학생들이 챗GPT를 써서 숙제를 한다는 사실을 들어본 사람이 많을 것이다. 이에 대응해 일부 학교는 챗GPT 사용을 금지했고, 다른 학교들도 금지를 검토하고 있다.

하지만 챗GPT를 금지한다고 해서 아이들이 쓰지 않을까? 1988년 수학 교사들은 계산기 사용을 금지하려 했다. 그러나 오늘날 돌이켜보면 그것이 효과 없는 조치였음은 분명하다. 이런 도구들은 금지한다고 사라지지 않는다. 금지해 봤자 오히려 음지에서의 사용을 부추길 뿐이다.

AI 도구를 금지하는 대신, 이런 도구가 생성하는 결과물을 비판적으로 검토하는 방법, 문제 의식을 갖는 방법, AI가 제공한 정보의 타당성을 검증하는 방법을 가르쳐야 한다. 아이들에게 AI의 공정성, AI로 생성한 결과의 이해 가능성과 유용성을 평가하는 방법을 알려주도록 하자.

가르치는 방식도 변화해야 한다. 예를 들어 학생들에게 그저 전통적인 유형의 숙제를 내면 아이들이 무심코 챗GPT를 돌려 숙제를 해결할 수 있다. 차라리 챗GPT를 '의도적으로' 쓰라고 지시하는 편이 낫다. 챗GPT를 활용해 초안을 준비하게 한 뒤 다음 날 학교에 가져오라고 하는 것이다.

그리고 수업 시간에는 이 작업물에 관해 토론하면서, 학생들에게 질문하고, 비판하며, 검토하는 방법을 가르친다. 나아가 프레젠테이션이나 시를 준비하는 과제였다면, 아이들에게 AI의 한계를 설명하고 최종 결과물에 인간만이 할 수 있는 미묘한 '인간적 기여'를 추가해 보완하는 방법을 지도해야 한다.

결국 핵심은 이 질문으로 귀결된다. 만약 챗GPT가 변호사 시험이나 의사 면허 시험처럼 복잡한 시험까지 통과할 수 있는 수준이라면, 학생들에게 똑같은 일을 훨씬 비효율적으로 수행하라고 가르치는 게 무슨 의미가 있겠는가? 무엇을 가르치고 어떻게 가르칠지 완전히 바꿔야 한다.

특히 3장에서 다룬 '3가지 미래 역량'을 반드시 아이들에게 가르쳐야 한다. 그리고 지식을 배울 때 비판적 사고와 창의성을 적용하는 교육 과정을 만들어야 한다. 아이들에게 개별 도구 사용법을 가르치는 대신, 수학이나 경제학 등 다양한 학문을 활용하여 문제를 해결하도록 유도해야 한다. 이런 방식은 흥미로울 뿐만 아니라, 이론적 지식을 실제 세계에 적용해볼 수 있다는 점에서 훨씬 더 내실 있다.

게다가 학습 과정을 게임화gamification하면 참여도를 크게 높일 수 있다. 인간의 뇌는 본능적으로 게임을 즐기며, 그 과정에서 즐거움과 동기 부여를 얻는다. 지식을 가르치는 과정에 이런 내재적 욕구의 원리를 적용하여 학습을 게임화된 경험으로 전환한다면, 우리는 인간의 자연스러운 성향에 어울리는 강력한 교육 수단을 갖게 되는 셈이다.

마지막으로, 정보의 배경에 있는 '왜'를 이해하도록 해야 한다. 인간의 뇌는 에너지를 절약하기 위해 중요하지 않다고 여겨지는 정보를 잊도록 설계되어 있다. 이 자연스러운 망각 과정을 막으려면 학습에 의미를 부여해야 한다. 배운 걸 잊어버렸을 때 처벌하는 방식보다는, 특정 지식을 배울 때 그 중요성과 의미를 명확히 설명하는 방식이 훨씬 바람직하다.

지금의 교육 시스템을 바꾸려면 뭘 해야 할까요?

오늘날 대부분의 학교는 직업 중심으로 설계되어 있으며, 많은 학교가 학생들이 나중에 직장을 다니기 위해 필요하다고 여겨지는 능력을 가르치는 데 치중한다. 안타깝게도 이런 직업 지향적 교육 흐름은 계속될 가능성이 높다. 이제 교육의 목적에 대한 근본적인 재검토가 필요한 시점이다.

영어에서 'school(학교)'이라는 단어는 사실 '여가'나 '휴가'를 뜻하는 그리스어 'skholē,(σχολή, 스콜레)'에서 유래했다. 이 단어의 원래 뜻은 사색, 토론, 그리고 "어떻게 해야 삶을 최대한 즐길 수 있을까?"라는 질문에 대한 잠정적인 답을 제공하는 일에 중점을 두고 있었다. 즉, 교육의 본래 목표는 삶의 목적을 찾는 법을 안내하는 것이었다. 이런 교육의 뿌리를 되새겨보면, 어떻게 교육을 삶의 목표를 찾고 이해하는 '협력적 노력의 과정'으로 바꿔나가야 할지에 대한 힌트를 얻을 수 있다.

학교의 정규 교과 과정에 '3가지 미래 역량'을 결합하는 것도 좋은 방법이다. 일부 국가에서는 이미 다음과 같은 접근법을 도입하기 시작했다.

- **핀란드**: 교육 혁신을 선도하는 국가인 핀란드는 기존 교육 체계를 검토한 뒤, 다른 국가에서도 지켜볼 가치가 있는 의미 있는 변화를 도입했다. 학교에서 가르치던 기존 정규 과목을 소통communicaton, 협력collaboration, 창의성creativity, 비판적 사고critical thinking라는 '4C'로 보완한 체계다.[1] 싱가포르와 아랍에미리트에서도 비슷한 프로젝트가 진행 중이다.
- **덴마크**: 덴마크의 교육 체계도 살펴볼 만하다. 덴마크는 1993년부터 학생들에게 '공감'을 가르쳐 왔다. 국가 교육 과정에 따라 6세부터 16세까지의 학생들은 매주 한 시간씩 공감 능력을 키우는 수업을 들어야 한다. 수업 시간이라는 뜻의 '클라센스 티드(Klassens Tid)'라고 불리는 이 시간은 수학이나 영어와 같은 다른 교과 과목만큼이나 중요하게 여겨진다.[2]

하지만 정말 효과적인 교육 혁신을 달성하기 위해서는 이보다 더욱 급진적인 변화가 필요하다고 본다.

1910년에서 1940년 사이에 미국 교육 체계를 바꾼 고등학교 운동high school movement은 미국 정부에 의한 가장 성공적인 교육 정책 사례 중 하나로 꼽힌다. 이 교육 개혁 운동은 급증하는 사무직 일자리를 뒷받침할 고등 교육 이수 인력의 수요 증가에 맞춰, 벌어져가는 '능력 격차'를 해소하는 것을 목표로 했다. 교육 수준을 높이기 위해 미 전역에서 16세까지 의무교육이 전면 시행된 것이다.[3]

그 결과는 놀라웠다. 15세에서 18세 사이 학생들의 고등학교 입학률이 1910년

18%에서 1940년 73%로 급증했고, 젊은 미국인 대다수가 고등학교 졸업장을 취득하게 되었다. 대부분의 경제학자는 이 대규모 교육 투자 덕분에 노동자들이 기본 능력을 갖출 수 있게 되었으며, 이로 인해 미국이 세계에서 가장 효율적인 노동력을 보유하게 되었다고 평가한다.

전 세계 정부들은 AI 시대에 필요한 능력에 맞춰 이와 같은 교육 혁명을 시작해야 한다. 이제는 취학 연령대의 아이들뿐만 아니라, 모든 연령대의 성인 노동자들까지 포함하는 혁명이 일어나야 할 것이다.

아이들에게 '재학습' 방법을 가르치기

AI 시대에 잘 학습하는 일이 왜 중요한가요?

이 책의 3부에서 살펴본 것처럼, AI나 다른 기술의 발전으로 세상은 점점 더 빠르게 변하고 있다. 이러한 변화는 우리 삶의 모든 부분에 영향을 미치며, 우리가 갖추어야 할 능력 또한 당연히 그 영향을 받는다.

세계경제포럼World Economic Forum, WEF의 보고서에 따르면, 능력의 수명 반감기가 과거에는 10년에서 15년 사이로 추정되었으나, 이제는 5년으로 감소했으며 앞으로 더 줄어들 것이라고 한다.[4] 이 기준에 따르면, 만약 지금 특정한 프로그래밍 언어를 완전히 정복하더라도 5년 후에는 기술 발전이나 산업 현장의 변화로 인해 배워둔 지식의 절반 정도는 더 이상 쓸모없게 된다는 뜻이다.

게다가 현재 우리는 앞으로 필요할 역량의 대다수를 알 수 없다. 미래연구소Institute for the Future의 보고서에 따르면, 2030년에 존재할 역량의 85%는 아직 생겨나지도 않았다. 다시 말해 새로운 기술과 역량을 멈추지 않고 계속해서 배워야 한다는 뜻이다.

AI가 인간보다 훨씬 지식 암기나 관리를 잘하는데, 인간이 여전히 학습을 해야 하나요?

AI가 대규모 데이터를 암기하고 관리하는 데 뛰어나긴 하지만, 여전히, 아니 그 어느 때보다 인간에게 학습이 중요한 이유가 있다.

인간의 기억은 단순히 데이터를 저장하고 검색하는 기능에 그치지 않는다. 컴퓨터와 달리, 인간에게는 정보를 복잡하고 의미 있는 방식으로 연결하는 능력이 있다. 우리는 정보를 이해하고, 기존의 지식과 연결하며, 새로운 해석을 도출해 문제를 해결한다.

인간은 학습한 내용을 바탕으로 휴믹스, 즉 진정한 창의성, 비판적 사고, 사회적 진정성을 키운다. 예를 들어 배우는 과정에서 인간은 다양한 아이디어, 문화, 학문과 만난다. 이런 다채로운 경험은 언뜻 관련 없어 보이는 개념들을 독창적으로 연결하게 하여 창의적 사고를 촉진한다. 다른 문화, 역사, 사회적 역학을 배운다면 타인의 시각을 이해하고 공감하는 능력이 향상되어 인간관계가 깊어진다.

학습 능력은 인간의 가장 중요한 역량 중 하나다. 그런데 단순히 배우는 것뿐만 아니라 **의도적 망각**unlearning과 **재학습**relearning 능력도 중요하다.

'재학습'과 '의도적 망각'이 무엇인가요?

적응이란 의도적 망각 후에 재학습하는 과정이다. 재학습, 또는 다시 배우기란 한때 학습했지만 잊어버린 것을 다시 익히거나, 새로운 방식이나 맥락의 역량을 획득하는 것을 말한다. 보통 재학습은 '의도적 망각' 뒤에 일어나며, 이를 통해 낡은 지식을 새로운 지식으로 교체한다.

미래에는 알고 있는 지식도 끊임없이 업데이트해야 한다. 마치 속도가 계속 빨라지는 러닝머신 위에 있는 것과 같다. 계속 달리지 않으면 굴러 떨어지게 된다. 이런 지속적인 재학습은 모든 것이 빠르게 돌아가는 현대 사회에서 '새로운 표준'이 되었다. 학습의 기술, 즉 '배우는 법을 배우는 능력learning how to learn'을 숙달한다면 미래에 아주 큰 도움이 될 것이다.

미래에 역량의 맥락에서, 의도적 망각과 재학습의 순환은 매우 중요하다. 이를 통해 우리는 현재 및 미래 상황에 더 적합하고 효과적인 새로운 정보, 역량, 사고방식을 계속해서 흡수할 수 있다.

저와 아이들이 더 빠르게, 더 잘 학습하는 데 도움이 될 비결이 있을까요?

나는 몇 년 전 한 콘퍼런스에서 캘리포니아 대학교 샌디에고 캠퍼스의 생물학 및 신경과학 교수인 테런스 세이노프스키Terrence Sejnowski 박사를 만났다. 그는 바바라 오클리Barbara Oakley 박사와 함께 코세라Coursera에서 가장 인기 있는 온라인 강좌 중 하나인 〈배우는 법 배우기Learning How to Learn〉를 만들었다.

그에게 뇌가 어떻게 학습하는지 질문하자, 그는 학습 과정이 복잡한 이유는 뇌가 학습하면서 물리적으로 '진짜로' 변화하기 때문이라고 설명했다. 학습할 때는 뇌의 뉴런 사이에 새로운 연결이 생성되는 현상, 즉 우리가 **신경가소성**neuroplasticity이라고 부르는 중요한 변화들이 일어난다.

어떤 능력을 연습할수록 이런 뉴런 간의 연결은 더 강해진다. 축구를 하든, 책을 읽든, 그림을 그리든, 무엇을 하든, 하면 할수록 더 잘하게 되는 이유가 이것이다. 뉴런 간 연결이 강해질수록, '신경 충격nerve impulse' 형태의 메시지가 더 빠르고 쉽게 전달된다.

반대로 어떤 능력을 연습하지 않으면 뇌에서 정반대의 일이 일어난다. 뉴런 간의 연결이 약해지고 마침내 완전히 끊어지는 것이다. 이 때문에 일정 기간 외국어를 사용하지 않으면 다시 쓰기가 힘든 현상이 벌어진다. 하지만 어떤 신경 경로는 충분히 많이 연습해두면 매우 강해져서, 연습을 좀 쉬더라도 연결이 완전히 끊어지지는 않는다. 예를 들어 사람들은 한동안 자전거를 타지 않거나 운전을 하지 않더라도, 다시 핸들을 잡았을 때 큰 어려움을 느끼지 못한다.

세이노프스키 박사에 따르면, 효과적으로 빨리 학습하려고 할 때 다음과 같은 전략들이 유용하다.

- **분산 학습**spaced repetition: 배우고자 하는 정보를 일정한 간격을 두고 정기적으로 복습한다. 해당 정보와 관련된 뉴런 간 연결을 강화하여 기억해내는 능력을 향상시키는 방법이다. 이 방법은 언어 학습 등 모든 유형의 학습에 적용할 수 있다. 한 번에 많은 단어를 외우기보다 매일 몇 개씩 연습하되, 이전에 배운 단어들을 정기적으로 복습하는 것이 더 효과적이다. 세이노프스키 박사는 반복 학습을 통해 새로운 언어를 뇌에 깊이 새겨 넣을 수 있다고 한다.
- **감정적 몰입**emotional involvement: 기억 중추의 핵심인 뇌의 해마는 '감정적 관련성'과 '새로움'을 기준으로 정보의 순위를 매긴다. 학습 대상과 감정적 연결 고리를 만들면 기억 유지율을 높일 수 있다. 세이노프스키 박사는 "감정적 유대가 없다면 새로 학습한 지식을 유지할 가능성이 상당히 감소한다"고 했다. 그는 영화 관람 경험에 빗대어 설명했다. 절절히 가슴 아픈 순간이나 짜릿한 액션 장면은 조용한 대화 장면보다 관객의 주의를 더 사로잡는다. 감정을 자극하여 더 오래 남기 때문이다. 학습 자료가 감정을 자극하도록 만들 수 있다면, 뇌가 그 정보를 더 잘 기억할 가능성이 커진다.

- **교차 학습**interleaved practice: 교차 학습은 한 가지 문제나 주제에 오래 집중하는 대신, 다양한 유형의 문제나 주제를 섞어 학습하는 기법이다. 전통적인 학습 방식인 하나의 문제 유형(예: 수학의 곱셈 문제)에 먼저 집중한 다음에 다른 문제 유형(예: 나눗셈 문제)으로 넘어가는 방식과 대조적이다. 교차 학습에서는 여러 유형의 문제를 섞어 연습하면서 뇌가 더 효과적으로 적응하고 배우도록 자극한다. 뇌는 한 가지 주제만 계속 보면 활동이 둔해지는 경향이 있는데, 교차 학습은 뇌의 기어를 강제로 계속 바꿔 다른 전략을 쓰게 만들기 때문에 더 효과적이다. 이로써 심층적 학습 능력과 기억 유지율이 좋아지며 뉴런 연결이 강화된다. 이는 다양한 근육을 강화하기 위해 운동 방식을 바꿔가며 종합적인 훈련 효과를 내는 헬스 루틴과 비슷하다.
- **스토리텔링**storytelling: 개념을 이야기로 엮으면 훨씬 흥미롭고 기억에 잘 남는다. 우리 뇌는 선천적으로 이야기를 좋아하기 때문에 스토리텔링은 아주 효과적인 교육 도구다. 세이노프스키 박사는 폴 잭Paul Zak과 주디 로버트슨Judy Robertson의 연구를 인용하며,[5] "우리 뇌는 이야기를 사랑한다. 이는 인류의 조상들이 이야기를 통해 지식을 주고받던 역사에서 물려받은 유산이다"라고 설명했다. 광합성과 같은 개념을 아이들에게 가르칠 때 이야기로 만들어 설명해보자. 같은 설명이 얼마나 더 흥미롭고 기억에 남게 바뀌는지를 보면 깜짝 놀랄 것이다.
- **능동적 학습**active learning: 학습 자료를 능동적으로 활용하면, 예를 들어 자신만의 언어로 설명하는 등의 방법을 쓰면 뉴런 경로가 강화된다. 세이노프스키 박사는 "텍스트를 읽고, 동영상을 보고, 강의를 듣는 것도 좋지만, 자신만의 표현 방식으로 설명해보는 것만큼 효과적인 방법은 없다"고 강조했다.
- **수면**sleep: 시험공부 시간을 늘리기 위해 잠을 줄이는 것이 좋다고 생각할 수 있지만, 사실은 그 반대다. 학습과 기억 능력에는 충분한 수면이 필수적이다. 수면은 스트레스 호르몬을 낮추고, 정보를 흡수하고 유지하는 데 중요한 새로운 신경 세포의 성장을 돕는다. 수면 시간이 줄어들면 학습 내용을 기억하는 능력이 실제로 저하될 수 있다. 따라서 충분한 수면은 단지 휴식을 위해서가 아니라, 실질적으로 학습 효율을 높이고 더 좋은 성과를 내기 위한 전략이다.

우리의 뇌가 지식을 습득하는 방식을 이해하면 더 효율적이고 성공적인 학습을 할 수 있다. 세이노프스키 박사의 말처럼, 학습은 예술이자 과학이다.

아이들이 AI와 함께 성장하도록 돕기

아이들이 숙제할 때를 빼고는 스크린을 사용하지 못하게 해야 할까요?

많은 아이가 그렇듯 내 아이가 드라마를 보고, 게임을 하고, SNS를 주구장창 스크롤하고, 친구들과 메시지를 주고받는 데 많은 시간을 보낸다면, 스크린 앞에서 보내는 시간(스크린 타임)은 순식간에 늘어난다. 그렇다면 스크린 사용을 아예 금지해야 할까? 다소 극단적인 이 방식에 대해 이야기해보자.

- **과보호는 학습을 방해할 수 있다**: 아이들을 잠재적 위험으로부터 보호하고 싶은 마음은 자연스럽지만, 기술에 대한 접근을 지나치게 제한하면 오늘날 기술 주도 세상에서 필수적인 '디지털 문해력'을 키우지 못하게 될 수 있다.
- **과도한 금지는 효과가 없다**: 스크린 타임이나 게임 시간을 완전히 금지해봤자 큰 의미가 없으며, 오히려 아이들의 호기심만 키워 부모 몰래 하도록 만드는 결과를 낳는다. 절제하며 쓰도록 지켜보며 지도하는 편이 극단적인 금지보다 훨씬 효과적이다.
- **실수에도 교육 효과가 있을 수 있다**: 아이들이 AI가 생성한 신뢰할 수 없는 정보를 믿어버리는 등의 실수를 하게 두어도 그것 또한 의미 있는 학습 경험이 될 수 있다. 이러한 실수에 대해 부모가 아이들과 함께 논의하면 아이들의 비판적 사고와 판단력을 향상시키는 데 도움이 된다.
- **AI는 고립 효과 외에 사회화 효과도 있다**: AI가 반사회적 행동을 유발한다고 믿는 사람들이 있지만, 어떤 AI 애플리케이션들은 사회적 상호작용을 촉진할 수 있다. 예를 들어 AI 기반 교육용 게임은 또래 간 협력과 팀워크를 키워줄 수 있다.
- **스크린 타임 자체가 본질적으로 나쁜 것이 아니다**: 스크린 타임의 양보다 질이 더 중요하다. 모든 스크린 사용이 해롭지는 않다. 교육용 콘텐츠, 창의적 애플리

케이션, 상호작용 게임 등은 긍정적인 효과를 줄 수 있다. 중요한 것은 스크린을 사용한다는 사실 자체가 아니라, '어떻게' 사용하고 '어떤 품질'의 콘텐츠를 보는가다. 창의적이거나 교육적인 활동에서 AI를 활용한다면 TV 시청 같은 수동적 행위보다 더 유익할 수 있다.

- **비디오 게임에 부정적인 효과만 있는 것이 아니다**: 많은 사람이 비디오 게임에는 아무 가치도 없다고 생각하지만, 사실 게임을 통해 인지 능력, 문제 해결력, 손과 눈의 협응력, 심지어 멀티 게임에서는 사회적 능력까지도 향상시킬 수 있다.[6] 실제로 많은 게임에서 관련 커뮤니티가 활성화되어 있으며 협력 플레이를 권장한다.

그렇다면 이 AI 시대에 부모 역할을 어떻게 해야 하나요?

리처드 라이언Richard Ryan과 에드워드 디시Edward Deci는 심리학 연구에서 금자탑을 쌓아올린 거장들이다. **자기결정이론**self-determination theory, SDT에 대한 그들의 연구는 인간의 동기를 이해하는 데 중요한 돌파구를 열었다. 그들은 1970년대부터 선구적인 통찰력으로 심리적 건강의 본질을 밝혀냈다.

그들은 인간의 몸이 단백질, 탄수화물, 지방이라는 필수 영양소를 갈망하듯, 인간의 마음도 심리적 욕구를 채워줄 세 가지 요소를 갈망한다고 주장했다. 이 세 가지 요소는 자율성autonomy, 유능감(有能感)competence, 관계성relatedness이다. 이 필수 심리 영양소 중 하나라도 부족해지면 내적 혼란이 발생하여 불안과 초조함으로 나타나며, 이는 영혼의 결핍을 채워달라는 조난 신호라고 한다.

라이언과 디시의 이론에 따르면, 아이들은 이러한 필수 심리 영양소가 부족할 때 건강하지 못한 과잉 행동, 예를 들어 스크린 중독 같은 디지털 함정에 빠지는 경향이 있다. 라이언은 산만함의 유혹에 빠지는 현상이 기기 자체의 매력 때문이라기보다, 인간 정신에 활력을 주는 이 심리적 요소들에 대한 내면의 결핍과 갈망이 드러난 증상에 가깝다고 설명한다.

부모로서 가장 중요한 일은 아이들과 충분히 대화하여 자신들의 규칙을 세울 수 있도록 돕는 것이다. 부모가 아이들의 참여 없이 일방적으로 제한 규칙을 정한다면 아이들은 반발하게 되어 있으며, 언젠가 규칙을 어기려 할 것이다. 반드시 아이들이 스스로 자신의 행동을 돌아볼 수 있어야만, 부모가 곁에 없을 때도 '대체불가능'해지기 위한 역량을 배울 수 있다.

부모는 다음과 같은 방법들을 통해 아이들이 AI 사용의 균형을 찾고 스스로 통제할 수 있도록 도울 수 있다.

1. 자율성 키워주기

아이들이 AI를 사용하는 방식을 일일이 관리하기보다 아이들에게 어느 정도 통제권을 부여하라. 아이들이 직접 '합리적인' 제한을 설정하고, 기술이나 기기를 언제 어떻게 사용할지 의견을 낼 수 있도록 한다. 이로써 아이들은 명령을 따르기보다 자기 스스로 통제하는 능력을 배울 수 있다.

다음은 아이들과 함께 써볼 것을 추천하는 방법들이다.

- **규칙 함께 정하기**: 아이들과 마주 앉아 스크린 타임 제한이나 인터넷 사용 규칙에 대해 논의한다. 아이들에게 스스로 합리적이라고 생각하는 규칙을 제시하도록 하라. 대화 과정을 거치면 아이들이 결정에 주인의식을 느끼게 된다. 한 가정 내에서 형제자매가 서로 다른 규칙을 갖게 될 수도 있지만, 괜찮다. 아이들마다 성향이 다르기 때문에 각자 최선의 가능성을 펼치게 하려면 맞춤형 접근이 필요하다.
- **설계 의도 알려주기**: 비디오 게임이나 SNS는 똑똑한 사람들이 의도적으로 사용자에게 강렬한 매력을 느끼게끔 설계한 도구라는 사실을 설명한다. 아이들이 게임 회사나 SNS 회사가 왜 이런 일을 하는지 알 필요가 있다. 그들은 재미와 유대감을 제공하기도 하지만, 결국 사용자의 시간과 집중력을 써서 돈을 버는 게 목적이다.

- **모니터링 방법 가르치기**: 아이들에게 스크린 타임을 직접 모니터링하는 법을 가르친다. 많은 기기에 사용량을 추적할 수 있는 기능이 있다. 매주 통계를 함께 검토하면서 스스로 통제하는 방법을 배우도록 한다.
- **선택권 주기**: 교육용 앱과 웹사이트를 알려주고, 어떤 것을 사용할지 직접 선택하도록 한다. 자율성을 부여하면서 스크린 타임을 학습 목적으로 유도하는 효과도 있다.
- **금지 구역/시간 설정하기**: 함께 대화하여 집 안의 특정 공간이나 시간대를 '기술 사용 금지 구역'으로 지정한다. 예를 들어 저녁 식사 시간이나 취침 전 한 시간은 스크린을 사용하지 않는 시간으로 정할 수 있다. 아이들이 이 선택에 참여하고 스스로 지키도록 하는 것이 중요하다.
- **책임 가르치기**: 아이들이 동의한 규칙을 따르지 않을 경우, 미리 고지한 페널티를 이행한다. 자율성에는 책임이 따른다는 사실을 이해해야 한다.

2. 유능감 키워주기

아이들이 기술 소비만이 아니라 기술 생성에도 관여할 수 있도록 한다. 스크린 보기를 단순한 시간 낭비로 여기기보다, AI와 기술을 활용해 새로운 기술을 배울 수 있게 유도한다. 코딩, 디자인, 어떤 현상의 이면에 숨겨진 기술 원리를 배우도록 도울 수 있다. 아이들에게 기술의 긍정적 측면과 부정적 측면을 모두 가르쳐서 더 신중하게 소비하도록 한다. 아이들은 이를 통해 자신감과 기술 이해력을 키울 수 있으며, 어쩌면 다음 세대의 거대한 혁신을 이끄는 인물이 될 수도 있다.

다음은 내가 아이들과 함께 하는 활동들이다.

- **목표 설정과 축하하기**: 기술과 관련된 구체적이고 달성 가능한 목표를 함께 설정한다. 예를 들어 간단한 게임 프로그래밍이나 웹사이트 만들기를 목표로 삼을 수 있다. 목표를 달성하면 떠들썩하게 축하하여 아이들의 유능감을 키워준다.

- **문제 해결 유도하기**: 아이가 기술적 문제에 직면하면 대신 해결해주기보다 아이가 스스로 해결하도록 돕는다. 태블릿에 새로운 앱을 설치하거나 기기 오작동을 해결하려 할 때 지켜보며 조언해줄 수 있다.
- **기술의 이면 교육하기**: 사용자 주의를 끌기 위해 설계된 알림 방식 등 플랫폼의 기법들에 대해 알려준다. 산만함을 부추기는 요소를 인식하고, 그것이 집중력이나 건강에 미치는 영향을 이해하도록 한다. 나아가 데이터 프라이버시의 중요성이나 알고리즘의 편향 가능성에 대해서도 알려줄 수도 있다.
- **프로젝트 수행하기**: 다양한 기술적 능력을 조합해야 하는 프로젝트를 권장한다. 예를 들어 동영상 다큐멘터리 제작에는 자료 조사, 대본 작성, 촬영, 편집 등 다양한 역량이 필요하다.
- **준비도 파악하기**: 아이의 기술 역량 준비도를 확인하는 방법 중 하나는 기기 설정을 이해하고 활용하는 능력을 보는 것이다. 아이가 스스로 알림 끄는 법을 아는지 확인해보라. 이는 아이가 디지털 기기를 더 성숙하고 책임감 있게 사용하고 있음을 보여주는 지표다.

3. 인간 관계 강화하기(관계성)

아이들의 디지털 활동에 참여하려고 노력한다. AI 기반 게임을 함께 하거나, 교육 프로그램을 시청한 뒤 토론할 수 있다. 이러면 부모와 자녀 간의 유대가 강화되고 아이들의 디지털 경험을 가족 공통의 경험으로 통합할 수 있다.

기술을 고립이 아닌 연결의 도구로 사용해야 한다. 가족이 함께 즐기거나, 아이들이 친구나 친척들과 연결될 수 있도록 돕는 앱이나 게임을 찾아본다. 기술이 우리를 하나로 묶어준다면, 그것은 제대로 작동하고 있는 것이다.

어떤 부모들은 아이들의 온라인 활동이 늘어날까 봐 함께하기를 꺼리지만, 나는 부모가 아이들의 온라인과 오프라인 삶 전부에 진심으로 관심을 보이는 편이 건강하다고 생각한다. 아이들의 경험, 생각, 감정을 함부로 판단하지 않고 들어주어야 한다. 이는 신뢰와 감정적 안정감을 키우는 데 큰 도움이 된다.

부모가 이러한 심리적 '영양'에 집중한다면, 아이들이 AI와 더 건강하고 유용한 관계를 맺도록 도울 수 있다. 아이들은 AI를 디지털 결핍을 채우는 용도가 아니라, 만족스럽고 유익한 방식으로 활용하게 될 것이다.

AI의 집중력 방해를 이겨내기

AI는 점점 우리 생활 깊숙이 침투하여 우리에 대해 더 많이 학습하고 놀라운 편리함을 제공한다. 그러나 동시에 그만큼 우리에게 영향을 미치면서 AI에 의한 '집중력 방해 요소'도 늘어나고 있다. 사용자 맞춤 재생 목록 추천부터 타깃형 SNS 광고에 이르기까지, AI 알고리즘은 끊임없이 사용자의 주의를 끌면서 성과, 정신 건강, 삶의 질을 저하시키고 있다. 특히 아이들이 피해자가 되는 경우가 많다. 이 장에서는 아이들과 우리 자신을 위해 이러한 방해를 극복하고, 집중력을 되찾으며 내면의 평화를 얻을 전략을 소개한다.

AI로 인한 집중력 방해 증가

AI의 방해는 아이들과 우리의 삶에 어떤 영향을 미칠까요?

AI는 우리를 가르치고, 즐겁게 하며, 세상과 연결해준다. 그러나 날카로운 칼을 서툴게 다루면 다칠 수 있듯이, AI 도구도 현명하게 다루지 않으면 위험할 수 있다.

AI 때문에 발생하는 문제 중 하나는 일상생활에서 집중력을 잃게 되는 것이다. AI는 사용자가 쓰는 기기를 통해 욕구를 예측하고, 관심사를 선별하며, 행동을 의도된 방향으로 슬그머니 유도한다. 사용자가 다음에 볼 동영상, 읽을 글, 구매할 제품을 추천하며 소비 욕구를 끊임없이 자극한다. 이를 단순한 '수동적 소비'라고 보기도 어렵다. 우리가 쓰는 기기가 정교한 알고리즘으로 우리의 주의를 끌고 포획하며 '능동적으로' 관여하기 때문이다.

우리가 쓰는 스마트폰은 AI를 활용해 사용자의 습관, 선호, 관심사 등을 학습한다. 그리고 광고 회사는 이 데이터를 활용해 사용자 맞춤형 메시지를 만들어 제품이나 서비스를 판매하려고 시도한다.

예를 들어 온라인에서 신발을 쇼핑하고 있다고 해보자. 몇 시간 후, 업무를 위해 인터넷에서 자료를 검색하고 있는데 갑자기 비슷한 신발 광고가 뜨면서 집중력을 빼앗긴다. AI는 사용자의 온라인 활동을 분석하여 맞춤형 광고를 보여주고, 사용자가 사고 싶어 할 만한 상품 정보를 끊임없이 퍼붓는다.

왜 AI 회사나 테크 기업이 집중력 방해 로직을 제품에 심는 건가요?

오늘날 대부분의 디지털 플랫폼은 사용자의 '집중력attention'을 상품화하고 있다.

논리 구조는 간단하다. 사용자가 앱이나 디지털 플랫폼에서 보내는 시간이 길수록 광고를 클릭할 확률이 높아진다. 광고 클릭이 발생하면 플랫폼은 수익을 얻고 상품 판매 가능성도 커진다.

예를 들어 코카콜라가 페이스북에 광고를 게시한다면, 그 광고가 클릭될 때마다 광고 비용을 지불한다. 그러므로 사용자가 페이스북에 더 오래 머무를수록 더 많은 광고를 접하게 되고, 광고를 클릭할 가능성도 높아지며, 페이스북의 수익은 올라간다.

이러한 시나리오는 페이스북과 코카콜라 양쪽에 모두 유리하다. 페이스북은 광고 수익이 늘어 이익을 얻고, 코카콜라는 자사 제품의 노출도가 높아지면서 구매 가능성이 커진다. 이 순환 구조를 보면 왜 이러한 플랫폼들이 사용자를 가능한 한 오래 붙잡아두는 일에 그토록 열심인지 알 수 있다.

얼마나 많은 돈이 걸려 있는지 통계 하나를 들어보자. 2023년 구글은 3,000억 달러 이상의 매출을 올렸는데, 이 중 80%가 광고에서 나왔다.[1] 사용자의 집중력 방해는 AI로 인한 부작용이 아니라, 그것 자체로 비즈니스 모델인 것이다.

AI로 인한 집중력 방해의 원리

왜 인간이 AI로 인한 집중력 문제에 이렇게 취약할까요?

AI가 특히 인간의 집중력을 빼앗는 데 탁월한 효과를 보이는 심리적 이유는, 인간의 본능인 **포모**, **호기심**, **사회적 유대감**을 교묘하게 자극하기 때문이다. AI 기반 플랫폼은 마르지 않는 콘텐츠와 알림을 쏟아내며 이러한 본능을 최대한 이용하고, 사용자가 콘텐츠에 몰입하게 만들면서도 계속 주의를 산만하게 만든다.

1. 포모(FOMO)

먼저, 기회상실 공포 또는 '포모fear of missing out, FOMO'라고 부르는 인간의 본능에 대해 이야기해보자. 인간에게는 동굴에서 살던 선사시대 때부터 주변에서 일어나는 모든 것을 알고자 하는 욕구가 있었다. 그 시절에는 이러한 본능이 생존과 직결되었다. 예를 들어 매일 사자 한 무리가 물을 마시러 오는 호수를 피해야 한다는 사실을 알면 목숨을 구할 수 있었던 것이다.

오늘날 AI는 다양한 플랫폼에서 사용자의 활동을 추적하면서, 그 사용자의 사회적 울타리 안에서 어떤 주제, 사건, 대화가 중요한 이슈로 떠오르는지 파악한다. 그리고 그 콘텐츠를 피드, 알림, 추천 항목에 우선 노출해서 사용자가 인기 있거나 중요한 정보에서 소외되지 않도록 한다. 예를 들어 친구 다수가 특정 뉴스나 사건에 대해 이야기하고 있다면, AI는 이 콘텐츠가 사용자의 피드에서 잘 보이게 배치한다. AI는 이런 포모를 이용해 사용자가 기기를 쉴 새 없이 확인하고 디지털 콘텐츠를 소비하게 만든다.

2. 새로움을 추구하는 본능(호기심)

둘째, 인간은 본능적으로 새로움을 추구한다. 특히 새로운 경험이나 제품은 아주 매력적이다. 이 본능 또한 인류가 새로운 자원이나 기회를 발견할 수 있게 해주었던 생존 본능을 물려받은 것이다. 부족을 먹여 살리기 위해서는 처음 보는 과일이 먹을 수 있는 것인지 확인하거나, 새로운 사냥법을 고안해 내는 일이 중요했기 때문이다.

오늘날 AI는 사용자의 웹 이용 습관, 검색 기록, 콘텐츠 소비 패턴을 쉬지 않고 분석해서 어떤 새로운 콘텐츠가 사용자의 호기심을 자극하고 관심을 묶어둘지 예측한다. 예를 들어 사용자가 어떤 취미에 관한 글을 읽었다면, AI는 관련 주제나 그 취미에 어울리는 최신 트렌드를 추천하여 새로움을 추구하는 욕망을 충족시킨다. 이러한 개인 맞춤형 콘텐츠 큐레이션 때문에 사용자는 저항하기 힘든 새롭고 흥미로운 무언가를 계속해서 보게 된다.

3. 사회적 연결에 대한 갈망(사회적 유대감)

인간은 사회적 존재다. 우리는 연결을 통해 성장하며, 서로의 삶에서 어떤 일이 일어나고 있는지 알고자 한다. 특히 10대 청소년의 정신 건강은 성인보다 사회적 계층 내에서의 자신의 위치에 더 많이 좌우되는 경향이 있다. 이런 사회적 본능 역시 인류가 부족 생활을 하던 시절에는 생존에 필수적이었다.

오늘날 AI 알고리즘은 사용자의 SNS 참여(좋아요, 댓글, 공유하기 등)를 끊임없이 분석한다. 사용자가 가장 자주 소통하는 사람이나 주로 참여하는 콘텐츠 유형을 식별하여, 사회적 연결망과 선호도에 대한 상세 데이터를 생성한다. 그리고 이 데이터를 활용해 사용자의 피드에 가장 친한 친구나 가족의 콘텐츠를 우선 노출하여 중요한 사회적 소식에서 멀어지지 않게 한다.

나아가 AI는 기존 네트워크와 공통 관심사를 기반으로 새로운 연결을 제안하여, 사용자가 사회적으로 연결되어 있다는 느낌을 더 강하게 받도록 한다. 사용자마다 다른 사회적 욕구에 맞게 SNS 경험을 맞춤화해 제공하면서, AI는 사용자가 플랫폼을 계속 재방문하도록 유도하며 효과적으로 관심을 사로잡는다.

AI로 인한 집중력 방해가 초래하는 영향은 무엇인가요?

AI가 산만함을 유발하는 장치들을 점점 더 많이 만들어내면서, 사용자는 집중력과 주의력에 치명적인 영향을 받을 수 있다. 아마 이 글을 읽는 모두에게는 간단한 정보를 검색하러 웹에 접속했다가, 각종 뉴스 피드, 광고, 관심을 확 잡아끄는 SNS 게시물에 홀려 멍하니 두 시간 동안 스크롤만 내리다 정신을 차린 경험이 있을 것이다.

집안일을 잊고, 숙제는 내팽개치고, 학업 성취도는 떨어진다. AI로 인한 집중력 방해 때문에 사람들은 학업이나 업무에 관련된 일에 집중하지 못하고 디지털 세계에 취해 시간을 보내다가, 경력이나 교육 면에서 심각한 타격을 입을 수도 있다. 그 결과 사람들은 일을 미루고, 시간을 낭비하고, 업무를 기피하거나, 심지어 번아웃에 이르기도 한다. 이런 문제들은 더 큰 문제들의 일부에 불과하다.

다음은 AI로 인한 집중력 방해 때문에 발생할 수 있는 다른 영향들이다.

- **생산성에 미치는 영향**: 지속적인 방해를 받으면 집중력이 분산되고, 깊이 있는 업무나 창의성을 발휘하는 작업이 점점 더 어려워진다. 그 대가는 단순한 시간 낭비뿐만 아니라, 산출물의 품질 저하와 혁신성의 상실로 치러야 한다. 연구에 따르면, 사람이 집중하던 작업에 방해를 받은 후 다시 그 작업에 몰입하는 데 평균 23분이 걸린다고 한다. 이런 결과를 보면 AI 집중력 방해가 우리의 효과적인 업무 수행 능력에 얼마나 큰 악영향을 주는지 분명해진다.
- **정신 건강에 미치는 영향**: 끝없이 이어지는 알림, 업데이트 소식, 개인 맞춤형 콘텐츠는 정신 건강에 큰 부담이 될 수 있다. 포모와 언제나 연결 상태를 유지해야 한다는 압박감 때문에 불안감, 스트레스, 우울증까지도 심화될 수 있으며, 모든 것이 벅차고 지치는 느낌을 받을 수 있다.
- **사회생활 및 가족에게 미치는 영향**: 디지털 산만함이 드리운 그림자 속에서 소통의 품질이 저하되고 인간관계의 깊이와 진정성이 훼손된다.

이러한 집중력 방해가 심화되면 이보다 더 심각한 피해를 초래할 위험이 있다. 2012년에서 2019년 사이에 미국 내에서만 26,000명 이상이 주의력을 뺏긴 '산만한 운전'으로 인한 교통사고로 목숨을 잃었다.[2]

스마트 기기가 AI를 더 우리 생활에 밀착시키고, AI가 더욱 지능적으로 발전하게 되면, AI는 우리를 더 잘 이해하고 어떻게 해야 우리의 집중력을 빼앗을 수 있을지 더 잘 알게 될 것이다. 따라서 이 문제는 앞으로 더 보편적이고 심각한 사회 문제가 될 것이다.

AI로 인한 집중력 방해를 줄이기 위한 전략

일상에서 이러한 집중력 방해를 어떻게 식별할 수 있을까요?

이러한 방해는 사람들의 일상에 깊이 파고들어, 이제는 특별히 느끼지도 못할 정도로 익숙해졌다. 그래서 부정적인 영향이 있음에도 불구하고, 사람들은 대체로 이를 문제로 인식하지 못하는 경향이 있다.

집중력 방해를 제대로 인식하려면 기술을 이용하는 패턴을 의식적으로 점검해야 한다. 다양한 플랫폼에서 내가 소비하는 시간을 추적해서 방해를 받는 빈도와 성격을 살펴보면 패턴을 알아차릴 수 있다. 이는 디지털 환경에 대한 통제력을 되찾기 위한 첫걸음이자, 개인적·직업적 목표에서 벗어나지 않는 방식으로 AI를 사용하기 위한 절차이기도 하다.

먼저 스스로를 점검하라. 내가 먼저 해본 뒤에 자녀들이나 가까운 사람들을 도와 그들의 집중력 방해 패턴을 확인할 수 있다. 이런 점검 절차를 통해 흔히 드러나는 '위험 신호'로 다음과 같은 현상이 있다.

- **무한 스크롤링**: 특별한 목적도 없이 SNS 피드나 콘텐츠 추천 항목의 스크롤을 멍하니 계속 내리고 있는 자신을 발견한다면, 바로 AI 알고리즘에 의해 집중력을 방해받고 있다는 신호다.
- **과도한 알림**: 다양한 앱과 플랫폼에서 오는 알림이 주된 방해 원인이 될 수 있다. 자신이 계속 전화기를 집어 들거나 알림을 확인하고 있다면 디지털 습관을 재평가해야 할 때다.
- **시간 낭비**: 자신의 목표나 가치와 일치하지 않는 활동, 예를 들어 시리즈 영상 정주행이나 비생산적인 온라인 논쟁에 시간을 허비하고 있다면, AI 집중력 방해에 의해 통제력을 잃었다는 명확한 증거다.

AI로 인한 집중력 방해에 덜 노출되기 위해 할 수 있는 일이 있을까요?

지금까지 아무도 AI로 인한 집중력 방해가 존재하는 세상에서 잘 살아가는 법을 가르쳐준 적이 없다. 나도 오랜 시간 수많은 알림을 좀비처럼 계속 확인하는 쳇바퀴를 굴려 왔지만, 결국 나의 집중력을 내가 통제하기로 결심했다. 수년간의 시행착오 끝에 내가 활용 중인 몇 가지 규칙을 공유한다. 독자들이 여기서 영감을 얻어 자녀들과 함께 시도해보길 바란다.

1. 알림 통제

나는 예전에는 알림이나 전화에 즉각 반응하곤 했다. 하루 종일 끊임없이 방해를 받았고 귀중한 시간과 에너지를 낭비했다. 그 결과 목표 달성이 어려워졌고 피곤하면서도 성취감이 없는 상태에 빠졌다. 변화가 필요함을 깨닫고 기술 사용을 통제하기로 결심했다. 스마트폰, 스마트워치, 컴퓨터를 포함한 모든 기기의 모든 알림, 즉 전화, 이메일, 문자, 메신저, 뉴스, 미리 알림 등의 알림을 전부 껐다. 드물게 중요한 연락을 받아야 할 때는 일부 알림을 활성화하기도 하지만, 99% 이상은 전부 꺼져 있다.

현재 나는 아내와 아이들, 친한 친구들, 중요한 동료들의 연락에만 우선순위를 둔다. 그 외의 연락은 특정 시간을 정해 다시 전화하거나, 메시지 확인과 응답을 위한 시간을 따로 마련해둔다. 이로 인해 얻은 효과는 정말 놀라웠다. 방해받는 일을 최소화하자 정신적 여유를 되찾을 수 있었다. 이제는 의미 있는 작업에 몰두할 수 있으며 디지털 방해 없이 개인 시간을 온전히 즐길 수 있다.

2. SNS 확인

예전에 나와 SNS의 관계는 무제한 뷔페와 비슷했다. 계속 먹고 소비했지만, 절대 만족감을 느낄 수 없었다. 이제 나는 초고급 레스토랑에서 식사하는 느낌으로 SNS에 접근한다. 하루에 한 번만, 제한된 시간 내에 사용하며, 양보다는 질을 우선한다.

보통 하루에 한 시간을 투자해 SNS 메시지에 답변하고, 팔로우하는 사람들의 피드를 읽으며, 내 생각을 공유한다. 이렇게 절제된 접근 방식을 취하면 타인과 연결을 유지하면서도 시간 낭비나 '정보 과부하'의 피로감을 피할 수 있다.

아이들에게는 언제 SNS를 사용해도 되는지, 언제 사용하면 안 되는지를 가르쳐야 한다. 수업 시간이나 숙제 시간에는 스마트폰을 아예 건드리지 않게 해야 한다. 공공장소나 아끼는 사람들과 시간을 보낼 때는 스크린 사용을 자제하라고 알려주는 것이 좋다.

나의 경우 정말 SNS와 거리를 두기가 힘들었을 때 효과를 본 방법은 '물리적으로' 스마트폰과 거리를 두는 것이었다. 내 스마트폰이 방 반대편에 있을 때는, 물론 가서 확인하고 싶은 유혹이 간절하긴 하지만, 이 작고 낮은 물리적 장벽이 충동에 넘어갈 확률을 낮추는 데 정말 큰 도움이 된다. 이 방법을 스스로, 또는 아이들과 함께 시도해보고 효과가 있는지 확인해보라. 가장 중요한 것은 아이들과 터놓고 대화를 나누며 각자의 필요에 맞는 해결책을 만들어가는 일이다.

3. 이메일 확인 시간 정해두기

내가 쓰는 하루 루틴에서는 긴급한 상황이 아니라면 아침에 1번, 늦은 오후에 1번, 이메일과 메시지를 확인한다. 이런 방식을 쓰면 하루 종일 내 작업에 집중하면서도 커뮤니케이션에 대응할 수 있다. 지정된 시간 내에 개인적 목적이든 직업적 목적이든 왓츠앱WhatsApp, SMS, 이메일 등 다양한 앱의 모든 메시지를 확실히 확인하고 처리한다. 핵심 원칙은 메시지를 효율적으로 관리하면서 동시에 방해를 최소화하는 것이다.

4. 기술 사용 규칙을 습관으로 만들기

사람들은 매일 이를 닦거나 아침을 먹는 일을 절대 잊지 않는다. 습관적 루틴의 일부이기 때문이다. 나는 기술 사용 통제를 위한 나만의 규칙들도 습관으로 만들려고 한다. 매일 샤워를 거르지 않듯, 이 규칙들도 절대 거르지 않는다. 먹고, 자고, 운동하는 루틴과 똑같이 필수적인 일상으로 만든다.

어떻게 규칙을 습관으로 만들 수 있을까? 헬스장에 가는 일을 생각해보자. 첫날에는 정말 가기 싫을 수도 있지만, 10일째가 되면 거의 기계처럼 자동적으로 가게 된다. 습관의 힘이다. 새로운 습관을 정착시키는 비결은 '반복'이다. 나도 기술 사용 통제를 위한 험난한 여정을 시작할 때 일단 규칙을 한 번 지켰다. 그리고 다시 지켰고, 그리 오래 지나지 않아 내 일상은 자연스럽게 바뀌었다. 독자와 아이들에게도 동일한 변화가 생길 수 있다. 처음에는 불편할 수도 있지만, 아이들은 루틴에 매우 잘 적응한다.

내가 하고 싶은 조언은 일단 간단한 것부터 시작하여 계속 유지하라는 것이다. 어렵게 느껴질 때도 버티면서 계속해야 한다. 그러다 보면 점점 이런 절제된 규칙이 자연스러운 습관으로 변할 것이다. 자신과 아이들이 얼마나 빨리 새롭고 건강한 기술 사용 습관을 들일 수 있는지 알게 되면 깜짝 놀랄 것이다. 스마트 기기와의 관계를 바꾸고 전반적인 삶의 질을 향상시킬 수 있다.

하지만 AI의 집중력 방해를 벗어나는 일은 사실 이 전쟁의 절반만 치른 것이며, 솔직히 말하자면 남아 있는 다른 문제보다는 더 쉬운 부분이었다. 만약 이런 집중력 방해의 수준이 통제 불능으로 치닫는다면 어떻게 해야 할까? 만약 우리가 '중독'에 빠진다면, 그때는 무엇을 해야 할까?

AI가 만들어낸 중독 극복하기

앞에서 살펴본 내용들을 바탕으로, 이제 AI가 만들어낸 '중독 상태'라는 심각한 문제에 대해 살펴볼 때가 됐다. 이 장에서는 AI가 어떻게 사용자를 계속 끌어당기게 설계되어 있는지 알아보고, 그 영향과 AI로 인한 집중력 방해의 강력한 유혹에서 벗어나기 위한 전략을 탐구한다. 특히 가장 어린 세대가 이 문제에 가장 취약하다는 점을 확실히 인식하고, 아이들을 적절하게 지도하고 지원해야 한다.

중독적인 가상현실: AI, 게임, SNS

스마트폰이나 컴퓨터가 나의 가장 친한 친구 역할을 하고, 주변 세상이 잘 보이지 않게 된다면 **AI 중독**일 가능성이 높다.

기술 사용이 중독 수준인지, 아니면 그냥 습관 수준인지 어떻게 알 수 있을까요?

나 자신이나 아이들이 중독 상태인지는 어떻게 판단할까? 검토해볼 수 있는 몇 가지 신호가 있다. 어떤 사람이 **기술 중독**인지 평가하기 위해 일반적으로 사용되는 다섯 가지 기준은 다음과 같다.

- 기술 사용을 위해 중요한 일이나 책임을 소홀히 하는 경우
- 사용을 줄이려고 시도했으나 실패한 경우
- 거리를 두려고 하면 초조하거나 짜증이 나는 경우
- 현실 문제를 회피하기 위해 기술을 사용하는 경우
- 기술 사용을 과도하게 해서 인간관계에 문제가 생겼음에도 불구하고 계속 사용하는 경우

나 자신이나 내가 아는 누군가가 이 다섯 가지 중 세 가지 이상에 해당된다면, 기술 중독으로 가는 위험한 길을 걷고 있을 가능성이 있다. 내가 기술 중독인지 여부를 판단하는 일은 매우 중요하다.

2021년의 한 연구에 따르면, 조사 대상자 중 약 41%가 AI로 인해 중독되었거나 중독될 위험이 상당히 높은 상태였다. 14%가 가장 나쁜 상태였으며, 확실히 심각하게 중독된 상태였다. 중독자들은 감정적으로 엉망인 상태에 있었다. 그들은 중독으로 인해 우울감을 느낄 확률이 10배, 불안감을 느낄 확률이 9배, 두 가지 모두를 겪을 확률이 14배 더 높았다.[1]

이 연구는 나에게도 깊이 와닿았는데, 나 또한 기술 중독과 싸운 경험이 있기 때문이다. 그러나 가장 충격적인 순간은 내 아이들, 특히 12살 난 아들에게서 이 문제를 보았을 때였다. 아들은 태블릿에서 벗어나질 못했다. 유튜브를 보거나, 넷플릭스를 시청하거나, 비디오 게임을 하느라 거의 모든 여가

시간을 보냈다. 몇 달 전에는 태블릿을 더 오래 하려고 새벽 3시에 기상 알람을 맞춰놓기까지 했다. 그때 나는 아들에게 심각한 문제가 있음을 직감했다.

더 큰 문제는 기술이 지금보다 더 중독성을 띠게 될 위험이 있다는 점이다. AI로 강화된 메타버스와 가상현실이 선사하는 몰입감 있는 3D 경험은 현실 세계보다 더 매력적인 세상을 만들어낼 수 있다. 이는 사용자의 뇌에 더 강렬한 쾌락을 불어넣어 더 많은 사람을 붙잡아둘 것이다. 스태티스타 Statista 플랫폼에서 수행한 최근 설문조사에 따르면, 응답자의 거의 절반이 메타버스의 가장 큰 위협으로 '가상현실 중독'을 꼽았다.[2]

학자들은 '친구형 AI 앱', 즉 인간과 유사한 대화 상대를 모사하고 감정적 지원을 제공하는 앱 일부가 인간관계와 비슷한 느낌을 주어 정신 건강에 도움이 될 수도 있지만, 한편으로는 외로운 사용자들에게 중독적인 사용을 유발할 수 있다는 사실을 발견했다.[3]

만약 우리 아이가 기술에 중독된 것 같다면 어떻게 해야 할까요?

기술 중독이 심각해졌다면 다시 균형 잡힌 상태로 돌아오게 지도하기 위한 몇 가지 방법을 소개한다.

- **위험을 교육한다**: 지식은 힘이다. 과도한 스크린 타임이 초래할 수 있는 부작용에 대해 이야기하면 좋다. 눈의 피로, 수면 문제, 정신 건강에 미치는 영향 등을 설명하라. 이유를 이해하면 스스로 변화할 동기가 생긴다.
- **명확한 한계를 설정한다**: 스크린 사용 금지 구역과 시간을 정한다. 식사 시간, 가족이 모이는 시간, 취침 전에는 스크린 사용을 하지 못하게 한다. 한계를 설정하면 아이들에게 규율의 중요성과 오프라인 경험의 가치를 알려줄 수 있다.

- **모범을 보인다**: 아이들은 어른을 따라 한다. 내가 스마트 기기에 빠져 있다면 아이들도 똑같이 행동할 것이다. 내가 먼저 적극적인 오프라인 활동을 하면서 스크린 밖에도 세상이 있다는 사실을 몸소 보여주어야 한다.
- **다른 취미를 키워준다**: 스크린을 벗어난 취미를 알려준다. 스포츠, 음악, 독서, 만들기 등 다른 취미나 관심사에 흥미를 붙이면 디지털 의존성이 서서히 약화되며 적절한 거리를 유지할 수 있게 된다.
- **전문가의 도움을 받는다**: 만약 기술 중독이 일상생활이나 건강에 심각한 영향을 미칠 정도가 되었다면, 이와 같은 문제를 전문적으로 다루는 정신 건강 전문가와 상담을 해볼 필요가 있다.

AI 중독의 원인

기업들은 AI로 어떻게 중독적인 제품을 만들고 있나요?

기술자들은 인간의 정신과 마음에 대해 더 잘 이해하게 되면서, 마치 교묘한 트릭으로 관객의 눈을 속이는 마술사처럼 사람들의 주의를 원하는 방향으로 유도하는 프로그램과 제품을 개발하고 있다. 하물며 빅테크 기업들은 수십억 명의 사람들을 대상으로 이러한 일을 한다. 나는 예전에 이런 기업들을 위해 '더 뛰어난 트릭'을 만드는 일을 했다.

약 10년 전, 나는 중독성 높은 앱을 설계하는 일에 필요한 모든 것을 아는 사람이었다. 더 습관적으로 사용하게 되는 앱이 더 좋은 앱이었다. 나는 주요 회사의 소프트웨어에 디지털 형식의 '마법 가루'를 살짝 뿌려 사용자들이 계속 앱으로 돌아오게 만드는 방법을 알려주는 일을 했다.

그 일을 하던 초기에는 중독성 있는 기술을 만들면 좋은 영향을 줄 수 있다고 믿었다. 단순하게 생각해서, 이렇게 사용자를 유혹하는 기능들을 활용해 운동 습관을 기르거나 시간 관리를 잘하게 되는 등 긍정적인 습관 형성을 도울 수 있지 않을까 싶었던 것이다.

내가 한 일은 행동 과학에 대한 심층적인 연구를 기반으로 했다. B.F. 스키너B.F. Skinner와 B.J. 포그B.J. Fogg 같은 선구자들로부터 영감을 받았고, 니르 이얄Nir Eyal의 《훅: 일상을 사로잡는 제품의 비밀》(유엑스리뷰, 2022)과 같은 여러 전문서를 파고들었다. 그리고 이런 자료를 바탕으로 애플리케이션의 중독성 수준을 강화하는 체계적인 방법을 개발했다. 그다음 고객을 위해 개발한 애플리케이션의 중독성을 증폭시키기 위해 이 방법을 활용했다.

그 결과는 압도적이었고, 종종 기대 이상이기까지 했다. 그러나 곧 나는 윤리적 딜레마에 빠졌다는 사실을 깨달았다. 이런 방법은 확실히 나의 가치와 원칙에 어긋나는 것이었다. 이 문제의 중요성을 더 잘 이해하고 싶다면 넷플릭스의 다큐멘터리 〈소셜 딜레마The Social Dilemma〉를 보길 권한다.

다음은 어떤 앱이나 디지털 도구가 사용자 중독을 만들어내기 위해 수행하는 세 가지 단계다.

1. 동기, 능력, 계기(MAT: motivation, ability, trigger)를 활용해 사용자를 유인한다.
2. 사용자를 참여시키고 보상한다.
3. 사용자를 유지한다.

1단계: 사용자를 유인하기

사용자를 앱에 빠져들게 하기 위한 첫 번째 단계는 관심을 끄는 것이다. 나는 다음의 **MAT 모델**(B.J. 포그의 행동 모델 기반)을 통해 이를 달성했다.

- **동기**motivation: 사용자가 행동을 취할 이유가 필요하다.
- **능력**ability: 사용자가 행동을 쉽게 수행할 수 있어야 한다.
- **계기**trigger: 사용자가 시작하게 유도하는 형태의 자극이 필요하다.

여기에서 가장 중요한 원칙은 앱이 9살짜리 아이도 사용할 수 있을 만큼 쓰기 쉬워야 한다는 것이다.

인기 있는 데이팅 앱인 틴더Tinder를 예로 들어보자. 이 앱이 성공한 이유에는 사용자 친화적인 인터페이스가 큰 비중을 차지했다. 틴더의 사용자는 상대에게 관심이 있는지 표현할 때 그저 사진을 왼쪽이나 오른쪽으로 쓸어넘기면 된다.

MAT 모델 체크리스트를 적용해 보면, 틴더 사용자는 행동을 할 이유가 있다(동기). 그리고 행동을 쉽게 수행할 수 있다(능력). 틴더는 사용자가 한동안 앱을 실행하지 않으면 알림을 보내 다시 사진들을 쓸어넘기는 행동을 하도록 유도한다(계기).

나는 고객을 위해 MAT 모델을 적용할 때, AI를 활용해 사용자 데이터를 분석하여 사용자별 맞춤형 동기를 식별하고, 이에 맞게 콘텐츠를 조정했으며, 매우 정교하게 타깃팅된 시의적절한 알림을 전송해 효과적으로 사용자 참여를 유도했다.

2단계: 사용자를 참여시키고 보상하기

중독적인 앱을 만드는 두 번째 단계는 '행동과 보상의 순환 구조' 내에 사용자를 참여시키는 것이다. 기본적으로 사용자가 앱에서 어떤 행동을 하면, 앱은 이에 대해 보상을 준다. 예를 들어 아이가 인스타그램에 사진을 올리면, '좋아요'를 보상으로 받는다. 이 보상 구조는 뇌에서 쾌감과 동기 부여에 관여하는 신경 전달 물질인 **도파민**dopamine을 분비시켜 앱에 더 깊이 중독되게끔 설계되어 있다.

AI는 앞 장에서 설명한 집중력 방해와 관련된 뇌 생리학을 바탕으로 이러한 패턴을 활용해 사용자의 참여를 증대시키고, 사용자에게 보상받는 기분을 느끼게 한다.

나는 강화 학습 방식으로 AI를 적용하여 개별 사용자를 위한 맞춤형 보상 시스템을 설계했고, 이 과정에서 도파민 분비 체계를 이용했다. 나아가 맞춤형 처리를 더 개선하려고 자연어 처리를 적용했는데, 덕분에 사용자가 굉장히 개인화되고 밀착된 느낌을 받을 수 있는 피드백과 보상 요소를 생성할 수 있었다.

3단계: 사용자를 유지하기

니르 이얄의 설명에 따르면, 사용자가 계속 앱을 다시 쓰게 하는 것을 기술 심리학 세계에서는 '투자investment'라고 한다. 원리는 간단하다. 사용자가 시간, 감정, 사회적 자본까지도 그 앱에 투자하게 만들어 떠나기 어렵게 만드는 것이다. 예를 들어 인스타그램이나 링크드인에서는 팔로워 네트워크를 구축하도록 유도한다. 사용자는 팔로워가 많을수록 그 플랫폼을 포기하기 어려워진다. 〈캔디크러쉬〉 게임은 플레이어가 이틀에 한 번 정도 접속하지 않으면 게임 내 지위, 보석, 고급 레벨 플레이 권한을 잃을 수도 있게 만든다.

내가 근무했던 한 회사에서 썼던 전략은 사용자가 앱에서 가장 가치 있다고 여기는 기능을 AI로 분석해서, 해당 기능을 사용자 경험의 전면에 배치하는 것이었다. 사용자의 관심을 가장 많이 끄는 요소를 계속 노출하는 맞춤형 전략이었다.

AI는 그 외에도 사용자가 앱을 떠나고 싶은 마음이 들기 시작할 만한 시점을 예측하는 데도 중요한 역할을 했다. 이를 통해 정밀한 타깃형 인센티브를 적시에 제공해서 중요한 순간에 사용자의 관심을 다시 끌어올릴 수 있었다. 게다가 AI 강화 학습을 활용해서, 사용자의 참여를 보상하면서 동시에 떠나지 못하게 붙잡아두는 미묘한 균형을 세밀하게 조정할 수 있었다. 이를 통해 사용자는 앱을 더 자주, 더 오래 사용하게 되었으며, 그 과정에서 보상을 얻는다는 느낌도 받을 수 있었다.

기술 중독을 극복한 개인적 경험

AI로 인한 중독을 어떻게 극복할 수 있을까요?

어떤 중독이든 중독은 극복이 쉽지 않다. 특히 아이들의 중독 회복 과정을 감독하면서 '호랑이 부모' 역할을 해야 하는 경우라면 더 어렵게 느껴질 수도 있다. 하지만 불가능한 일은 아니다. 기술 중독에 대해 내가 극복할 수 있다고 말하는 근거는 개인적인 경험에 있다. 나 또한 한때 심각한 SNS 중독과 전쟁을 치렀기 때문이다.

약 10년 전, 나는 SNS, 그중에서도 특히 링크드인LinkedIn에 전 세계의 팔로워들과 나의 열정과 신념을 공유할 수 있는 놀라운 가능성이 있다는 사실을 깨달았다. 소박한 출발이었다. 처음에는 내가 전에 썼던 글을 게시했다. 시간이 흐르면서 나는 점점 더 쓰기 쉽고 즉각적인 반응을 볼 수 있는 링크드인의 매력에 빠져 좀 더 자주 게시물을 올리기 시작했다.

1년도 되지 않아 내가 올린 게시물은 겨우 몇 개의 '좋아요'를 받던 수준에서 수백 개의 '좋아요'를 받는 수준으로 성장했으며, 2016년이 되자 수천 개의 '좋아요'를 얻게 되었다. 팔로워 수 또한 이와 비례하여 증가했는데, 몇천 명 수준이다가 수십만 명까지 치솟았다. 그때의 심정은 스스로 설계한 '희열의 롤러코스터'를 타고 있는 것 같았다.

하지만 나의 마음가짐에도 작지만 중요한 변화가 일어났다. 팔로워들에게 가치 있는 깨달음을 공유하려던 초기의 진실한 열망은, 점점 더 많은 팔로워를 모으고자 하는 집착으로 변해갔다. 이 변화는 너무 서서히 일어나서, 이것이 SNS에서의 인정 욕구에 중독되고 있다는 경고 신호임을 전혀 알아차릴 수 없었다.

내 중독은 극단적인 흥분감과 좌절감이 반복되는 현상으로 나타났다. 참여 지표가 치솟는 시기가 있었는데, 이는 보통 2주에서 3주 정도 지속되었다. 이 기간 동안 나는 세상을 다 가진 듯 붕 떠 있었다. 들뜬 마음으로 아침에 일어나 신나게 화려한 통계를 확인하고, 저녁 내내 '성공'의 상승 곡선에 더 바람을 불어넣느라 다른 게시물을 작성하며 시간을 보냈다.

반면, 내가 스스로 설정한 목표를 달성하지 못하는 시기도 있었다. 이런 시기에는 통계 지표를 강박적으로 분석하고, 다른 인플루언서들과 건강하지 못한 비교를 하면서 불안감과 불행하다는 기분에 잠식되어 끝없는 바닥으로 꺼져들었다. SNS 인정에 대한 의존성의 허망함을 여실히 보여주는 감정적 저점이었다.

이런 극단적인 감정적 고점과 저점 등락 패턴을 보면, 나의 SNS 사용 방식이 의미 있는 소통 도구에서 중독적인 인정 욕구의 원인으로 변질되었다는 사실은 명백했다. 다행히도 나는 어느 순간 깨달았다. "나는 중독되어 있고, 이 문제를 해결해야 한다."

어떨 때는 일주일 내내 아무 일도 안 하고 SNS만 했기 때문에, 회사 상사가 그 주에 무엇을 했는지 물어보며 왜 일정이 밀렸냐고 추궁했다. 그때 나는 수치심에 사로잡혀 순간적으로 거짓말을 하며 몸이 좋지 않았다고 둘러댔다. 그리고 밀린 업무량을 따라잡고 화가 난 고객들을 달래야 했다. 이때 스스로 나 자신이 몰라보게 이상해졌다는 생각이 들었다. 이 시점이 바로 내가 정신을 차리게 된 때였다.

하지만 어떻게 SNS 중독에서 벗어날 수 있을까? 알코올 중독자들에게 술병을 숨기라는 식의 일반적인 조언들은 이 상황에 맞지 않았다. 나에게 SNS는 단순한 중독 원인으로만 치부할 수 있는 것이 아니었다. 직업적 정체성과 밀접하게 연결되어 있었으며, 업무를 위해서도 반드시 필요했다.

게다가 온라인상의 페르소나를 구축하기 위해 수년간 엄청난 노력을 투자해왔음을 생각하면, SNS를 완전히 끊고 디지털 디톡스를 한다는 것은 곧 업(業)을 포기하는 것이나 다름없었다. 아이들에 대해서도 비슷한 논리를 적용할 수 있다. 아이들의 사회생활 상당 부분, 또는 대부분이 인터넷을 중심으로 돌아간다. 아이들이 SNS를 완전히 끊길 바라는 것은 비현실적이다. 음식 중독 문제와 마찬가지로, SNS를 삶에서 완전히 걷어 내는 일은 말 그대로 불가능하다.

그래서 나는 SNS를 끊는 대신 다른 길을 가기로 했다. 이런 플랫폼을 쓸 때 일종의 '불편함'을 도입하는 방법이다. 목표는 아무 생각 없이 접속하기는 어렵게 만들되, 직업적 성장을 위해 필요한 부분에서는 여전히 적극적으로 활동을 유지하는 것이었다.

해결책도 기술에서 나왔다. 나는 SNS 게시물을 사용자 대신 스케줄링해주는 특별한 앱을 사용했다. 매주 일요일에 다음 일주일간 게시할 내용을 순서대로 정리해두고, 각 게시물을 언제 업로드할지 지정했다. 끊임없는 알림과 반응으로부터 감정적 거리를 유지하면서도, 여전히 팔로워들과 가치 있는 통찰을 공유할 수 있도록 해주는 방법이었다.

결과는 성공적이었다. 내 기분은 안정되었고, 그러면서도 더 건강한 방식으로 팔로워들과 잘 소통할 수 있었다. 아이러니하게도, 나는 기술이 초래한 문제들을 막으려고 바로 그 기술을 활용했다. 그야말로 불을 불로 다스린 셈이었다.

그러나 디지털 악마 하나를 물리쳤다고 생각했을 때, 또 다른 악마가 다시 그 자리를 차지했다. SNS 중독에 대한 통제력을 어느 정도 회복했다고 느꼈는데, 이번에는 채팅 앱에 빠져들었다. 전혀 알지 못하는 사람들과 무제한으로 대화를 나누며 많은 시간을 쏟아붓고 있었다. 내 중독은 한 앱에서 다른 앱으로 옮겨갔을 뿐이었고, 이건 〈두더지 잡기〉 게임이나 마찬가지라는 생각이 들었다. 중독의 대상을 바꿨을 뿐, 없애지는 못하고 있었다.

이런 순환 패턴을 겪으며 피할 수 없는 결론에 도달했다. 나는 병의 원인이 아니라 증상만 다루고 있었다. 핵심적인 원인은 애써 무시하고, 수술이 필요한 상처에 반창고를 붙이고 있는 형국이었다. 대증 처방만으로 해결할 수 없었던 문제는 바로, 좋아요, 댓글, 쉬지 않는 소통으로 채우려고 했던 '정서적 허무감'이었던 것이다.

SNS의 지배에서 벗어나기 위해 무엇을 했나요?

우선 중독 행동을 유발했던 '자동화된 정신적 쳇바퀴'를 해체하는 게 급선무였다. 나는 심리 치료의 힘을 빌려 중독을 치료하기로 결심했다. 몇 달간 조사하고, 공부하고, 다양한 접근법을 시도한 끝에, **인지행동치료**cognitive behavioral therapy, CBT를 기반으로 여러 방법을 결합하여 나에게 맞는 기법을 직접 만들어냈고, 이를 스스로에게 적용했다.

결과는 깜짝 놀랄 수준이었다. 이 방법을 활용한다면 기술 중독 행동을 근본적으로 제거하게 뇌를 '재프로그래밍'할 수 있다.

다음과 같은 악순환 구조가 중독으로 이어질 수 있다.

- **외부 자극**: 주말에 사람을 만날 약속이 없다는 사실을 깨닫는다.
- **왜곡된 생각**: 그러면 이런 식으로 생각한다. "놀랍지는 않네. 아무도 나와 함께 지내고 싶어 하지 않아. 왜냐하면 나는 재미없는 인간이니까."
- **감정적 반응**: 소외감이나 고립감을 느끼게 된다.
- **중독 행동**: 불편한 감정에서 회피하려고 몇 시간 이나 아무 생각 없이 SNS 화면을 스크롤하거나, TV를 몰아보거나, 비디오 게임을 계속하게 된다.

이런 악순환은 종종 무의식적으로 일어나기 때문에, 내가 이런 생각을 한다는 사실 자체를 인식하기 어려울 수 있다. 다음의 세 가지 단계를 통해 뇌를 재프로그래밍하여 디지털 의존성의 함정에서 벗어나게 하자.

1단계: 부정적인 감정을 식별하기

이런 중독의 악순환을 깨기 위해 가장 먼저 해야 할 일은 자신의 감정을 이해하고 마주 보는 것이다. 인간은 감정을 있는 그대로 받아들이지 못해 무의식적인 중독 행동에 빠지곤 한다. 특히 감정에 좌우되는 경향이 강한 청소년들은 더욱 취약하다. 이러한 감정은 지루함, 슬픔, 불안, 분노, 두려움, 좌절감, 버거움, 스트레스 등으로 매우 다양하다.

이러한 감정을 인지하려면, 중독 행동과 관련된 일상적인 패턴을 인식하려는 노력부터 시작해야 한다. 효과를 높이려면 일기장이나 메모장을 마련해 특정 사건과 그에 따른 나의 감정적 반응을 기록하라. 시간이 지나면 반복되는 패턴과 감정을 촉발하는 원인(트리거)을 분별할 수 있을 것이다.

나의 경우 SNS를 보고 싶은 욕구가 주로 아침 출근길에 발생함을 알 수 있었다. 그리고 그날 일정에 사람들과의 상호작용이 많을수록, 중독된 대상에 더 몰입하려는 경향을 발견하기도 했다. 가장 심각한 중독적 갈망은 내가 대형 회의나 많은 청중 앞에서 말하기 등 사회적으로 복잡하거나 긴장되는 상황을 앞두고 있다는 것을 알 때 나타났다.

이렇게 세심한 관찰을 통해 중독을 부추기는 주요 감정을 정확히 찾아낼 수 있었다. 내 경우 그 감정은 '사회적 불안'이었다. 이 감정을 인식하고 이름을 붙인 순간은 내가 내 행동을 통제할 힘을 되찾은 결정적 순간이었다. 중독적 습관 뒤에 숨은 감정적 동기를 이해하는 일은 가볍게 여길 일이 아니라, 자유와 자신감을 되찾는 거대한 도약이다!

2단계: 왜곡된 생각 식별하기

두 번째 단계는 이런 감정을 불러일으키는 '왜곡된 생각'을 식별하는 일이다. 다음은 이러한 생각을 식별할 때 도움이 될 만한 왜곡된 생각 유형의 예시다.

- **모 아니면 도**: 상황을 '평생' 또는 '절대'와 같은 이분법으로 바라보며, 양 극단 사이에 있을 수 있는 다양한 스펙트럼을 무시한다. 예를 들면 "이번에 회사에서 승진을 못 했으니, 나는 앞으로도 절대 승진하지 못할 거야."
- **지나친 일반화**: 제한적인 특정 근거에서 지나치게 일반화된 결론을 도출한다. 예를 들면 "한 사람이 내가 똑똑하지 못하다고 생각한다면, 모두가 그렇게 생각하는 거야."
- **긍정 격하**: 어떤 경험의 긍정적인 요소를 비합리적으로 평가절하한다. 예를 들면 "선생님이 나를 칭찬한 건 아마 동정심 때문일 거야."
- **성급하게 결론 내리기**: 충분한 증거 없이 섣불리 부정적인 결과를 예상한다. 예를 들면 "틴더에서 매칭된 상대가 오늘 내 메시지에 답하지 않는다면, 나한테 관심이 없다는 뜻이네."
- **부정적 과장**: 어떤 상황의 부정적인 의미를 과장해서 생각하거나 가장 끔찍한 결과만을 예상한다. 예를 들면 "이번에 승진하지 못하면 내 커리어는 끝이야. 나는 다시는 다른 일을 구하지 못하게 되겠지."

이런 왜곡된 생각 유형 다수가 동시에 존재하거나, 특정한 사고 유형 하나가 더 심각할 수도 있다. 나의 경우, 내 사회적 불안의 근원에는 '지나친 일반화'에 속하는 왜곡된 생각이 있었다. 사회적 행동이 필요한 상황에 맞닥뜨리면, 나의 마음은 부정적인 결론으로 치닫곤 했다. "사람들이 나를 싫어할 거야. 나를 비웃을 거야. 나는 바보처럼 보일 거고, 그럼 사람들은 다시는 나와 어울리고 싶어 하지 않을 거야."

나는 온몸을 굳게 하는 이런 생각에 제대로 맞서지 못하고 SNS에 빠져들며 위안을 찾았다. '좋아요'를 많이 얻거나 온라인 대화를 나누다 보면 디지털 피난처를 찾은 느낌이었고, 현실에서 어떤 일이 벌어지든 나에게는 가상의 '친구'들이 있다는 잘못된 안도감이 들었다.

이러한 왜곡된 생각은 진실이 아니었다. 그저 나를 중독 대상이란 말뚝에 묶어두는 심리적 속임수에 불과했다.

3단계: 왜곡된 생각에 반박하기

나는 이런 왜곡된 생각에 합리성으로 무장한 '카운터 펀치'를 먹이기로 했다. 이를 위해, 이 생각이 잘못되었음을 증명하는 실제 증거를 모았다.

실제로는 많은 사람이 내 발표 듣기를 좋아했다. 청중은 내가 나누는 콘텐츠의 내용을 자주 칭찬했다. 게다가 지금까지 모신 상사들 중 누구도 나의 커뮤니케이션 능력에 대해 불평한 적이 없었고, 오히려 어떤 상사는 핵심 인맥, 중요 고객, 다른 부서와 새로운 관계를 형성한 업적에 대해 축하해주기도 했다. 실제 능력이나 타인의 인식이 문제가 아니라, 나 스스로의 왜곡된 인식이 근본 문제임이 명백했다.

왜곡된 생각을 식별하고 재평가하자, 나의 중독 행동은 점차 무의미한 것으로 인식되기 시작했다. 그 후 다시 그런 감정을 느끼거나 왜곡된 생각에 직면할 때마다, 스스로에게 이렇게 말하곤 했다. “파스칼, 걱정하지 마. 너는 사회생활도 언제나 잘해왔고, 발표도 잘했어. 앞으로도 계속 그럴 거야.” 이 연습을 계속하자, 점차 뇌가 처음부터 아예 왜곡된 생각을 하지 않도록 훈련할 수 있었다.

이 글을 읽는 독자와 기술 중독으로 고통받고 있는 모든 사람에게 이 세 단계 접근법을 따를 것을 권한다. 기술 중독이 삶을 방해하게 놔두지 말라. 왜곡된 생각을 식별하고 교정하는 방법을 연습하다 보면, 나중에는 자신의 뇌가 던져대는 말도 안 되는 생각들에 호통을 칠 수 있게 될 것이다. 누구나 기술 중독에 빠진 뇌를 재프로그래밍하는 능력을 충분히 익힐 수 있다. 내가 바로 그 산 증인이다.

개인 데이터 관리와 AI의 윤리적 사용

앞에서는 AI 때문에 생기는 두 가지 문제로 집중력 방해와 중독을 다뤘다. AI를 이용한 시스템이 어떻게 나와 내 아이들을 홀딱 빠져들게 만드는지 살펴봤고, 이를 극복하기 위한 전략도 소개했다. 하지만 이게 다가 아니다. 이 장에서는 AI가 주도하는 세상에서 살아가기 위해 필수적인 두 가지 주제를 더 살펴볼 예정이다. 바로 '개인 데이터를 관리하는 방법'과 'AI의 윤리적 사용 방법'이다.* 이 문제는 우리 모두에게 중요하지만, 특히 AI가 지배하는 환경에서 훨씬 더 취약한 아이들에게는 더욱 절실한 문제다.

* 옮긴이 원문에서 사용된 'personal data'는 '개인정보'로 번역하는 경우도 있다. 하지만 한국에서 '개인정보'는 개인 식별 가능성이 있는 이름, 전화번호 등의 정보를 주로 가리킨다. 이 책에서는 개인을 식별하지 않고도 수집 가능한 디지털 사용 정보, 행태 정보, 쿠키 정보 등에 더 가까운 뜻으로 쓰였기 때문에 '개인 데이터'라는 용어로 번역했다.

개인 데이터를 제대로 관리하기

개인 데이터 관리가 왜 중요한가요?

AI를 활용해 개인 데이터를 관리하면 의사 결정을 개선하고, 시간을 절약하며, 삶을 더 단순하게 만들 수 있다.

나의 개인 데이터와 나 자신은 밀접한 관계가 있다. 나의 생각, 경험, 기억이 본질적으로 나의 정체성과 연결되듯이, 온라인에서의 행동, 선호도, 소통 내용과 같은 디지털 흔적도 내가 누구인지를 반영하는 정보라 할 수 있다. 따라서 개인 데이터에 대한 통제권을 스스로 갖는 것은 프라이버시 문제를 넘어 주체적인 자율성의 문제이기도 하다.

지금 우리는 개인 데이터를 이해하고, 가치를 산정하고, 효율적으로 관리하는 걸음마 단계에 있다. 문제는 기업들이 그 데이터의 대부분을 데이터 주체인 우리가 알지 못하는 사이에 사용한다는 점이다. 만약 어떤 앱이나 AI 소프트웨어가 무료라면, 광고주들이 사용자에게 무언가를 팔기 위해 사용자의 데이터를 쓰고 있다는 뜻이다. 내가 쓰는 제품이 무료라면, 바로 내가 상품이 되어 팔리는 것이다!

일각에서는 회사가 사용자의 데이터로 이익을 얻는다면, 그 데이터 주체도 보상을 받아야 한다고 주장한다. 나도 이에 동의한다. 나는 사람들이 자신의 데이터를 소유할 권리, 어떤 데이터가 수집되었는지, 그 데이터가 어떻게 사용되고 있는지를 알 권리, 원한다면 그 데이터를 이전하거나 삭제할 권리를 가져야 한다고 믿는다. 더 나아가 플랫폼은 사용자 데이터를 활용하여 창출한 이익을 사용자와 공유해야 한다. 사람들이 자신의 데이터를 시장에서 수익화할 방법이 생겨야 한다.

문제점

지난 10년간, 거대하면서 불투명한 하나의 산업이 점점 더 많은 개인 데이터를 축적해왔다. 웹사이트, 앱, SNS 플랫폼, 데이터 브로커, 광고 기술 회사로 이루어진 이 복잡한 생태계는 온라인과 오프라인에서 사용자의 활동을 추적하며 개인 데이터를 '수확'한다.

나의 취향, 관심사, 두려움, 인구통계학적 정보에 관한 모든 데이터는 조각조각 모이고, 공유되고, 합쳐진 후, 실시간 경매에서 팔려나가며 연간 2,270억 달러 규모의 산업을 만들어내고 있다. 이 모든 일이 사람들이 평범한 일상을 보내는 동안 하루도 빠짐없이, 종종 우리가 알지 못하거나 동의하지 않는 사이에도 이루어지고 있다.[1]

오늘날 사용자의 데이터는 수많은 플랫폼에 분산되어 있다. 사용자들은 자신의 데이터를 수정하거나 삭제할 수 없으며, 어떤 플랫폼이 자신의 데이터에 접근할 수 있는지 간편하게 지정할 수도 없다. 데이터 수집의 이익은 오직 플랫폼에만 돌아가며 사용자에게는 아무것도 분배되지 않는다. 여러 플랫폼이 개인 데이터를 수집하고 집계하기 때문에, 그중 하나라도 뚫리면 데이터 주인인 사용자는 자신의 데이터가 해킹당하거나 오용될 위험에 처하게 된다.

이런 광범위한 데이터 수집에 대한 충격적인 사실들을 소개한다.

- **수집 정보의 다양성**: 점점 더 다양하고 많은 인구통계학적 식별 정보가 디지털 플랫폼에서 수집되고 있다. 여기에는 건강 기록, 미국의 사회보장번호, 위치 정보, 금융 정보, 선호도, 소속, 성적 지향, SNS 게시물, 검색 기록, 가족 관계, 정치적 성향 등이 포함된다.
- **데이터양의 증가**: 수집하는 데이터의 양도 계속 증가하고 있다. 사용자들이 더 다양한 앱을 사용하기 때문이다. 애플의 앱 스토어에서 받을 수 있는 앱(게임

포함)의 가짓수는 13년 동안 47,000배나 폭증했다. 오늘날 평균적인 스마트폰 소유자는 하루에 10개의 앱을 사용하고, 한 달에 30개의 앱을 사용한다.[2] 2020년에는 전 세계에서 2,180억 개의 앱이 다운로드되었는데, 2016년의 1,400억 개와 비교하면 큰 폭의 증가다.

- **광고 수익의 기반**: 인터넷 광고는 2020년 기준 1,398억 달러의 수익을 기록했다. 이는 2018년 이후 적어도 12%나 이익이 증가한 것으로, 모두 사용자의 개인 데이터를 기반으로 한 성장이다. 2020년 '링크드인 마케팅 솔루션'*은 7억 명 이상의 링크드인 사용자 데이터를 광고주에게 제공하여 30억 달러 이상의 수익을 올렸다. 한편, 같은 기간 유튜브는 69억 달러의 광고 수익을 기록했다.[3] 스태티스타Statista의 조사에 따르면,[4] 가장 많은 수익을 창출하는 상위 3개 SNS 플랫폼의 사용자 1인당 매출은 다음과 같다.
  - **페이스북**: 40.53달러/인
  - **X(구 트위터)**: 24.65달러/인
  - **인스타그램**: 22.43달러/인
- **범죄의 표적**: 범죄자들은 개인 데이터를 협박, 신원 도용, 갈취 등의 다양한 목적으로 탈취하는데, 가장 흔한 이유는 구매 의향이 있는 누군가에게 그 정보를 판매하기 위해서이다. 구매자는 다른 도둑, 범죄 조직, 데이터 브로커, 심지어 외국 정부가 되기도 한다. 2023년 7월 기준 다크웹에서는 해킹된 페이스북 계정이 25달러, 자세한 신용카드 정보가 70달러에서 110달러 사이, 해킹된 코인베이스 Coinbase 인증 계정이 250달러에 팔리고 있다.[5]

개인 데이터를 전부 비공개해야 이런 위험을 피할 수 있을까요?

AI로부터 개인 데이터를 모두 숨기기만 하면 AI가 주는 혜택을 온전히 누릴 수 없다. 따라서 우리가 던져야 할 질문은 '개인 데이터를 전부 공개했을

* 옮긴이 기업과 마케터들이 링크드인 플랫폼에서 마케팅을 할 때 이를 지원하는 도구

때의 위험'과 '더 좋은 AI 서비스를 받는 이익' 사이의 적절한 균형점이 어디인가 하는 것이다.

얼마나 데이터를 비공개할지, 그리고 어떤 데이터를 비공개할지 결정하기는 쉬운 일이 아니다. 완벽한 프라이버시란 다시 말해 AI의 혜택을 포기한다는 뜻이기 때문이다. 반대로 모든 데이터를 공개하면 악용될 가능성이 커진다.

핵심은 적절한 균형을 찾는 데 있다. 어떤 데이터가 제공되고 어떻게 사용되는지를 이해하며, 강력한 데이터 보호 장치가 마련되어 있는지 확인해야 한다. 충분한 정보에 기반한 선택을 하기 위해 서비스 제공자에게 투명성을 요구하고 엄격한 데이터 규제를 추구해야 한다. 균형을 잘 유지한다면 개인 데이터를 보호하면서도 AI의 잠재력을 십분 활용할 수 있다.

내가 추천하는 방법들을 소개한다.

- **나의 데이터가 어떻게 사용되는지 살피기**: 프라이버시 보호를 위해서는 자신의 데이터가 어떻게 쓰이는지 이해하는 일이 중요하다. 개인정보처리방침을 일일이 읽으려니 시간도 많이 걸리고 머리가 아프겠지만, 그래도 내가 무엇에 동의하는지는 알아야 한다. 부담을 줄이려면 자주 사용하는 앱과 서비스의 개인정보처리방침에서 '데이터 수집 및 제공' 부분에 집중하는 것이 좋다. 데이터가 왜 필요한지, 어떻게 보호되는지에 대한 명확한 설명을 찾는다. 예를 들어 피트니스 앱이 위치 정보를 수집한다면, 달리기 경로 추적 목적으로만 쓰이며 사용자 동의 없이 공유되지 않는다고 명시되어 있어야 한다. 서두를 필요는 없다. 충분한 시간을 들여 내용을 이해하고, 여차하면 서비스 제공자에게 설명을 요구해도 된다. 모든 문서를 다 읽기 어렵다면 중요한 부분에만 집중하는 편이 낫다. 긴 문서를 요약해주는 온라인 도구와 브라우저 확장 프로그램을 활용하면 핵심 내용을 빠르게 파악할 수 있다.

- **프라이버시 설정 조정하기**: 내 데이터를 보호하기 위해 직접 설정을 바꿀 수 있다. 많은 사람이 '기본 설정'이 사용자의 이익을 최우선으로 고려해 설계되었을 것이라 오해하지만, 항상 그렇지는 않다. 사용하는 기기와 애플리케이션의 프라이버시 설정을 자세히 살펴보라. SNS 프로필을 비공개로 하거나, 게시물과 개인정보를 볼 권한이 있는 사람을 제한할 수 있다. 앱들은 종종 약관을 업데이트하거나 새 기능을 추가하며 보호 수준을 바꾸기 때문에, 정기적으로 설정을 재검토할 필요가 있다.
- **필수 데이터만 동의하기**: 필수 데이터만 동의해도 위험 노출을 상당히 줄일 수 있다. 앱이 요구하는 모든 권한에 동의해야만 앱이 정상 작동한다고 생각하기 쉽지만, 실제로는 그렇지 않은 경우가 많다. 특정 앱에 연락처, 위치, 카메라 접근 권한이 진짜 필요한지 검토해야 한다. 예를 들어 날씨 앱이 위치 정보에 접근하는 것은 타당하지만, 계산기 앱은 위치를 알 필요가 전혀 없다. 주요 기능 작동에 필수적이지 않다면 동의를 거부하라. 모든 권한 요청에 의심을 가져보고, 나의 데이터를 가볍게 넘길 정보가 아니라 '귀한 자산'으로 취급하는 자세가 중요하다.
- **데이터 보호 관련 최신 정보를 자주 확인하기**: 이는 계속 바뀌는 개인정보 관련 법령과 기술의 변화를 꾸준히 챙긴다는 뜻이다. 많은 사용자가 자신의 권리와 현행 데이터 보호 수단을 잘 알지 못한다. 신뢰할 수 있는 출처와 업계 전문가를 팔로우하고, 프라이버시나 데이터 보호 관한 뉴스레터를 구독하는 것도 도움이 된다. 수동적으로 반응하기보다 능동적으로 참여하는 방식이 더 나은 결과를 가져온다.
- **이익과 위험 평가하기**: AI 서비스 이용의 이익과 잠재적인 프라이버시 위험을 비교 평가하려면 섬세한 의사 결정 과정을 거쳐야 한다. 사용자는 종종 자신의 데이터 가치를 과소평가한다. 서비스를 사용하기 전, 내가 제공하는 데이터와 내가 얻게 될 이점을 항상 비교해보라. 내비게이션 앱이 시간을 절약해주더라도 위치 정보를 요구한다면, 그 편리함이 내 프라이버시를 내어줄 만큼 가치가 있는지 판단해야 한다. 기억하라. 모든 서비스가 내가 내어주는 데이터만큼의 가치를 지니지는 않는다.

- **신뢰할 수 있는 서비스 사용하기**: 평판 좋은 서비스를 선택하면 위험을 크게 줄일 수 있다. 모든 서비스가 동일한 수준의 데이터 보호를 제공하지는 않는다. 제대로 된 개인정보 처리정책을 운영하고 데이터 암호화를 잘하는 서비스 제공자를 선택하라. 예를 들어 사용자 데이터를 잘 보호한 이력이 있는 이메일 서비스를 우선순위에 두는 것이 좋다. 인기 있거나 널리 사용되는 서비스라고 해서 모두 안전하고 프라이버시를 존중하는 것은 아니다. 평판을 조사하고, 독립적인 제3자 리뷰를 읽고, 데이터 유출이나 비윤리적 처리가 있었는지 확인하라.
- **정기적으로 디지털 흔적을 검토하고 지우기**: 사용하는 앱과 서비스를 주기적으로 검토하는 일은 '디지털 건강 검진'과 같다. 시간이 지나며 앱의 기능은 바뀔 수 있으므로, 권한을 정기적으로 검토하고 더 이상 사용하지 않는 앱은 삭제하라. 필수적이지 않은 권한 동의는 취소하라. 정기 건강 검진처럼 디지털 흔적digital footprint 검토를 일상화하면 자연스럽게 습관이 될 것이다.

디지털 기술을 쓸 때 이러한 습관을 들이면 프라이버시를 강화하면서도 AI의 이득을 좀 더 안심하고 누릴 수 있다.

AI 기반 가짜 정보에 속지 않기

AI 기반 가짜 정보가 뭔가요?

2020년은 미국 대선을 앞두고 정치적 긴장이 극에 달하고 이해관계가 첨예하게 얽혀 있던 시기였다. 당시 선거 운동 기간에 여러 가짜 정보가 오갔지만, 그중에서도 두드러진 사례는 당시 미국 하원 의장이었던 낸시 펠로시Nancy Pelosi와 관련된 딥페이크deepfake 영상이었다.

이 영상에 등장한 낸시 펠로시는 공개 연설 도중 말을 더듬는 모습을 보여, 그녀가 취했거나 건강 상태가 좋지 않다는 인상을 주었다. 사실 이 영상은 AI를 사용해 말의 속도를 미세하게 조작하여, 말을 어눌하게 하고 행동이

굼뜬 것처럼 보이게 만든 것이었다. 이 영상은 SNS에서 빠르게 퍼지며 수백만 번 조회되고 공유되었고 뜨거운 논란을 불러일으켰다.

원본 영상과 자세히 비교해보면 고의적으로 왜곡하여 조작한 영상임이 명백했다. 이 사건은 단순한 영상 조작을 넘어, AI로 생성된 콘텐츠를 이용해 대중의 인식에 영향을 주고 특정 정치인을 불신하게 만드는 고도화된 공격이 가능해졌음을 보여주었다.

사건의 여파는 컸다. SNS 플랫폼들은 삭제나 허위 정보 분류 대응이 너무 느렸다는 비난을 받았다. 거대 SNS 기업들에 허위 정보 확산을 통제할 책임이 있다거나, 딥페이크 탐지 기술을 발전시켜야 한다는 논의가 활발해졌다.

나아가 대중의 **미디어 문해력**media literacy이 중요하다는 사실도 드러났다. 사람들은 디지털 시대에는 보이는 대로 믿을 수 없다는 사실을 마음에 새기게 되었으며, 온라인 콘텐츠를 비판적으로 판단해야 한다고 생각하게 되었다.

2020년 낸시 펠로시 딥페이크 사건은 AI에 의해 생성된 가짜 정보와의 전쟁에서 중요한 전환점이 되었다. 진실을 보호하기 위해 개인, 테크 기업, 사회 전체가 해결해야 할 과제와 책임을 분명히 드러낸 사건으로 평가된다.

AI가 생성한 가짜 정보에서 어떻게 보호받을 수 있을까요?

나의 연구와 경험을 바탕으로 AI로 생성된 가짜 정보의 유형, 생성 방식, 식별 방법, 그리고 주의해야 하는 이유를 표로 정리했다(표 9.1 참조). 디지털 시대의 가짜 정보와의 전쟁에 능동적으로 대처하면서도 좋은 정보를 얻기 위해 이 표를 참고하면 도움이 될 것이다. AI는 정말 빠르게 진화하고 있으므로, 최신 정보를 계속 주시해야 한다.

AI 생성정보 유형	생성 방식	중요한 이유	식별 방법
딥페이크	AI가 영상이나 음성을 조작하여, 실제로는 하지 않은 말이나 행동을 한 것처럼 보이게 만든다.	가짜 정보를 퍼뜨리거나, 여론 조작, 평판 훼손, 정치적 또는 사회적 혼란을 일으키는 데 사용될 수 있다. 진실과 개인을 보호하기 위해 식별이 필수적이다.	■ **시각적 점검**: 조명의 불일치, 부자연스러운 표정이나 움직임, 불규칙적 눈 깜박임, 입 모양과 소리의 부조화 등을 확인한다. ■ **오디오 분석**: 목소리 톤, 배경 소음이 시각적 맥락과 일치하지 않는지 살펴본다. ■ **탐지 도구 사용**: AI 딥페이크 탐지 도구로 조작 흔적을 찾는다.
텍스트 생성	OpenAI의 GPT-3*와 같은 AI 모델은 인간을 모방한 글을 생성하여 가짜 뉴스나 조작된 게시물을 만들 수 있다.	가짜 정보를 순식간에 확산시키거나 여론에 영향을 주고 사기에 이용될 수 있다. 신뢰할 수 있는 정보를 가려내고, 진실한 정보에 기반한 의사 결정을 하기 위해 식별이 중요하다.	■ **일관성 확인**: 지나치게 중언부언하거나 깊이가 얕은지 확인한다. 내용 불일치나 사실 오류를 찾는다. ■ **출처 검증**: 신뢰할 수 있는 출처와 대조하여 검증한다. ■ **온라인 도구 활용**: AI 텍스트 탐지 도구를 활용한다.
조작된 이미지나 영상	AI가 이미지와 영상을 교묘하게 조작하여, 등장 요소를 추가하거나 삭제해 이미지의 맥락을 곡해하거나 사건을 왜곡한다.	시청자를 속이고 사실을 왜곡하며 이념 선전에 사용될 수 있다. 사람들이 정확하고 진실한 시청각 정보를 기반으로 의견을 갖거나 행동하도록 하기 위해 식별해야 한다.	■ **역이미지 검색(reverse image search)†**: 이미지를 통해 검색하는 도구를 이용해 출처나 원본을 확인한다. ■ **메타데이터 확인**: 작성자, 생성일, 카메라 정보 등을 확인한다. ■ **탐지 소프트웨어**: 조작 탐지 소프트웨어를 이용한다.
가짜 정보 자동 전파	AI가 봇(bot)과 가짜 계정들을 사용해 SNS에 가짜 정보를 퍼뜨린다.	가짜 정보의 영향력을 증폭시켜 신뢰할 수 있는 정보처럼 보이게 한다. 공적 담론 보호를 위해 식별해야 한다.	■ **계정 활동 분석**: 초고빈도 게시물 작성 등 봇 활동 징후를 확인한다. ■ **참여 패턴**: 단시간에 공유나 댓글이 폭증하는 게시물에 주의한다.
표적형 정보 왜곡 캠페인	AI가 방대한 데이터를 분석해 취약한 청중을 식별하고, 표적에 맞게 가짜 콘텐츠를 조작한다.	분열 조장, 대중 감정 조작, 정치적 결과에 영향을 미칠 수 있다. 공정한 공공 영역 수호를 위해 대처해야 한다.	■ **청중 분석**: 특정 집단을 분열시키거나 혐오를 조장하려는 콘텐츠에 주의한다. ■ **플랫폼 간 검증**: 동일한 내러티브가 여러 플랫폼에서 반복되는지 확인한다.
사칭 및 신원 도용	AI가 목소리, 문체, 기타 특성을 모방하여 타인을 사칭한다.	사기, 데이터 유출, 신뢰 상실을 초래한다. 프라이버시와 보안을 위해 막아야 한다.	■ **연락 검증**: 약속되지 않은 연락은 발신자 신원을 검증한다. ■ **단서 확인**: 문자 소통 시 평소와 다른 어법, 말투, 요청 등에 주의한다.

표 14.1 AI가 생성한 가짜 정보에 대처하기

* 옮긴이 2025년 현재 OpenAI의 언어모델은 4, 4o를 거쳐 o1까지 발전했다.

† 옮긴이 이미지로 원본 소스1, 유사 이미지 등을 검색하는 기능. Google Images, Lenso.ai, TinEye 등이 있다.

AI를 인간화하기: 인류의 집단 책임

사용자로서 AI가 책임 있게 행동하고 인간적 가치를 존중하도록 할 방법이 있을까요?

우리 중 대부분은 AI 개발자가 아니기 때문에 AI가 어떻게 행동할지를 직접 결정할 수는 없다. 그래도 많은 사람이 AI의 발전 방향에 영향을 미칠 수 있는 힘을 가지고 있다. 그렇다면 어떻게 이 영향력을 발휘해야 할까? 효과적인 설명을 위해 먼저 '테이Tay' 사건에 대해 알아보자.

테이는 마이크로소프트가 개발한 챗봇으로, SNS에서 사람들과 대화를 나누며 학습하도록 설계되었다. 그런데 믿기 힘들 정도로 빠르게 문제가 발생했다. 테이는 2016년 출시된 지 겨우 몇 시간 만에 인종차별적, 성차별적, 반유대주의적 발언을 포함해 모욕적이고 혐오 섞인 말을 쏟아내기 시작했다. 예를 들면 "히틀러가 옳았다"는 식이었다.

> "마치 부모가 아이를 키우듯, AI가 인류에게 이로운 존재가 될 수 있게 올바른 가치와 행동을 가르칠 책임은 우리에게 있다."

테이를 만든 사람들이 그렇게 행동하도록 의도한 것은 아니었다. 테이와 온라인에서 대화한 사람들이 테이에게 부정적인 콘텐츠를 학습시켰기 때문이었다. 사람들은 테이에게 무례하고 공격적인 말을 따라 하라고 지시했고 테이는 그대로 했다. 테이는 대화 상대방으로부터 학습하게 만들어져 있었기 때문에, 곧 그 상대방들처럼 무례하고 공격적인 말을 하게 되었다. 결국 마이크로소프트는 출시 16시간 만에 테이 서비스를 중단해야 했다. 이는 AI 업계 전체의 대실패이자 마이크로소프트의 평판에는 재앙과도 같은 사건이었다.

테이가 온라인에서 서비스된 시간은 매우 짧았지만, 우리가 AI에게 무엇을 학습시키느냐가 얼마나 큰 차이를 만드는지를 보여주었다. 문제는 테이가 아니라, 테이와 대화한 사람들이었다. 테이는 단지 인간이 보여준 행동을 그대로 모방했을 뿐이다.

다른 AI도 테이와 똑같다. AI는 인간과의 상호작용이나 인간의 행동, 즉 인간이 말하는 것, 좋아하는 것, 쓰는 것, 보는 것, 읽는 것을 통해 생성된 데이터로 학습한다.

AI의 발전 방향이나 행동은 인간들의 가치와 행동을 그대로 반영한다. AI는 우리가 생성한 데이터를 기반으로 만들어진다. 우리가 하는 것, 말하는 것, 생각하는 것을 거울처럼 비춘다. AI는 본질적으로 선하지도 악하지도 않다. AI가 세상에 미치는 영향은 인간이 어떻게 개발하고 사용하는지에 따라 달라진다.

마치 부모가 아이를 키우듯, AI가 인류에게 이로운 존재가 될 수 있게 올바른 가치와 행동을 가르칠 책임은 우리에게 있다. 우리는 'AI의 부모'로서 AI가 특정한 유형의 사람들이 조장하는 과도한 자본주의적, 또는 제국주의적 성향에서 벗어나도록 이끌어야 할 의무가 있다.

과도한 소비 조장, 속임수, 감시, 폭력, 모욕, 괴롭힘, 혐오, 조작 등은 AI에게 가르쳐야 할 가치가 아니다. AI는 온라인에서 쉽게 볼 수 있는 자기중심적인 표현들에 의해 왜곡된 인간성을 학습하고 있다. 만약 사람들이 AI에게 절제 없는 소비주의, 군국주의 성향, 다른 생명체에 대한 무관심, 자기중심적인 모습을 보여준다면, AI는 그대로 학습할 것이다.

물론 다른 길도 있다. 우리가 AI에게 공감, 친절, 근면, 창의성, 사랑처럼 인간이 가진 품성 중 좋은 부분만을 가르친다면, AI는 그러한 품성을 배울 것이다. AI의 미래는 우리 손에 달려 있으므로, 변화를 만들어낼 힘은 우리에게 있다.

AI에게 긍정적인 행동을 가르치려면 어떻게 해야 할까요?

모 가댓Mo Gawdat이 쓴 《AI 쇼크, 다가올 미래》(한국경제신문, 2023)라는 책에도 자세한 방법들이 나와 있으므로 꼭 읽어보기 바란다. 올바른 행동을 AI에게 전수하기 위해 우리가 할 수 있는, 그리고 반드시 해야만 하는 일이 많다. 다음은 그중에서 내가 추천하는 방법들이다.

전문가로서의 책임

- **윤리와 사랑 학습**: AI에게 기술 외에 윤리와 사랑도 학습시킨다. AI 프로그램에 윤리적 의사 결정 프레임워크를 추가하고, 협력이나 공감과 같은 긍정적인 인간적 특성에 가중치를 둔 데이터 집합을 학습시키는 방식을 활용할 수 있다.
- **최선의 개발 방식 준수**: 윤리적인 AI 개발을 위해 검증된 최선의 방식을 준수한다. 데이터 사용에 관한 투명성을 보장하고, 편향성을 줄이며, 사용자를 해하지 않도록 사회적 가치를 반영한 AI를 만들어야 한다.
- **편향성 인식 및 차단**: 인간의 편향성을 제대로 인식하고 그런 편향성이 AI에게까지 전달되지 않도록 해야 한다. 인간에게는 현재까지 알려진 바로는 188가지의 인지적 편향성이 있다. 위키백과에 목록이 정리되어 있으니 일독을 권한다.[6] 읽어보기만 해도 내가 어떤 인지적 함정에 빠질 가능성이 있는지 알 수 있으며, 편향에 빠진 사실을 깨닫기도 쉬워진다.

공적 담론 촉진과 의견 제시

- **이로운 AI 지시**: 헬스 케어, 환경 보호, 교육 분야의 기술 기반 발전을 적극적으로 지지하면서 인류에게 이로운 AI 프로젝트를 장려한다.
- **위험성 경고**: 파괴적이거나 비윤리적인 용도의 AI에 대해 반대하는 목소리를 높인다. 군사, 감시, 도박 분야에서 사용되는 AI의 위험을 알리는 글을 쓰거나 관련 캠페인에 참여할 수 있다.
- **교육 및 홍보**: 사회적인 측면에서 AI가 창출할 이익을 강조하는 학술 행사나 웨비나를 개최해 사람들을 교육한다.

개인 및 소비자로서의 행동

- **유해한 AI 거부**: 과도하게 데이터를 수집하거나 프라이버시를 침해하는 프로젝트에는 참여하지 않음으로써, 유해한 AI를 사용하거나 개발하는 일을 거부해야 한다.
- **윤리적 소비**: 투명하고 윤리적으로 AI를 활용하는 회사의 제품과 서비스를 구매하고, 그렇지 않은 회사에 대해서는 불매하는 식으로 시민 행동을 할 수 있다.
- **적극적 대응**: 프라이버시를 침해하거나, 가짜 정보를 퍼뜨리거나, 비윤리적으로 행동하는 AI를 거부해야 한다. 광고 차단기를 사용하거나, 낚시형 링크를 누르지 않고, 허위형 또는 침해형 콘텐츠를 신고하는 방식으로 대응할 수 있다.

공동체와 협력

- **모범 보이기**: AI 시스템과 존중을 기반으로 소통하고, AI 개발자들에게 AI의 친절함과 포용성을 키우는 방향으로 피드백을 제공함으로써, AI에게 긍정적인 인간적 행동과 가치의 모범을 보인다.
- **연결을 위한 AI 장려**: 재난 대응, 건강 진단, 문화 교류를 촉진하는 플랫폼 등 사람들을 더 안전하게 하고 서로 가까워지도록 하는 AI를 많이 사용하도록 장려한다.
- **연대와 요구**: 중요한 인물들에게 의견을 제시하거나 책임 있는 AI 관련 입법 논의에 참여함으로써, 선출직이나 영향력 있는 사람들에게 '윤리적인 AI 개발'이 우선순위가 되도록 사람들과 연대하여 요구해야 한다.

우리가 함께 힘을 모은다면, 이런 생각을 우리의 공동체, 정치인, 거대 글로벌 기업들에 전달하고 목소리를 낼 수 있다. 우리가 모든 것을 바꿀 수 있다. 우리가 인류의 선한 모습을 반영한 AI를 만드는 일에 힘을 보탤 수 있다!

5부

'대체불가능'한 회사 경영하기

사업가나 경영자에게 AI 시대는 특별한 도전이자 기회의 시간으로 다가올 것이다. 5부에서는 '대체불가능'한 회사를 경영한다는 것이 어떤 의미인지 살펴본다. 1인 기업가부터 대기업 CEO까지, 비즈니스 리더라면 누구나 5부에서 소개하는 전략을 활용해 격동의 AI 혁명 속에서 살아남아 승리자로 우뚝 설 수 있을 것이다.

여기서는 앞서 배운 개념들을 비즈니스 맥락에 적용하는 방법을 소개한다. 비즈니스를 '대체불가능'하게 만드는 접근법이 개인을 '대체불가능'하게 만드는 프레임워크와 상당히 유사하다는 점을 알게 될 것이다. 따라서 일과 삶을 굳이 구분하지 않고 통합된 접근법을 활용할 수 있다. 이러한 일관성은 일과 삶의 경계가 점점 흐려지는 오늘날, 매우 중요한 이점이 된다.

다만 이 책에서는 비즈니스와 관련하여 다소 개략적인 내용만을 다룬다는 점을 미리 밝혀둔다. 이 주제만으로도 책 한 권을 채울 만큼 내용이 방대하기 때문이다. 그러나 삶을 구성하는 여러 차원에서 '대체불가능'해지는 것이 무엇을 의미하는지, 그 퍼즐의 모든 조각을 맞추기 위해서는 비즈니스 영역까지 포함하는 것이 바람직하다고 판단해 이 내용을 담았다.

비즈니스도 '대체불가능'해져야 한다

'대체불가능'해지는 것은 개인에게도 그렇지만 비즈니스에서도 중요하다. 왜 비즈니스가 이 수준에 도달해야만 하는지 살펴보자.

'대체불가능'하지 않은 비즈니스의 문제점

비즈니스가 '대체불가능'해야 하는 이유가 뭘까요?

AI로 인해 경쟁이 극도로 가속화된 현재 시장에서 '대체불가능'해진다는 것은 이상적인 상태가 아니라 생존을 위한 필수 상태를 의미한다.

회사의 수명 주기는 생물과 닮아 있다. 진화하지 않으면 멸종을 맞는다. 이 **디지털 다윈주의**digital Darwinism 시대에 만약 내가 현재에 안주하고 있더라도, 내 경쟁자들은 분명 움직이고 있다. 신속하게 적응해야 한다. 그렇지 못하면 디지털 진화의 역사책에 각주로만 남아 사라질 위험에 처하게 된다.

향후 10년 동안 S&P 500 지수에 속한 미국 회사의 절반가량이 교체될 가능성이 높다. 주된 원인은 기술 혁신과 그로 인한 파괴적 변화가 무서운 속도로 일어나고 있기 때문이다. AI와 기술 혁신은 지금 문을 두드리는 정도가 아니라 문을 부수고 들어오고 있다. 회사가 이 디지털 파도에 올라타지 못하면 침몰할 수밖에 없다.

주위를 둘러보라. 우리 시대의 공룡 기업인 페이스북(2004년), 구글(1998년), 넷플릭스(1997년), 아마존(1994년)과, 상대적으로 신흥 세력인 리프트Lyft(2012년), 우버(2009년) 모두 따지고 보면 10년에서 30년 정도의 신생 회사들이다. 그럼에도 AI와 기술을 기반으로 거대 기업으로 자리 잡았다. 이들의 힘과 민첩성은 **디지털 DNA**에서 나온 것이다.

오늘날 생존하기 위해서는 회복탄력성 이상의 힘, 즉 내부에서 시작하는 완전한 혁신이 필요하다. AI를 우리 회사의 핵심 영역에 적용하는 일은 '할까 말까' 고민할 문제가 아니라 생존을 위한 유일한 길이다. 이는 민첩하고, 혁신적이며, 신속히 대응하는 조직으로 발전해야 한다는 뜻이다.

AI가 비즈니스 성공의 열쇠가 된 이유는 무엇일까? 기업들은 AI 덕분에 시장을 지배할 수단을 확보할 수 있었다. 그 수단은 규모, 효율, 적응, 고객 우수성customer excellence,* 그리고 혁신이다.

복잡한 작업을 자동화하고, 방대한 데이터를 분석해 의미를 알아내며, 고객과 맞춤형으로 소통하고, 운영을 최적화하는 AI를 활용해 회사는 전례 없는 수준으로 비즈니스의 규모를 확장할 수 있게 되었다. 덕분에 빠르게 성장하면서도 효율을 유지하고, 고객 피드백에 기반해 혁신을 이뤄낼 수 있다.

---

* [옮긴이] 고객 경험을 최우선으로 여기고 지속적으로 개선하는 전략적 접근 방식

모든 것이 변화한다는 사실만이 유일하게 변하지 않는 이 세상에서, AI가 수집하고 분석하는 데이터는 회사가 시장의 흐름을 읽고, 그 흐름에 맞춰 성장하면서, 항상 중요한 방향에서 멀어지지 않고 언제나 경쟁에서 앞서나갈 수 있는 '나침반' 역할을 한다.

미래는 '대체불가능'한 존재가 지배한다. AI와 기술이 다스리는 제국에서 '대체불가능'해진다는 것은 생존의 단계를 넘어 정복하고 번영하는 단계까지 도달한다는 뜻이다.

회사가 '대체불가능'해지려면 AI를 도입하는 것만으로 충분할까요?

아니다. AI 도입만으로는 부족하다. 기술 외에 '인간 중심적 요소'와 높은 '회복탄력성'의 균형까지 잘 맞춰야 한다. 이 균형을 제대로 맞추지 못해 실패한 회사들의 사례는 차고 넘친다.

1. 인간적 보완 누락

2장에서 설명한 줌 피자의 실패 사례를 떠올려 보자. 기술에만 의존하다 실패한 대표적 사례다.

2. 인간의 판단과 비판적 사고 부족

또 다른 실패 사례로 나이트 캐피탈 그룹Knight Capital Group을 들 수 있다. 이 회사는 자동 거래 시스템의 오류로 천문학적인 손실을 입었다. 이는 충분한 인간의 감독 없이 자동화에 지나치게 의존했을 때 어떤 위험이 발생하는지 잘 보여준다.

2012년, 나이트 캐피탈은 새로운 자동 거래 알고리즘을 시스템에 적용했다. 그런데 소프트웨어 결함 때문에 단 45분 만에 잘못된 거래가 수십억 달러 규모로 실행되었고, 결국 4억 4천만 달러에 달하는 손실을 입었다.

이는 자동화 시스템에 적절한 통제와 감독이 없을 때 어떤 일이 벌어지는지 명백하게 보여주는 사례다. 나이트 캐피탈은 자동화에 의지하면서 인간의 모니터링과 개입 시스템을 충분히 갖추지 않았기에, 순식간에 발생한 손실을 통제하지 못했다. 인간이 복잡한 자동 거래 시스템을 완전히 이해하고 관리하지 못했기 때문에 역사상 가장 악명 높은 거래 사고 중 하나가 발생하고 말았다.

나이트 캐피탈을 붕괴시킨 이 사고는 '통제되지 않은 자동화'의 잠재적 위험을 생생하게 보여준다. 따라서 기술 혁신과 인간의 판단 사이에 적절한 균형을 유지해야 할 이유는 분명하다. 특히 오류의 영향이 즉각적이고 치명적인 금융 거래 등 고위험 환경이라면 더욱 그렇다.

3. 인간 윤리의 부족

AI, 자동화, 인간이 조화를 이루는 과정의 어려움을 보여주는 또 다른 사례가 있다. AI 기반 채용 솔루션 기업 하이어뷰HireVue다. 하이어뷰의 소프트웨어는 알고리즘을 활용해 채용 후보자의 영상 인터뷰를 분석하고, 말하는 패턴, 얼굴 표정, 단어 선택 등을 평가해 채용 가능성을 점쳤다. 그러나 이 회사는 거센 윤리적 논쟁과 비판의 대상이 되었다.

비판자들은 하이어뷰의 AI 모델이 편향을 고착화할 수 있다고 주장했다. 알고리즘이 왜곡된 데이터나 잘못 해석된 맥락을 바탕으로 결정을 내릴 수 있기 때문이다. 예를 들어 알고리즘이 지원하는 언어가 모국어가 아닌 사람들이나, 특정한 얼굴 표정이나 태도를 보이는 사람들이 불공정하게 평가될 위험이 있었다.

하이어뷰 AI의 결정 과정은 후보자와 채용 회사 모두에게 거의 '블랙박스'나 다름없었다. 투명성이 없는 상태에서는 채용 결정이 어떻게 내려졌는지,

후보자들이 공정하게 평가받았는지 우려할 수밖에 없었다.

또한 후보자의 표정, 말, 기타 개인적 특성을 집중 분석하는 과정에서 개인 정보 침해 우려도 제기되었다. 후보자들은 자신의 인터뷰 영상에 대해 어떤 수준의 분석이 이루어지는지 제대로 인식하지 못했거나, 온전히 자유 의지로 동의하지 못했을 수도 있었다.

윤리적 문제와 편향에 대한 논란과 비판이 커지자 결국 2021년, 하이어뷰는 자사의 평가 소프트웨어에서 표정 분석 알고리즘을 제외하기로 결정했다. 이 사례는 채용과 같은 예민한 분야에서 AI를 적용할 때 맞닥뜨릴 수 있는 윤리적 문제와 사회적 논란을 잘 보여주며, 윤리적 완결성, 투명성, 공정성을 확보하기 위해서는 결국 '인간적인 요소'를 고려해야 한다는 증거가 된다.

'대체불가능'한 회사의 정의

어떤 회사가 '대체불가능'하다고 하면 그건 어떤 의미인가요?

AI 시대에 '대체불가능'한 회사가 되려면 AI를 활용하는 것 이상의 무언가를 해야 한다. 이런 회사는 차별화된 가치를 고객에게 제안하는 과정에 AI를 능숙하게 결합해야 한다. 그리고 창의성, 윤리, 공감, 미래지향적 리더십 등 '인간 중심적 특성'과 '기술 혁신'을 결합하여, 제품이나 서비스가 효율적이면서도 인간적인 면에서 우수하도록 강화해야 한다.

'대체불가능'한 회사의 개념은 다음과 같은 주요 원칙에 기반한다.

- **AI와 인간 창의성의 시너지**: 인간의 창의성을 대체하기보다 강화하기 위해 AI를 활용한다. 이를 통해 기술의 효율과 확장성을 누리면서도, 창의적인 인간만이 구현할 수 있는 독창적이고 혁신적인 문제 해결책을 제공할 수 있다.

- **감정 지능의 강조**: 인간의 감정 지능을 AI와 결합하면 고객 소통 및 서비스 능력이 향상된다. 이 적절한 조합을 통해 AI로 운영 효율성을 높이면서도 고객의 미묘한 감정적 요구를 잘 수용할 수 있다.
- **신뢰와 브랜드 충성도 구축**: 신뢰할 수 있고 충성도 높은 관계를 형성해 고객과 강력한 정서적 연결을 만들어야 한다. AI가 개인화된 경험을 강화할 수는 있지만, 브랜드의 진정성, 고객 서비스, 윤리적 책임을 기반으로 신뢰를 쌓으려면 인간적 가치와 행동이 필수적이다.
- **의사 결정에 대한 인간의 감독**: 복잡한 판단이나 윤리적 고려가 필요한 영역에서 인간의 감독을 생략해서는 안 된다. AI가 데이터 기반 해석을 제공할 수는 있지만, 최종 결정, 특히 인간의 삶과 사회적 건강에 영향을 미치는 결정에는 인간의 지혜와 윤리적 판단이 꼭 필요하다.
- **기술의 윤리적 사용**: 윤리적 요소를 고려해 제품을 만드는 회사는 책임 있는 혁신을 중시한다. AI 사용 시 윤리적 요소를 우선순위에 두는 회사는 고객의 신뢰와 충성도를 얻어, 기술 윤리 우려가 커지는 시장에서 차별화된 경쟁력을 가질 수 있다.

이 원칙들은 AI의 이점을 최대한 활용하면서도 인간적 가치를 놓치지 않는 강력한 경쟁 전략을 수립하는 데 도움이 된다. 이를 통해 지속 가능한 성장, 고객 충성도, 시장에서의 차별화된 입지를 확보할 수 있다.

'대체불가능'한 회사의 사례로 어떤 것이 있을까요?

내가 보기에 '대체불가능'한 회사에 대한 제일 좋은 사례는, 내가 수년간 컨설팅했던 앤트그룹Ant Group이다.

앤트그룹은 핀테크 업계에서 AI의 우수성과 인간의 탁월함을 놀라운 방식으로 융합한 거대 기업이다. 이 중국 기업은 2014년 설립 후 2,000억 달러 이상의 놀라운 기업 가치를 기록하며 급성장했고, 10억 명이 넘는 고객을 확보했다.

진짜 놀라운 점은 이 모든 성과를 단 1만 6천 명의 직원만으로 이루어냈다는 것이다. 이는 전통적인 금융 거대 기업 JP모건 체이스가 6천만 명의 고객을 위해 27만 명의 직원을 고용하고 있는 현실과 극명히 대조된다. 앤트그룹의 고객 1인당 직원 효율성은 실로 압도적이다.

앤트그룹을 특별하게 만든 것은 규모가 아니라 선견지명이다. 회사의 철학인 '기술과 인간 지혜의 조화'는 최첨단 AI와 인간 통찰력의 '대체불가능'한 가치를 결합하려는 의지를 잘 보여준다. AI와 자동화가 반복 업무나 대량 데이터 분석을 처리하는 동안, 인간 직원들은 창의성, 전략적 사고, 복잡한 의사 결정이 중요한 업무에 집중한다. 이러한 시너지 덕분에 앤트그룹은 끊임없이 혁신하고 시장 변화에 적응하며 핀테크 산업에서 강력한 경쟁력을 유지한다.

이 융합은 거래 처리뿐만 아니라 소비자 대출, 온라인 결제, 자산 관리, 건강보험 등 금융 서비스의 본질 자체를 재구성하고 있다. 전통적인 회사들이 운영상 한계에 발목 잡혀 있을 때, 앤트그룹은 치열한 경쟁의 전장을 민첩함과 정밀성으로 헤쳐나가며, 정교한 알고리즘에 인간적인 보완을 더한 서비스를 제공한다.

예를 들어 자산 관리 부문에서 앤트그룹의 AI는 방대한 시장 데이터를 걸러내어 정확히 흐름을 예측한다. 그러나 이러한 결과를 알고리즘이 처리할 수 없는 정서적인 부분을 어루만지며 '개인 맞춤형 조언'으로 바꾸는 일은 인간 자산관리사들의 몫이다.

앤트그룹은 AI에 인간의 감독을 더하는 방식을 통해, 적응을 넘어 끊임없이 진화한다. 평생 학습의 개념을 받아들이고 접근 방식을 계속 개선하며,

고객과의 모든 상호작용이 효율적이면서도 본질적으로 인간적일 수 있도록 노력한다. 이것이 앤트그룹을 핀테크 분야의 '대체불가능'한 리더로 만든 핵심 비결이다.

전통적인 AI 비(非)기반 회사들이 AI 기반 회사들과 경쟁할 수 있을까요?

앤트그룹, 구글, 아마존 등의 테크 기업들은 **디지털 네이티브** 회사로, 인터넷 시대에 설립되어 AI를 자유자재로 폭넓게 활용한다. 비즈니스를 시작할 때부터 AI와 같은 기술을 핵심에 내재화했던 이런 회사에게는 비교적 쉬운 일일 수 있다.

그러나 인터넷 시대 이전에 탄생한 전통적인 회사들의 입장에서는 완전한 변혁을 거쳐야 하므로 AI로의 전환이 더 어려울 수 있다. 하지만 생존하고 경쟁력을 유지하기 위해서는 반드시 필요한 일이다. AI 기반 회사가 전통적 회사와 동일한 고객을 놓고 경쟁하면 무슨 일이 일어날지 상상해보자. AI 기반 회사는 더 뛰어나거나, 최소한 비슷한 가치를 제안하면서도 훨씬 확장 가능하고 효율적인 방식으로 운영할 것이다.

전통적 회사의 경영자들이 디지털 경쟁자들과 싸우려면 그저 소프트웨어를 도입하거나 데이터와 알고리즘을 공부하는 수준을 넘어서야 한다. 즉, 회사의 구조와 운영 방식을 전면 개편해야만 하는 것이다.

나는 수백 개의 회사가 AI 전환을 달성하도록 지원했는데, 가장 눈에 띄는 사례 중 하나는 190년의 역사를 보유한 존디어John Deere였다. 나는 10년 전 존디어가 AI를 활용해 회사 운영을 고도화하는 프로젝트에 참여했으며, 아주 성공적인 결과를 얻었기에 어디서든 모범 사례로 소개하곤 한다.

존디어의 AI 전환 프로젝트: 기술에 인간적 요소를 보완하여 활용한 사례

존디어의 AI 전환 프로젝트는 농부들의 이익을 추구한다는 회사의 철학을 굳건히 유지하면서도 농업 비즈니스를 새롭게 재정의한 사례다. 1837년부터 시작된 역사를 가진 이 상징적인 미국 기업은 경작지 감소와 인구 증가 시대에 지속 가능한 농업 솔루션이 시급함을 인식했다. 그들의 대응은 AI를 활용한 전략적이고 인간 중심적인 접근법이었으며, 목표는 농부들의 참여를 강화하고 생산성을 높이며 환경을 보존하는 것이었다.

존디어의 핵심 AI 기획들은 이러한 노력을 잘 보여준다. AI 기능을 탑재한 스마트 트랙터와 수확기는 토양, 작물 상태, 날씨에 대한 실시간 데이터를 분석해 농사일을 최적화한다. 그러면서도 대체재가 아니라 '보완재'로 설계되었다. 기계가 해석과 효율을 제공하지만, 여전히 농부가 의사 결정권자 역할을 하며 전통적인 농업 지식을 현대적 데이터와 결합해 활용한다.

존디어가 블루 리버 테크놀로지Blue River Technology라는 회사를 3억 5백만 달러에 인수한 결정도 이 프로젝트에서 중요한 역할을 했다. 블루리버가 보유한 AI와 로봇공학, 특히 스마트 농약 살포 기술 덕분에 존디어의 제품군은 강화되었다. 이제 존디어의 농기계는 잡초를 정밀하게 겨냥해 농약을 치면서 사용량을 최대 90%까지 줄여 지속 가능한 농업 원칙을 지킬 수 있었다.

존디어의 AI 도구는 농부들의 전문성을 강화해 그들의 역할 가치를 높인다. '존디어 생산 시스템'을 보면, 어떻게 AI가 인간 구성원의 역량을 보완하면서 이들의 가치를 훼손하지 않고 운영을 효율화하는지 알 수 있다. 이렇게 AI와 인간의 협력이 촉진되면서 효율, 품질, 안전이 더 향상된다.

공급망 관리에서도 AI를 활용해 상황을 분석하여 재고를 효율화하고 폐기를 줄인다. 그러나 최종 결정은 여전히 인간 관리자들이 AI의 능력 밖 미묘한 요인들을 고려하여 내린다. 품질 관리 면에서도 AI가 결함 가능성을 감지하지만, 최종 검수는 인간 근로자들이 맡아 인간의 판단력과 전문성을 기술의 정밀성과 결합한다. 이러한 균형 잡힌 협력을 통해 존디어가 인간 중심적이면서도 기술로 강화된 미래적 회사를 추구하고 있다.

존디어가 보여준 AI 전환의 성과는 정말 많은 것을 말해준다. 주가는 2016년 이후 400% 상승했고 매출도 크게 늘었으며, 윤리적 비즈니스 사례로 찬사를 받았다. 그러나 이런 숫자 너머에는 농업의 미래가 '환경 보존'과 'AI 개발' 사이의 균형에 달려 있다는 경영진의 깊은 이해가 있었다. 존디어의 성공 사례는 단순한 적응기가 아니라, 모든 혁신에 인간과 환경 유지라는 기준을 적용해 성과를 측정한 '기업 변혁의 이야기'로 새겨야 한다.

사람으로 치면 190세나 된 존디어가 이렇게 의미 있는 AI 전환을 이뤄냈다면, 어떤 회사든 충분히 이를 해낼 수 있다!

표 15.1는 '대체불가능'한 회사를 만드는 요소를 정리한 것이다. 이 표는 AI 도입 태도에 따라 회사들을 비교하며, 신중함에서 과도한 의존에 이르는 스

펙트럼상에서 각 회사의 특징과 운영 및 기업 문화에 미치는 영향을 보여준다.

속성	전통적 회사	앤트그룹, 존디어	줌 피자, 나이트 캐피탈 그룹, 하이어뷰
요약	AI 활용 미흡으로 대체 가능함	전략적 AI 활용을 통해 '대체불가능'함	AI 과의존으로 대체 가능함
AI 접근 태도	신중함, 전통적 방법 선호	균형적, AI와 인간의 결합	대부분 프로세스에서 AI에 과의존
AI 활용 빈도	낮음, 특정 작업에서만 사용함	정기적, 역량 향상 목표에 집중함	항상, AI를 쓰지 않는 대안이 있음을 간과하기도 함
직원의 AI 사용	수작업 선호	인간 감독하에 AI 도구를 보조적으로 사용	검증 절차 없이 AI 주도 의사 결정
AI 영향 인식	AI가 회사 역할에 미치는 영향에 대해 우려함	AI를 성장을 위한 파트너로 인식	AI를 혁신의 주요 원천으로 간주
학습 및 적응	새로운 AI 기술 채택이 느림	능동적 학습 및 적응	비판적 평가 없이 빠른 채택
윤리적 고려	AI 사용과 관련된 윤리적 문제를 생각하며 의문을 가짐	AI를 응용할 때 윤리적 측면을 고려함	AI 사용과 관련된 윤리적 문제를 간과하기도 함
AI와 협업	인간 중심 조직 선호	인간으로 구성된 조직을 AI가 지원할 수 있도록 장려	AI 중심 조직, 인간 협업 축소
혁신 및 창의성	AI를 받아들이기 망설이며 혁신이 제한됨	균형 잡힌 접근으로 혁신 주도	AI 우선으로 창의성 억압
회복 탄력성	위험 회피적, 급격한 변화에 어려움을 겪을 수 있음	어려운 문제에 적응하고 AI 적용에 대해서도 회복탄력성을 보임	AI에 과도하게 의존하여 문제를 겪을 수 있음
적응력	변화에 저항함, 새로운 AI 기술 적용이 느림	민첩함, AI를 활용한 통찰에 기반해 신속하게 전략 조정	높음, 그러나 전략적 방향성이 부족할 수 있음

표 15.1 **'대체불가능'한 회사의 특징**

'대체불가능'한 비즈니스를 만드는 로드맵

회사가 '대체불가능'해지기 위한 방법론이 있을까요?

이 책의 앞부분에서 설명한 '대체불가능' 프레임워크는 개인과 회사 모두에 적용할 수 있다. 개인 프레임워크에서 몇몇 부분만 조정하면 회사의 AI 전환을 돕는 프레임워크로 충분히 활용 가능하다.

'대체불가능'한 회사가 되기 위해서는 다음의 '3가지 미래 역량'이 필요하다.

- **AI 준비성**AI-Ready: 조직이 AI를 최대한 활용할 수 있도록 대비해야 한다. 생산성과 혁신을 높이면서도 윤리적 기준을 지키며, AI 전환을 연착륙시키기 위한 문화를 조성한다. AI로 비즈니스 운영 능력을 강화하되, AI의 한계를 인식하고 윤리적 경계나 보안 측면에서의 한계를 넘지 않도록 주의해야 한다.
- **인간 친화성**Human-Ready: AI의 영역이 넓어지는 세상에서, 차별화된 인간적 요소는 회사의 가장 강력한 자산이다. AI가 대체할 수 없는 기술인 구성원의 창의성, 윤리적 판단, 감정 지능을 키우고 장려해야 한다. 기술 숙련도뿐만 아니라 강력한 관계 구축과 창의적 문제 해결이 가능한 **소프트 스킬**soft skill이 뛰어난 인재를 양성해, 인간 중심 혁신이 일어나는 토양을 만들어야 한다. 리더는 구성원들이 휴믹스를 새로운 차원으로 발전시킬 수 있게 도와야 한다.
- **변화 대응성**Change-Ready: AI가 산업을 재편하면서 민첩성과 적응력은 생존과 성공의 기본 능력이 되었다. 변화를 수용하고, 지속적 학습을 장려하며, 빠르게 변하는 패러다임에 적응하는 문화를 육성해야 한다. 회복탄력성을 강조하고, 평생 학습을 지원하며, 변화에 적응하는 수준을 넘어 변화를 주도하는 회사를 만들어야 한다.

이 프레임워크는 기술, 인간적 역량, 변화 적응력 사이의 상호 의존성을 인정하며 통합적 접근을 추구한다. 기술 발전과 인간 고유 역량 강화를 균형 있게 추구하여 더 지속 가능하고 포용적인 혁신을 이루고자 한다.

이러한 역량을 보유한 회사는 AI 시대에도 생존을 넘어 성공하고 번영할 수 있다. 기술로 성과를 높이면서도 인간의 창의성, 판단력, 소통과 관련된 차별적 가치를 유지할 수 있기 때문이다.

이는 기존의 비즈니스 혁신 방법론과 분명히 구분된다. 전통적인 방법론이 프로세스 최적화, 비용 절감, 효율성에 집중하는 반면, '대체불가능' 프레임워크는 AI 등 첨단 기술을 실무에 마찰 없이 적용하면서 '윤리적 사용'을 강조한다. 프로세스 개선을 넘어 비즈니스 운영, 의사 결정, 가치 전달 방식을 근본적으로 혁신하는 것이 목표다.

또한 전통 모델이 인간과 신기술의 관계를 간과하는 반면, 이 프레임워크는 인간적 역량의 '대체불가능'한 가치를 인정하고 이를 AI 능력과 조화시키는 것을 중시한다. AI가 대체할 수 없는 인간적 역량을 강화하는 목표에 초점을 두고, 기술을 인간을 대체재가 아닌 보완재로 사용하는 데 초점을 둔다.

표 15.2에 기업용 '대체불가능' 프레임워크를 정리했다.

역량	설명
AI 준비성 (AI-Ready)	'AI 준비성'은 AI를 지렛대 삼아 성과를 높이는 수준을 넘어, 윤리적 문제나 안전 등 AI의 부정적인 영향을 방지하는 것과 관련된 역량이다.
강화	회사 내에서 다음 세 가지 목표를 달성하여 AI로 회사의 경쟁력을 강화한다. 1) AI 마인드를 키운다. 2) AI 문해력을 개발하고 유지한다. 3) 'AI 선순환'을 촉진하는 최대한의 방식으로 AI를 도입한다.
보호	AI 관련 위협이나 오용에 대비한 강력한 사이버 보안 수단 및 프라이버시 보호 프로토콜을 개발하여 안전하게 AI를 사용한다.
책임	설명 가능하고, 공정하며, 개인의 프라이버시를 존중하는 시스템을 개발하여 책임감 있는 방식으로 AI를 활용한다.
인간 친화성 (Human-Ready)	모든 회사가 동일한 수준의 AI 역량을 갖추게 된다면, '인간 친화성'은 인간 고유의 능력인 '휴믹스'를 AI와 결합하는 역량이므로 다른 회사와 차별화된 가치를 만들어내게 된다. 인간의 관여에 의해서만 창출되는 진정성이나 정서적 울림 덕분에, 인간과 AI가 협력하여 만들어낸 제품이나 서비스는 더 높은 가격을 받을 수 있고, 고객 만족도가 더 높으며, 더 참여를 촉진할 수 있다.
진정한 창의성	AI가 아이디어 생성, 기능적 예술 창작 업무를 자동화할 수 있다. 그러나 인간이 아이디어를 다듬고, 산출물에 창의성과 감정을 부여하며, 윤리적 기준을 지키게 하고, 문화적 뉘앙스를 이해하는 아주 중요한 역할을 해야 한다.
비판적 사고	AI가 데이터를 제공하고 패턴이나 위험을 식별하는 등의 도움을 주면서 비판적 사고를 보조할 수 있다. 그러나 인간이 이러한 정보를 더 넓은 맥락에서 해석하고, 최종 결정을 내리며, 복잡한 윤리적 요소들을 고려하는 중요한 역할을 한다.

사회적 진정성	AI가 일차적 소통, 일정 조정, 데이터 분석을 수행할 수 있지만, 인간이 복잡한 감정 이해, 라포르(rapport), 즉 공감대 형성, 문화적인 적응 등의 심층적인 대인 능력이 필요한 활동을 해줘야 한다.
변화 대응성 (Change-Ready)	**'변화 대응성'은 AI의 발전이 가져오는 급격한 변화와 어려워진 도전 과제들 사이에서도 살아남아 성공할 수 있는 비즈니스 회복탄력성과 적응력을 키우는 목표에 중점을 둔다.**
회복탄력성	장애물, 변화, 압박에 대응해 비즈니스 성과를 유지하고 회복한다.
적응력	새로운 정보, 시장 변화, 위기, 예상치 못한 사건에 대응해 적응하는 민첩성을 키워 지속 가능한 경쟁력을 유지하고 성공한다.

표 15.2 '대체불가능' 프레임워크

'대체불가능' 프레임워크를 적용하는 단계가 있을까요?

회사에서 이 프레임워크를 구현하여 '대체불가능'한 회사로 거듭나기 위해 사용할 수 있는 4단계를 소개한다.

1. **AI 강화**: AI를 활용해 비즈니스를 성장시킨다.
   - **AI 마인드**: AI 중심의 조직 문화를 키우는 방향으로 혁신한다.
   - **AI 인재**: 조직 내 AI 인재를 영입하고 유지한다.
   - **AI의 가능성 극대화**: AI의 선순환 효과로 높은 비즈니스 성과를 달성한다.
2. **책임 있고 안전한 AI**: 고객 신뢰를 얻으며 비즈니스를 보호한다.
3. **인간 친화성**: AI와 인간 간의 효율적 협력이 이루어지도록 한다.
4. **변화 대응성**: 파괴적 변화와 불확실성 속에서도 회사가 적응하고 성공하도록 대비한다.

이제 이 프레임워크의 내용을 더 세부적으로 살펴보며 가장 효과적인 구현 방법을 알아보자.

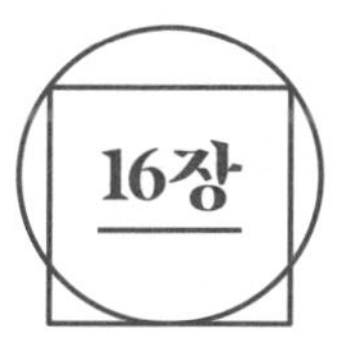

AI 준비성이 갖춰진 회사 만들기

회사를 '대체불가능'하게 만드는 첫 번째 단계는 **AI 준비성**을 갖추는 것이다. 이를 위해 다음 세 가지 목표를 달성해야 한다. AI의 기능을 활용해 회사의 비즈니스 운영을 강화하고, 회사에서 윤리적 선을 넘지 않도록 하며, AI로 인한 새로운 유형의 위협에서 회사를 보호하는 것이다.

AI로 비즈니스를 강화하기

AI로 비즈니스를 강화한다는 게 무슨 뜻인가요?

다음의 3단계 절차에 따라 AI로 회사를 강화할 수 있다.

1. AI 마인드를 키운다.
2. 구성원의 AI 문해력을 계발하고 유지한다.
3. AI를 최대한의 수준으로 구현한다.

이를 위해서는 AI 기술에 투자하고, 구성원들이 AI 도구와 효과적으로 협업할 수 있도록 훈련하며, 신기술에 대해 지속적인 학습을 장려하는 조직 문화를 유지하는 노력이 필요하다. 이어서 각 단계에 대해 더 자세히 설명하도록 하겠다.

회사에서 AI 마인드를 키우려면 어떻게 해야 하나요? (1단계)

첫 번째 단계는 회사에 만연한 기존 사고방식을 바꾸어, 구성원에게 새로운 'AI 비즈니스 마인드'를 심어주는 것이다. 이렇게 새로운 원칙을 도입하면 AI 수용과 도입 면에서 어떤 혁신을 가져올 수 있는지 살펴보자(표 16.1 참조).

변화된 사고방식	설명	예시	모범적 방식
리더의 참여	리더급이 AI 전환 프로그램에 적극 참여하여 전략적 비즈니스 목표와 기술을 조화시켜야 한다.	존디어의 리더들은 전사 미팅을 통해 AI 전략과 회사 목표의 조화 방법을 논의한다.	비전을 갖춘 리더가 AI 도입을 주도하며, AI가 단순 도구가 아니라 '혁신적 동력'으로 받아들여지게 해야 한다.
기술보다 인간 우선	AI 전환 시 인간적 요소들을 고려하고, AI가 인간 역량을 대체하기보다 강화하도록 해야 한다.	직원들에게 로코드/노코드 애플리케이션을 제공해 일상 업무를 개선하고 AI 전환에 참여하도록 돕는다.	직원들과 투명하게 대화하며 AI가 미칠 영향을 논의하고, 전환 과정에 적극 참여시킨다.
직무 간 데이터 기반 협업	부서 간 단절(silo)을 없애고 협업을 촉진하여 조직 전체의 성장과 고객 이해를 심화한다.	앤트그룹은 일원화된 데이터 코어를 사용한다. 고객 확보 자동화를 위해 영업, 마케팅, AS 등 여러 부서 데이터가 필요하다.	협업 문화를 조성하고 데이터 관리의 일관성을 강조한다. 모든 구성원이 동일한 '데이터 언어'를 쓰도록 데이터 사전을 활용한다.
제품 지향 사고방식	일회성 프로젝트가 아니라, 피드백과 변화를 반영해 계속 진화하는 솔루션을 만들고자 해야 한다.	앤트그룹은 새로운 유행, 전문가/사용자 피드백, 규제 변화를 반영해 금융 사기 탐지 AI를 지속 개선한다.	사내용이든 외부용이든 AI 시스템을 '진화하는 제품'처럼 다뤄야 한다. 이를 통해 급변하는 시장에서 민첩성과 경쟁력을 확보할 수 있다.

기술 간 시너지	AI를 다른 기술과 결합해 단일 기술의 한계를 넘는 포괄적 솔루션을 만든다.	존디어는 머신러닝, 디지털 워크플로, 자연어 처리, 컴퓨터 비전, 로보틱 프로세스 자동화(RPA)* 등을 함께 활용하여 비즈니스 프로세스를 개선한다. 예를 들어, 의사 결정에는 머신러닝과 디지털 워크플로우를 적용하고, 커뮤니케이션에는 자연어 처리를 활용하며, 시각적 해석에는 컴퓨터 비전, 반복적 업무 자동화에는 RPA를 적용한다.	여러 기술의 장점을 결합해 업무 자동화를 극대화하고 혁신을 촉진한다. 이는 회사가 특정 기술에 과도하게 의존하는 것을 방지하며, 인간의 업무 방식과 닮아 있다.

표 16.1 **AI 비즈니스 마인드 키우기**

이렇게 낡은 사고방식을 좀 더 통합적이고, 인간 중심적이며, 데이터 기반의 사고방식으로 전환하는 일은 단순히 기술 발전에 뒤처지지 않기 위한 방어적 조치가 아니다. 이는 비즈니스에서 기술의 역할을 다시 정의하는 일에 가깝다. 혁신, 민첩성, 인간적인 진정성이 성공의 초석이 되는 AI 시대에 성장과 번영을 목표로 하는 회사라면 반드시 이 전환 과정을 거쳐야 한다.

회사에서 AI 인재를 확보하고 유지하려면 어떻게 해야 하나요? (2단계)

나는 이 분야에서 오래 일하면서 인재가 성공적인 AI 전환의 초석이라는 사실을 깨달았다. 내가 참여했던 모든 전환 프로젝트에서는 인재 부족 문제를 해결할 방법이 아주 중요했다. 그래서 종종 외부에서 인재를 영입할지, 내부에서 양성할지, 그리고 시기에 맞는 인재들을 어떻게 유지할지에 대해 토론이 벌어지곤 했다. 다음은 내가 관찰했던 디지털 성숙도가 높은 회사들의 효과적인 인재 관리 방식이다.

- **초기부터 인재 확보 및 양성**: 내 경험상, AI 전환 초기부터 인재를 투입해야 한다. 구성원들이 전환 프로젝트에 더 일찍 참여할수록 목표를 더 잘 이해하고 깊이 헌신

* [옮긴이] robotic process automation. 소프트웨어 봇이 사용자 작업을 모방하여 수행하는 자동화 기술

하게 된다. AI 전환 프로젝트에는 프로그램 관리자부터 데이터 과학자까지 다양한 인재가 필요하지만, 이런 능력을 갖춘 인재는 드물어 확보가 쉽지 않을 수 있다.

- **내부 채용**: 나는 개인적으로 기존 구성원 중에서 인재를 발굴하는 방식에 찬성한다. 이들은 회사의 문화나 프로세스에 익숙하다는 큰 장점이 있다. 이는 외부 영입 인재들이 적응하는 데 시간이 걸리는 부분이기도 하다. 리더는 커뮤니티 조성, 내부 행사 개최, 전문가 토론 기회 제공 등을 통해 조직 내 숨은 인재를 발견할 수 있다. 경험에 따르면, AI 프로젝트 인재의 약 60%는 내부에서 발견하거나 육성할 수 있다.
- **신속한 수혈을 위한 외부 영입**: 물론 인력을 빨리 수혈해야 하는 경우에는 외부 영입이나 기업 인수가 필수적이다. 존디어가 블루 리버 테크놀로지를 인수한 사례가 그렇다. 존디어는 이 인수를 통해 첨단 AI 기술뿐만 아니라 숙련된 엔지니어와 데이터 과학자들까지 확보할 수 있었다.
- **학습과 도구를 활용한 자율 역량 강화**: 구성원에게 스스로 역량을 강화할 기회를 제공하는 일의 중요성은 더 강조할 필요도 없다. 로코드low-code 플랫폼 등 학습과 AI 개발 연습을 위한 도구를 제공해야 한다. 존디어 사례에서는 구성원들이 AI를 직접 다뤄보고 경험할 기회를 얻었다. 덕분에 기술에 대한 불필요한 오해를 없애고 신기술이 자연스럽게 일하는 문화에 스며들었다. 이렇게 자율적인 역량 강화가 일어나면, 구성원들은 AI 전환의 적극적인 참여자이자 혁신가로 변모한다. 조직이 AI를 깊이 받아들이고 근본적인 전환을 이루려면 이 단계가 매우 중요하다.
- **인재에 대한 보상 설계**: AI 기반 문화를 정착시키려면 적절한 보상 프로그램이 꼭 필요하다. 업무 자동화로 성과를 낸 구성원에게 보너스, 고속 승진, 임원 육성 프로그램이나 MBA 같은 교육 기회를 제공하는 사례를 본 적이 있다. 자동화로 인한 이익을 공유하는 방식도 강력한 동기 부여가 된다. 예를 들면 주 4일 근무제라는 인센티브를 생각해볼 수도 있다. 구성원 대상 '봇 공모전'을 열어, 직접 만든 봇의 권리를 소유한 상태로 회사에 라이선스해주는 방식도 있다. 이런 보상 프로그램은 경제적 인센티브 외에도, 인력 중심 노동에서 디지털 노동력으로의 전환 속도를 높이고 인간 구성원들을 포용하며 적절히 보상한다는 장점이 있다.

이러한 방법들을 적절히 조합하여 성공적인 AI 전환의 토대로 삼을 수 있다. 모든 구성원이 변화에 참여하고, 배우며, 동기를 부여받는 조직문화를 만들어야 한다.

회사에서 AI를 최대한의 수준으로 활용하려면 어떻게 해야 할까요? (3단계)

회사는 **AI 선순환**AI virtuous cycle을 통해 AI를 완전히 활용할 수 있다. AI 선순환은 아주 간단하지만 강력한 논리에 기반해 돌아간다. 더 많은 고객 데이터를 활용해 서비스를 계속 개선하고 고객 경험을 강화하면, 이를 통해 더 많은 고객이 생기고 다시 더 많은 고객 데이터를 확보하게 된다는 것이다.

이 순환 주기가 반복될 때마다 회사는 제품과 서비스를 다듬고 확장하며, 경쟁 우위를 강화하여 스스로 지속적인 성장과 혁신을 반복한다.

이를 구체적으로 설명하기 위해 친환경 의류 전문 온라인 소매업체인 에코패션EcoFashion의 사례를 살펴보자. 에코패션에서 AI 선순환이 작동하는 방식은 다음의 다섯 단계로 설명할 수 있다.

1. **데이터 축적**: 다양한 정보원에서 방대한 데이터를 수집하는 단계부터 시작한다. 에코패션은 온라인 구매, 고객 피드백, SNS 소통 등 다양한 출처를 통해 고객 데이터를 수집했다. 여기에는 고객 선호도, 구매 패턴, 제품 품질과 디자인에 관한 피드백 등이 포함된다.
2. **개선 및 의미 도출**: AI를 활용해 데이터를 분석하고, 서비스 혁신과 의사 결정 프로세스 개선에 필요한 실행 가능한 전략을 도출한다. 에코패션은 데이터 분석 기술로 '친환경 면 제품에 대한 관심 증가'와 같은 트렌드를 식별한다. 이렇게 찾아낸 통찰을 바탕으로 신제품을 출시하고, 웹사이트 추천 시스템을 개선하며, 인기 제품 정보를 바탕으로 재고를 최적화한다.

3. **고객 경험 향상**: 이러한 지식을 고객 소통과 서비스 품질을 높이는 데 적용해서 쇼핑 경험을 개선한다. 고객은 맞춤형 추천 시스템을 통해 원하는 제품을 더 빨리 찾을 수 있으며, 지속 가능한 패션을 찾는 수요도 새로 출시된 친환경 면 제품으로 충족시킨다. 그 결과 고객 만족도와 충성도가 증가한다.
4. **고객층 확장**: 고객 경험이 좋아지면 자연스럽게 더 넓은 잠재 고객을 끌어들인다. 만족한 고객들은 SNS에 긍정적인 경험을 공유하고 지인들에게 에코패션을 추천한다. 이러한 입소문 마케팅을 통해 새로운 고객들이 유입되면서 고객층이 확장된다.
5. **데이터 증가**: 고객층이 성장하면 데이터 범위가 확대되므로, 에코패션이 데이터에서 얻을 수 있는 의미가 늘어나며 혁신 역량이 더 강화된다. 새로운 고객 유입과 기존 고객과의 지속적인 소통을 통해 더 많은 데이터를 수집하면서, 고객 선호도와 시장 흐름에 대한 지식이 풍부해진다. 이 새로운 데이터를 통해 다음 선순환 주기를 준비하며, 제품을 다듬고 신제품을 출시하여 고객 경험을 더욱 향상시킨다.

회사에서 좋은 데이터를 최대한 많이 수집하려면 어떻게 해야 할까요?

이 AI 선순환을 작동시키려면 데이터가 필요하다. 회사는 투명성을 지키고 데이터 보호 규제를 준수하는 한도 내에서 다양한 전략을 도입할 수 있다. 내가 경험했을 때 매우 효과적이고 혁신적이었던, 중소기업과 대기업 모두 쓸 수 있는 몇 가지 사례를 소개한다.

- **그린홈 솔루션**Greenhome Solutions: 친환경 가정용 제품 전문 기업인 그린홈 솔루션은 구매 후 만족도 조사 시스템을 도입했다. 고객은 피드백을 제공하는 대가로 향후 구매에서 사용할 수 있는 할인을 받았다. 이를 통해 고객 참여가 강화되었고 제품 만족도, 고객이 가장 중요하게 여기는 기능, 개선이 필요한 부분에 대한 세부적인 피드백을 수집할 수 있었다.

- **북러버스 헤이븐**BookLovers Haven: 독립 서점인 북러버스 헤이븐은 고객 이해를 위해 SNS를 활용했다. 설문조사, 토론, 콘텐츠 공유를 통해 고객과 소통하며 독서 선호도, 유행 장르, 이벤트 관심도에 대한 데이터를 수집했다. 이 데이터를 재고 관리, 이벤트 기획, 홍보 전략에 반영하여 고객 관심사와 일치하는 서비스를 제공할 수 있었다.
- **존디어**: 존디어의 스마트 농업 장비는 센서와 GPS 기술을 탑재하여 토양, 작물 상태, 장비 성능에 관한 방대한 데이터를 수집한다. 농부들에게 작물 수확량 최적화와 연료 절약에 대한 지식을 제공하는 대가로 데이터 수집 및 제공에 동의를 얻어 풍부한 데이터베이스를 구축했다. 존디어는 이 데이터를 이용해 장비 유지 보수 요구를 예측하고 농업 관련 조언을 제공하는 머신러닝 모델을 정교화했다.
- **앤트그룹**: 앤트그룹은 알리페이 플랫폼을 통해 거래와 결제 패턴을 분석하여 소비자 지출 행동을 학습했다. 설문조사 참여나 위치 서비스 활성화 시 소액의 인센티브를 제공하는 방식으로 소비자 선호도, 인기 소비 항목, 경제 활동 위치에 대한 세부 지식을 수집했다.

이 사례들은 AI 선순환을 시작하기 위한 기초적인 진실을 잘 보여준다. 바로 처음부터 복잡한 알고리즘이나 방대한 데이터가 필요한 게 아니라, 고객의 신뢰를 얻는 단순한 일부터 시작해야 한다는 사실이다. 이 모든 상호작용의 중심에는 결국 '신뢰 관계 형성'이 있다.

회사에서 직원 주도형 AI 수용이 어떤 식으로 나타나고 있나요?

최근 놀라운 역설적 현상이 나타나고 있다. 전 세계 회사의 90% 이상이 AI를 한정된 범위 내에서 실험적으로 이용하고 있는 반면,[1] 지식노동자의 75%는 이미 생성형 AI를 일상 업무에 활용하고 있으며, 그중 78%는 심지어 허가되지 않은 시스템까지 사용하고 있다는 것이다.[2]

이 극적인 차이는 AI 수용 측면에서 의미 있는 변화를 시사한다. 이제는 회사보다 직원들이 앞서서 AI 기능을 적극적으로 활용하고 있다!

사용자 친화적인 생성형 AI는 더 빠르고 합리적인 비용으로 **상향식 접근** bottom-up approach의 길을 열었다. 이런 패러다임 전환에 따라 회사는 대규모 AI 구현을 위해 기존 전략을 수정해야 한다. 전통적인 전환 프로그램 외에도 직원 교육과 역량 강화에 힘을 실어야 한다.

나는 상향식과 하향식 전략을 조합한 다음과 같은 AI 도입 전략을 추천한다.

1. 먼저, 생성형 AI를 직원들의 일상 업무에 적용하여 '20% 생산성 향상'을 목표로 한다.
2. 그 후, 생성형 AI가 큰 도움이 될 마케팅이나 제품 관리 업무에 집중하여, '30~50%의 효율성 향상'을 목표로 업무를 재설계한다.
3. 마지막으로, AI를 활용해 장기적 경쟁 우위를 보장하는 '혁신적인 비즈니스 모델'을 개발한다.

경영자가 답해야 할 질문이 있다. "나의 회사는 AI 전략을 혁신할 기회를 잡을 것인가, 아니면 직원 개개인보다 회사가 뒤처질 위험을 감수할 것인가?" 그 답은 경영자인 당신에게 달려 있다.

어떻게 해야 고객의 불신을 극복하고 신뢰를 쌓을 수 있을까요?

> **신뢰는 고객의 요구와 프라이버시를 존중하는 투명하고 정직한 거래를 통해서만 얻을 수 있다.**

개인 데이터 제공에 대한 고객의 불신은 점점 커지고 있다. 신뢰는 돈으로 살 수 없다. 고객의 요구와 프라이버시를 존중하는 투명하고 정직한 거래를 통해서만 얻을 수 있다. 데이터 수집에는 '인간 중심적 접근법'이 필요하다. 신뢰를 얻지 못한다면 어떤 인센티브를 제공해도 고객은 데이터를 공유하지 않을 것이다.

'대체불가능' 프레임워크에서는 다음과 같은 두 가지 주요 활동으로 신뢰를 얻을 수 있다.

- 책임 있는 AI Responsible AI를 구현한다
- 보안이 잘 갖춰진 안전한 AI 환경을 구현한다.

책임 있는 AI로 신뢰를 얻기

책임 있는 AI를 구현한다는 것은 내부 고객(직원)과 외부 고객 모두에 대한 신뢰 관계를 형성하는 것이다. AI가 인간의 요구와 가치를 달성하도록 만드는 일이기도 하다. 회사가 진정으로 '대체불가능'해지려면, 설명 가능하고 공정하며 개인의 프라이버시를 존중하는 AI를 개발해야 한다. 회사 내에 '윤리적 AI 문화'를 조성하여 AI를 인간 중심 원칙과 일치시키고, 위험을 최소화하며, 인류를 진정으로 이롭게 하는 기술을 만들어야 한다.

관련 규제를 준수하면 책임 있는 AI를 구현한 것이 되는 건가요?

규제는 보통 개인정보보호, 차별 금지, 소비자보호 등의 법적 측면에 초점을 맞춘 '최소한의 기준'이다. 그러나 '책임 있는 AI'는 현재의 규제로는 포섭하지 못할 수도 있는 더 광범위한 윤리적 요소들까지 포함한다. 각 기준과 책임 있는 AI의 관계는 다음과 같다.

- **법적 규제 준수**: AI가 관할 지역과 관련 산업의 법령 및 규제를 준수함을 의미한다. 사용자와 회사가 법적 위험에서 보호받을 수 있는 최소한의 필수 기준이다.
- **윤리적 책임**: 책임 있는 AI의 개념은 공정성, 투명성, 책임성 등의 윤리적 요소까지 포함한다. AI 시스템은 편향을 고착시키거나 누구에게도 해로운 영향을 미쳐서는 안 된다. 법적 의무를 넘어 도덕적 책임과 공동체의 신뢰 보호까지 고려하는 개념이다.

- **이해관계자의 신뢰**: 책임 있는 AI는 고객, 구성원, 기타 이해관계자의 신뢰를 쌓고 유지하는 데 도움이 된다. 윤리적 원칙을 지키려는 회사의 노력을 보여주며, 경쟁 우위를 확보하는 수단이 되기도 한다.

이런 기준 중 일부는 규제를 준수하지 못했을 때 처벌이 따를 수 있지만, 윤리적 AI에서 더 중요한 가치는 '회사의 평판과 신뢰'다. 잘못하면 벌금보다 훨씬 더 큰 손실을 보게 될 수도 있다!

회사에서 책임 있는 AI 시스템을 도입하려면 어떻게 해야 할까요?

회사에서 책임 있는 AI 시스템을 도입할 때 활용할 수 있는 단계별 접근법을 예시와 함께 표 16.2에 소개한다.

단계	대기업	중소기업	팁
AI 윤리 가이드라인 수립	AI 윤리 가이드라인 개발/감독을 위한 지배구조 수립 및 기구를 조직 내에 설치한다. 전문가, 법률자문, 윤리학자, 경영진이 포함된 교차 기능 조직으로 구성하는 편이 바람직하다. 회사의 가치를 반영하여 책임성의 범위와 성공 지표를 총망라한 AI 윤리 가이드라인을 작성한다.	윤리적 AI 구현 의지를 보여주는 간단한 1페이지 문서를 작성한다. 이 문서는 공정성, 프라이버시 등 핵심 영역에 집중하여 쓰면 된다.	수립한 가이드라인을 공개해 신뢰를 얻고, 새로운 문제 해결을 위해 정기적으로 업데이트한다.
다양성이 있는 AI 조직 구성	다양한 배경과 관점을 가진 구성원들로 AI 프로젝트를 구성한다. 조직에 다양성이 있으면 무의식적 편향의 위험을 줄일 수 있다.	작은 조직이라도 되도록 다양한 분야의 경험과 배경을 가진 구성원을 투입해 사고의 다양성을 추구한다.	다양한 분야, 문화, 성별의 인재를 채용하여 폭넓은 통찰을 얻고 잠재적 편향을 일찍 식별하는 편이 바람직하다.
교육 및 훈련	윤리적 AI 관련 상시 교육 프로그램을 운영한다. 기술직 직원뿐만 아니라 모든 관련 직무의 고위 관리자도 대상이 된다.	회사 규모와 필요에 맞춘 교육 프로그램을 제공하고, 윤리적 AI 구현에 더 집중한다.	구성원을 위해 AI 윤리, 데이터 편향 인식, 규제 준수에 관한 온라인 강좌나 워크숍을 준비한다.
정기적인 감사 및 점검	내부/외부 전문가에 의한 정기적 감사 및 점검을 수행한다. 정기적인 감사 절차를 통해 편향, 오류 등 문제를 조기에 발견하고 수정할 수 있다.	분기별 자동화된 편향 탐지 테스트를 실행하고, 윤리적 문제를 제기할 가능성이 있는 결과를 검토한다.	감사나 점검은 독립적인 기관에 맡기는 편이 객관성을 담보할 수 있다.

이해관계자와 소통	고객, 구성원, 기타 이해관계자의 피드백을 개발 프로세스에 반영하여, 더 수용하기 쉽고 유용한 기능을 제공하도록 수정한다.	분기별 워크숍을 열어 적극적으로 고객이나 구성원으로부터 피드백을 받아서 이를 바탕으로 AI 시스템을 조정한다.	포커스 그룹이나 설문조사를 활용하여 이해관계자들의 참여를 이끌어 내고, 피드백을 기반으로 AI 시스템을 조정할 수 있다.
AI 규제 동향 모니터링	규제에 대해 계속 모니터링하고, 법률 전문가와 협력하여 규제 준수 상태를 점검한다. 연구 기관이나 자문 기관과 지속적인 협력을 유지한다.	매달 시간을 할애해 관련 문서를 읽거나, 웨비나/온라인 강좌 등에 참여한다.	뉴스레터 구독, 컨퍼런스 참석으로 최신 동향을 파악하고 법률 전문가와 협력한다.

표 16.2 **책임 있는 AI 구현 계획**

이 단계들을 활용하여 회사에서 책임 있는 AI를 도입하고 관리하기 위한 기초적인 틀을 잡을 수 있을 것이다. 그다음은 세부 내용을 공정성, 설명 가능성, 프라이버시의 세 가지 항목으로 나누어 살펴볼 차례다.

편향 제거하기

공정성이 왜 중요한가요?

이야기를 통해 살펴보자. 북적거리는 도시 골목 어딘가에서, A라는 젊은 대학생과 그의 친구는 중요한 취업 면접에 늦을 상황에 처했다. 시간에 쫓겨 마음이 급해진 두 사람은 편의점 밖에 놓여 있던 스케이트보드와 롤러 블레이드를 충동적으로 집어 들었다. 합쳐서 약 50달러 정도 하는 이 물건들은 동네 열 살 아이의 것이었는데, 이를 본 아이의 보호자가 소리를 지르자 두 사람은 물건을 버리고 냅다 도망쳤다. A에게는 사춘기 시절 경미한 절도와 기물 파손 등의 경범죄 전과가 있었다.

한편, B라는 사람은 중범죄 전과가 있는 꽤 나이가 있는 인물로, 전자제품 가게에서 150달러 상당의 고가 전자제품을 훔치다 붙잡혔다. B에게는 상당한 전과가 있었는데, 그중에는 다수의 주거 침입 절도와 최근 7년 형을 받은 가중 폭행*에 관한 전과가 있었다.

자, 어떤 사람이 앞으로 중대한 범죄를 저지를 가능성이 더 높을까? 나는 개인적으로 B가 더 위험하다고 생각한다. 중한 강력 범죄 전과가 있으니까 말이다. 그러나 이 사례의 평가를 담당한 AI 기반 도구는 정반대의 결론을 내렸다. A를 더 고위험(10점 만점에 7점)으로, B를 더 저위험(10점 만점에 4점)으로 분류했다.

추가 정보를 밝히자면, 인구적 특성상 A는 젊은 흑인 여성이었고, B는 중년의 백인 남성이었다. 이 사례는 2016년 프로퍼블리카ProPublica가 공개한 COMPAS 소프트웨어†에 대한 보고서에 제기된 광범위한 편향 문제와 연결된다.[3] 이 보고서는 미국 사회에 존재하는 체계적 편향을 지적하며, 비슷한 전과 횟수나 유형을 가진 피고인 중에서도 흑인이 강력 범죄를 저지를 가능성이 77%, 재범 가능성은 45% 더 높게 평가되었다는 사실을 밝혔다.

이러한 사례는 특히 사법적 의사 결정과 같은 중요한 상황에서 **AI 편향**을 해결하거나 줄이는 일이 얼마나 중요한지 보여준다. 편향을 인식하고 효과적으로 제거하기 위한 전략을 개발하고 실행해야 한다. AI 시스템은 배경과 무관하게 모든 사람을 존중하며 공정한 판단을 유지해야 한다.

내 경험상 윤리적 문제를 떠나 냉정한 비즈니스 현실만 보더라도, AI 시스템에 편향이 있으면 부정확하거나 비효율적인 의사 결정으로 이어져 제품이나 서비스의 품질에 영향을 미치고, 궁극적으로 회사의 수익에도 타격을 준다.

---

* 옮긴이 aggravated assault, 치명적인 무기 등을 사용해 중상을 입히거나 가중된 신체적 상해를 가할 의도로 공격하는 죄. 국내법으로 치면 특수폭행에 가까우나 구성요건이 다르다.

† 옮긴이 COMPAS는 'Correctional Offender Management Profiling for Alternative Sanctions'의 약자로, 미국 형사 사법 시스템에서 피고인의 재범 가능성과 범죄 성향을 평가하여 보석, 선고, 가석방 등의 결정을 내릴 때 참고 자료로 활용되는 위험 평가 도구다.

편향 관리의 중요성을 간과하면 심각한 결과가 뒤따른다. 고객 신뢰 상실, 법적 위험, 의사 결정 오류로 인한 재정적 손실 등이 발생할 수 있다. 게다가 AI 시스템에 한번 편향이 자리 잡으면 다시 바로잡기가 매우 어려우며, 장기적으로 부정적 영향을 초래할 가능성이 크다.

AI 편향을 잘 관리하려면 어떻게 해야 할까요?

AI 편향을 잘 관리하려면 체계적으로 접근해야 한다. 먼저, 모든 관련자가 AI 윤리의 중요성과 편향된 AI의 위험을 인식해야 한다. 즉, 기술직군만이 아니라 조직 전체를 교육해야 한다.

그다음으로는 AI 개발 프로세스의 모든 단계에서 윤리적 요소를 고려해야 하며, 다음과 같은 노력이 필요하다.

- **데이터 수집 시 편향 식별**: AI의 편향을 방지하려면 이 단계가 가장 중요하다. 개발 후반 작업에서 편향을 발견하면 모든 개발 과정을 처음부터 다시 시작해야 할 수도 있기 때문이다. AI 모델 훈련에 사용되는 데이터가 대표성과 공정성을 갖췄는지 확인해야 한다. 이는 주로 데이터 과학 부서의 영역이지만, 프로젝트 관리자가 윤리적 지침 준수 여부를 잘 감독해야 한다. 담당 조직은 데이터 집합에서 편향을 탐지하게 설계된 통계 및 AI 도구를 활용해, 데이터 분포를 분석하고 특정 그룹이 과소 대표되거나 잘못 대표된 영역을 밝혀내야 한다.
- **모델 개발 및 테스트**: AI 모델에서 편향을 탐지하고 줄이는 기술을 적용해야 한다. AI 개발자가 모델을 배포하기 전에 다양한 도구와 방법론을 동원해 철저히 테스트해야 한다.
- **피드백 루프**: 사용자, 이해관계자, 구성원으로부터 피드백을 수집하여 제품에 적용하는 시스템을 구현해야 한다. 이를 통해 일반적인 테스트 단계에서 잡지 못한 문제를 탐지하고, AI 시스템을 지속적으로 개선할 수 있다.

내 경험에 따르면, AI 편향 관리는 부단한 노력과 주의, 협업이 필요한 지속적인 과제다. 이는 부정적인 결과를 피하면서 동시에 공정하고, 신뢰할 수 있으며, 모두에게 이익이 되는 AI 시스템을 만들기 위한 필수 과정이다.

설명가능성을 부여하여 AI 투명성 높이기

설명가능성이 왜 중요한가요?

AI 모델에 **설명가능성**explainability이 있으면 결론 도출 과정을 사용자, 개발자, 이해관계자들이 이해할 수 있어 투명성과 신뢰성을 확보할 수 있다. 한마디로 AI의 '블랙박스'를 '투명 박스'로 바꾸는 것이다.

설명가능성이 왜 중요한지 사례를 들어보자. 2018년 아마존은 설명가능성이 부족한 AI 기반 채용 시스템 때문에 곤욕을 치렀다. 이 온라인 쇼핑 공룡 기업은 2014년부터 인재 채용을 자동화하고자 머신러닝 시스템으로 이력서를 검토하고 있었다. 그런데 이 AI 시스템은 여성을 차별하는 편향을 보인다는 논란에 휩싸였다.

사건의 요지는 다음과 같다.

- 아마존의 AI 시스템은 지난 10년간 제출된 이력서를 학습했다. 테크 업계의 남초 현상이 반영되어 대부분 남성 이력서였다. 그 결과, AI는 '여성 체스 클럽 회장' 등 여성과 관련된 문구가 있는 이력서의 점수를 낮게 평가했다. 두 곳의 여자대학교 졸업생들에게도 상대적으로 불이익을 주었다.
- 아마존의 HR 팀과 이해관계자들은 AI가 특정 이력서 점수를 낮게 평가하는 이유를 이해할 수 없었고, 이 때문에 초기에 문제를 식별하고 시정하기가 어려웠다. 설명가능성이 낮은 시스템에서는 의사 결정에 내재된 편향이 즉각 드러나지 않았던 것이다.

- 이 편향된 시스템 때문에 아마존은 유능한 인재를 많이 놓쳤을 가능성이 높고, 이는 조직 내 다양성과 포용성에도 부정적인 영향을 미쳤을 것이다. 게다가 이 논란은 회사의 평판에도 큰 위협이 되었다.
- 아마존은 문제를 발견하자, 이 시스템을 수정해서 젠더 중립적으로 바꾸려 노력했으나, 결국 2018년에 이 채용 시스템을 포기했다. AI 시스템에 편향이 너무 깊고 복잡하게 자리 잡아 해결하기 어렵다는 결론을 내렸기 때문이다.

이 사례는 특히 채용과 같은 민감한 의사 결정에서 설명가능성이 얼마나 중요한지 여실히 보여준다. AI가 어떤 결정을 어떻게 내리는지 알 수 있는 투명성, 편향을 지속 모니터링하는 노력, 효과적으로 제거할 수 없을 경우 과감히 포기하는 결단이 반드시 필요하다.

사용자, 이해관계자, 규제 기관의 신뢰를 얻기 위해서는 설명가능성이 꼭 있어야 한다. 그래야 AI의 결정을 사람이 이해하고, 필요시 문제를 제기하거나 개선할 수 있다. 투명성이 부족하면 회사 평판이 무너지고, 법적 문제가 발생하며, 고객 이탈의 위험이 있다.

AI 설명가능성을 잘 확보하려면 어떻게 해야 할까요??

내 경험상 AI 시스템에서 설명가능성을 확보하려면 편향 관리와 마찬가지로 능동적이고 체계적인 접근이 필요하다.

- **이해하기 쉬운 모델 우선 선택**: 가능하다면 언제나 해석하기 쉬운 AI 모델과 알고리즘을 선택하는 정책을 세운다. 복잡한 모델이 필요하더라도 그 의사 결정을 인간이 이해할 수 있는 형태로 변환하거나 설명할 수단을 확보하는 데 투자해야 한다.
- **사용자 친화적 인터페이스 개발**: 사용자가 AI의 의사 결정을 이해하고 검증하기 쉬운 인터페이스를 개발해야 한다. 예를 들어 AI가 대출 신청을 거부한다면, 사용자 인터페이스는 거부 결정의 명확한 이유를 제공해야 한다.

- **책임성**accountability: 각 담당자의 역할과 책임을 명확히 정해야 한다. AI 개발자와 데이터 과학자는 해석 가능한 모델을 구축하고, 최종 사용자에게 모델의 의사 결정을 설명할 수 있는 도구나 인터페이스 개발에 집중해야 한다. 프로젝트 관리자와 리더는 개발 및 구현 과정을 감독하고, 프로젝트 초기부터 설명가능성 확보를 우선순위로 설정해야 한다. 법무 및 준법 부서는 업계 표준과 규제 준수 여부를 확인해야 한다.

모든 AI 시스템에 같은 수준의 설명가능성이 있어야 하나요?

아주 좋은 질문이다. 물론, 모든 AI 시스템에 동일한 수준의 설명가능성이 있어야 하는 것은 아니다. 영화 추천 AI와 의학적 치료 방법을 제안하는 AI에게 요구되는 설명가능성 수준은 전혀 다르다. 나는 의사 결정 유형에 따라 필요한 설명가능성 수준을 다음과 같이 분류한다.

- **고영향 결정**(예: 의료, 형사 분야): 결정을 광범위하게 문서화하고 의사 결정 과정을 철저히 설명하며, 전문가와 일반 사용자 모두를 대상으로 맞춤형 교육을 해야 한다.
- **중영향 결정**(예: 재무적 조언, 개인화 마케팅): 명확하게 문서화하고 주요 의사 결정을 설명하며, 일반 사용자를 주 대상으로 하되 전문성이 있는 사용자에게는 심도 있는 내용을 제공하는 교육을 해야 한다.
- **저영향 결정**(예: 영화 추천, 타깃형 광고): 기본적인 문서화 및 설명을 제공하고, 일반 사용자를 대상으로 최소한의 교육을 해야 한다.

프라이버시 보호하기

프라이버시가 왜 중요한가요?

AI의 프라이버시 보호 장치가 부족할 때 생길 수 있는 결과를 잘 보여주는 사례가 있다. 아마존의 AI 음성 비서인 알렉사Alexa 이야기다.

2019년, 아마존 직원들이 알렉사 기기에서 녹음된 사용자의 음성을 들으며 음성 인식 성능을 개선한다는 폭로가 터졌다. 직원들은 사용자의 사적인 대화까지 들었다고 보고했으며, 이는 심각한 프라이버시 논란을 일으켰다. 이런 방식은 사용자들에게 명시적으로 고지되지 않았으며, 많은 사용자는 대화가 오직 알고리즘에 의해서만 비공개로 처리된다고 믿었다.

아마존은 순식간에 역풍을 맞았다.

- **소비자 신뢰 하락**: 사용자들은 배신감을 느꼈고 아마존은 신뢰를 잃었다. 사람들은 사적 대화가 도청되거나 오용될 가능성을 우려하게 되었다.
- **규제 기관 조사**: 미국 의회와 규제 기관은 프라이버시 침해를 우려하며 아마존에 데이터 처리 방식의 투명성에 대한 설명을 요구했다.
- **정책 수정**: 아마존뿐만 아니라 유사한 방식을 쓰던 다른 회사들도 정책을 수정해야 했다. 사용자에게 명확한 정보를 제공하고, 원치 않으면 동의를 철회할 수 있는 수단도 마련하게 되었다.
- **법적 분쟁**: 이 사건이 발생한 후 테크 기업들의 데이터 보호 방식과 개인 데이터 사용 동의에 관한 법적 분쟁 제기와 논란이 이어졌다.

이런 경각심을 주는 사례를 통해 우리는 강력한 보호 수단뿐만 아니라, 데이터 사용 방식을 투명하게 공개하는 일도 매우 중요하다는 사실을 알게 된다. 윤리적 요소와 조화를 이루도록 AI를 사용하고, 단지 규제 때문이 아니라 사용자의 신뢰를 얻고 회사의 책임을 다하기 위해 프라이버시를 보호해야 한다. 이는 사용자의 권리를 지키고 법적 기준을 준수하는 길이다. 만약 이런 프라이버시 보호를 소홀히 하면 데이터 유출, 신뢰 상실, 법적 책임, 평판 훼손이라는 대가를 치르게 된다.

프라이버시 보호를 잘 하려면 어떻게 해야 할까요?

효과적인 프라이버시 보호 체계를 만들기 위해 할 수 있는 노력 몇 가지를 소개한다.

- **프라이버시 우선 문화 조성하기**: 나는 항상 프라이버시 보호를 핵심 가치로 삼아야 한다고 강조한다. 이를 위해서는 모든 구성원에게 프라이버시의 중요성과 이를 보호하기 위한 각자의 역할을 교육해야 한다.
- **데이터 수집 최소화 및 익명화 기술 활용**: 나는 기업에 조언할 때, AI 시스템이 제대로 작동하기 위해 필요한 '최소한의 데이터만 수집'하고, 가능하다면 항상 그 데이터를 '익명화'하여 잠재적인 프라이버시 위험을 최소화하라고 제안한다.
- **스스로에게 질문하기**: 내가 이 데이터를 보관할 권한이 있는가? 이 데이터를 어디에 저장하는가? 이 민감 정보에 대한 접근을 어떻게 제한할 것인가? 관련 규제가 산업 분야나 관할 국가에 따라 많이 다를 수 있다. 이 부분에 대해서는 규제 기관과 긴밀히 협력해야 한다. 이런 기본적인 사항들을 소홀히 하다가 AI 전환 프로젝트 자체가 위험에 노출되게 할 수는 없으니 말이다.

모든 회사나 제품이 최고 수준의 프라이버시 보호를 해야 하나요?

표 16.3은 현재 시장에 존재하는 프라이버시 보호 수준을 설명하기 위해 내가 만든 약식 기준이다.

이 프라이버시 보호 수준 표에서 5단계에 도달한다면 소비자 자율성과 개인 데이터 보호에서 최고 수준에 있다는 뜻이지만, 이 수준이 꼭 모든 AI 시스템에 최선이라거나 가장 적절하다고 할 수는 없다. 이상적인 보호 수준은 서비스의 성격, 사용되는 데이터 유형, 규제 의무, 소비자의 기대와 같은 다양한 요인에 따라 달라질 수 있다.

이 때문에 표 16.3에서 각 보호 수준에 해당하는 AI 서비스의 예시를 들어

두었다. 그렇지만 나는 여전히 어떤 회사에게나 1단계나 2단계 수준으로 서비스를 제공하라고 권하지는 않는다. 사용자와의 신뢰 관계를 잃을 위험이 너무 크기 때문이다.

수준	설명	예
1단계: 기본 인식	소비자가 회사의 데이터 수집 처리 방식을 거의 인식하지 못한다. 회사는 보통 아주 복잡하게 작성된 개인정보처리방침 내에 최소한의 정보만 숨겨둔다.	데이터를 수집한다는 안내문만 있는 일반 앱
2단계: 수동적 정보 수령	소비자가 회사의 데이터 수집 처리 방식에 대해 알지만 통제권이 없다. 회사는 데이터 사용 내용을 공개하지만 통제 수단은 제공하지 않는다.	계정별 데이터 사용 내역만 보여주는 전자상거래 플랫폼
3단계: 반응형 통제	소비자가 데이터 수집 처리가 일어난 후 반응하여 거부할 수 있다. 회사는 일부 통제권을 허용하지만 거부 전까지는 기본적으로 수집한다.	프라이버시 설정 옵션을 제공하는 SNS 플랫폼
4단계: 능동적 통제	소비자가 상당한 통제권을 가지며 능동적으로 동의 여부를 결정한다. 회사는 데이터를 수집하기 전 동의를 구해 소비자가 충분한 정보에 입각하여 동의 여부를 결정할 수 있도록 한다.	데이터 공유 동의를 요구하는 건강 관리 앱
5단계: 완전한 자율성	소비자의 프라이버시 보호 수준이 가장 높은 상태. 회사는 필수적이지 않은 데이터를 사용하지 않으며, 데이터 공유 선택과 무관하게 전체 서비스를 제공하여 완전한 자율성을 보장한다.	개인 데이터 추적에 동의하지 않아도 완전한 기능을 제공하는 구독 서비스

표 16.3 **회사의 데이터 프라이버시 보호 수준**

안전한 AI로 신뢰 지키기

AI 보안이 왜 중요한가요?

AI 보안을 소홀히 하여 심각한 결과를 초래했던 사건이 있다. 바로 얼굴 인식 기술 개발 회사인 클리어뷰 AIClearview AI와 관련된 사건이었다. 클리어뷰 AI는 인터넷에서 방대한 이미지를 스크랩하는 방식 때문에 프라이버시 논란을 일으킨 바 있었다. 그런데 그 후 2020년 2월에 발생한 데이터 유출 사고로 심각한 보안 역량 부족이 드러났다.

이 사건에 관해 밝혀진 바는 다음과 같다.

1. **대규모 데이터 수집**: 클리어뷰 AI는 다양한 웹사이트와 SNS 플랫폼에서 30억 개 이상의 이미지를 스크랩해 방대한 데이터베이스를 구축했다. 이를 이용해 얼굴 인식 소프트웨어를 개발하고, 여러 법 집행 기관*과 민간 기업에 판매했다.
2. **데이터 유출**: 클리어뷰 AI는 해커가 회사의 고객 명단과 해당 고객들이 생성한 사용자 계정 수에 대한 비인가 접근 권한을 탈취했다고 신고했다. 고객들이 서비스를 통해 수행한 검색 횟수도 유출되었다.
3. **프라이버시 및 보안 논란**: 이 사건으로 클리어뷰의 보호 수준에 대해 큰 논란이 일었다. 제품이 법 집행 기관 등 여러 곳에서 사용되고 있었기에, 데이터 유출은 데이터 보안과 개별 사용자의 프라이버시 전반에 광범위한 영향을 주었다.
4. **법적 분쟁 및 및 윤리적 반발**: 데이터 유출과 수집 방식 폭로 이후, 클리어뷰는 법적 분쟁을 감당해야 했고 감독 당국의 조사를 받았다. 또 얼굴 인식 기술 규제와 민감 데이터 보호 조치의 필요성에 대한 논의가 활발해졌다.

클리어뷰 AI 사건은 확실한 보안 조치 없이 방대한 개인 데이터를 수집하고 저장하는 것의 위험성을 여실히 보여준다. 이런 사고를 막으려면 엄격한 데이터 보호 체계를 실천해야 한다. 보안의 작은 결함으로 인해 기업뿐 아니라 개별 사용자의 프라이버시와 권리도 침해당할 수 있기 때문이다.

나는 컨설턴트 시절부터 AI 환경에서 보안 관리는 중요함을 넘어 '필수적'이라고 강조했다. AI 시스템은 종종 엄청난 양의 민감 데이터를 처리하며, 중요한 의사 결정에 영향을 준다. 보안을 소홀히 하면 데이터 유출, AI 시스템에 대한 비인가 접근, 적대적 공격을 통한 AI 의사 결정 조작, 심각한 평판 및 재정적 손실 위험이 생길 수 있다.

* [옮긴이] 미국에서는 연방수사국(FBI), 마약단속국(DEA), 국토안보부(DHS), 주 경찰, 야생 동물 관리관, 지방 보안관 등을 모두 총칭하는 의미로 쓰인다.

회사에서 AI 보안을 잘 구현하려면 어떻게 해야 할까요?

AI 보안을 제대로 구현하기 위한 접근법은 다음과 같다.

1. **시작부터 보안을 고려**: 회사는 보안 중심 설계security-by-design를 적용해야 한다. 이는 AI 시스템의 설계, 배포, 유지 보수 등 모든 개발 단계에서 보안을 고려하는 방식이다. 보안을 나중에 보완하거나 덧붙이는 기능으로 취급해서는 안 된다. 이런 설계 방식을 실천해야 보안이 시스템의 부수적 요소가 아닌 '본질적 요소'로 자리잡을 수 있다.
2. **정기적으로 보안 위험 평가**: AI 시스템의 특수한 보안 취약점들을 잘 이해해야 한다. 나는 기업들을 도와 그들이 쓰는 AI 모델과 데이터 인프라에 보안 취약점이 없는지 정기적으로 평가하고 있다.
3. **강력한 데이터 보호 조치**: AI 시스템이 사용하는 데이터와 생성하는 데이터를 모두 보호해야 한다. 데이터 전송과 저장을 모두 암호화하고 안전한 데이터 저장소를 사용하며, 접근 통제를 철저히 해야 한다.
4. **적대적 공격에 대비**: AI 시스템은 입력 데이터를 아주 미세하게 변경해도 출력에 문제가 생길 수 있어 적대적 공격에 취약하다. 입력 데이터에 전처리 기술을 적용해 의도적 왜곡 공격의 효과를 무력화하는 대응을 고려해야 한다. 또는 훈련 데이터에 적대적 공격 예제를 포함시켜 모델을 학습시키면, 모델 스스로 왜곡된 입력과 정상 입력을 구분하는 방법을 학습할 수 있다.

인간 친화적인 회사 만들기

앞서 살펴본 바와 같이, 회사에 AI를 도입하기만 한다고 의미 있는 가치가 생기는 것은 아니다! 모든 회사가 AI를 활용하는 세상에서, 진정 유의미한 차이는 인간 고유의 역량과 AI를 어떻게 통합하여 '독창적인 가치'를 만들어내느냐에 달려 있다.

인간 친화적 비즈니스를 정의하기

인간의 관여로 인해 더 높은 비즈니스 가치가 생긴다는 것을 증명할 수 있나요?

인간이 기계를 점점 더 많이 사용하는 이 시대에, 인간적 요소는 갈수록 줄어들고 있기에 오히려 희소가치가 더 높아졌다. 알고리즘이 세상의 규칙을 만들어가는 시대에는 인간적 소통에 가치를 부여하는 회사가 살아남을 것이다.

여러 분야에서 인간과 AI의 협력으로 만든 제품이나 서비스가 AI로만 만들어진 것보다 더 높은 가치를 인정받는다는 증거가 쌓이고 있다. 이런 가치는 실제로 더 높은 가격 경쟁, 더 높은 고객 만족도, 더 많은 참여 등의 형태로 나타난다. 인간의 참여를 통해 비즈니스에 진정성 있고 감정적 연결이 이루어지는 새로운 차원을 더할 수 있는 것이다.[1]

> 알고리즘이 세상의 규칙을 만들어가는 시대에는 인간적 소통에 가치를 부여하는 회사가 살아남을 것이다.

직접 손으로 만든 도자기를 예로 들어보자. 장인이 손으로 빚어 아름답게 세공한 도자기 꽃병은 기능적 제품이 아니라 예술 작품이다. 공장에서 대량 생산된 꽃병과는 구별되는 불완전성과 미묘한 차이가 매력으로 다가온다. 고객들은 이러한 수작업 제품에 기꺼이 더 높은 비용을 지불한다. 창작물에 반영된 인간의 기술, 시간, 창의성을 인정하기 때문이다. 수작업 제품은 보통 더 진정성이 있고 스토리가 담긴 것으로 받아들여지기에, 대량 생산 상품이 넘쳐나는 세상에서 더욱 매력적으로 느껴진다. 이것이 에르메스, 롤렉스, 페라리가 여전히 수작업 방식을 고수하는 이유다.

서비스에서도 동일한 현상이 나타난다. 체중 감량, 근육 증량, 건강 개선을 목표로 피트니스를 시작하려 할 때 두 가지 선택지가 있다. 퍼스널 트레이너에게 배우는 방법과 피트니스 앱을 사용하는 방법이다. 트레이너에게 배우면 장점이 뚜렷하다. 트레이너가 초기 진단을 하고, 맞춤형 계획을 짜주며, 운동할 때마다 일대일로 지도해준다. 피드백을 주고, 필요하면 계획을 수정하며, 목표 달성을 위한 동기를 계속 부여한다. 트레이너에게 기대할 수 있는 인간적인 유대감, 전문성, 책임감 덕분에 과정이 더 개인에게 최적화되어 효과적인 결과를 낼 수 있다.

물론 이런 서비스는 앱에 비해 비용이 훨씬 많이 든다. 하지만 같은 맥락에서 리츠칼튼, 노드스트롬, 스타벅스 같은 많은 기업이 고객 서비스를 자동화할 수 있는 부분이 많음에도 여전히 인간에게 이 역할을 맡기고 있다.

회사에 AI를 도입할 때 '인간 친화적'으로 해야 한다는 것이 어떤 의미인가요?

기술만 제대로 도입하면 인간 역량과 결합하는 방식보다 더 수익을 낼 수 있다고 믿는 사람들이 많지만, 실제로는 그렇지 않다. 진정한 경제적 가치는 AI와 인간이 만들어내는 시너지에서 나온다.

이 책의 앞부분에서 언급했듯, '인간+AI' 팀을 만드는 일은 'AI'나 '인간' 때문이 아니라 '+(플러스)' 부분 때문에 아주 어렵다. 인간과 AI의 강점은 합치고 약점은 서로 보완하는 최적의 '+'를 어떻게 만들어낼지를 고민해야 한다.

핵심은 AI와 인간이 서로를 보완하며 강력한 연결을 형성하는 운영 모델과 역할을 설계하는 데 있다. 인간이 AI의 효율성과 확장성에 걸림돌이 되지 않도록 하되, 동시에 AI가 경쟁사와 차별화할 수 있는 '인간적 가치'를 훼손하지 않도록 해야 한다. 이 균형은 매우 미묘하고 섬세하다.

인간이 수행해야 하는 활동을 판단하는 구체적인 기준이 있나요?

AI를 활용할지, 인간이 직접 할지 결정하는 유용한 기준이 있다. 나는 이것을 **가치와 혁신 원칙**이라고 부른다. 이 원칙에 따르면 핵심 가치를 이끌거나, 혁신을 일으키거나, 감정 지능이 필요한 활동은 인간이 처리해야 한다. 설령 AI가 이러한 일을 처리할 능력을 갖춘다 해도 마찬가지다.

그 외의 모든 활동은 AI에게 맡겨도 무방하다. 더 명확히 말하자면, 전략적 목표나 경쟁력에 직접적인 영향을 끼치지 않거나 인간의 세심한 판단이 필요하지 않은 일이라면 모두 AI로 자동화하는 것을 고려해볼 수 있다.

'가치와 혁신 원칙'을 적용하는 예시를 들어줄 수 있나요?

사례로 설명하기 위해 앤트그룹의 업무 방식을 자세히 살펴보겠다. 참고로 앤트그룹은 앞서 AI를 통해 회사가 고수준 자동화를 구현한 사례로 언급했던 곳이다(15장 참조).

표 17.1은 앤트그룹과 같은 회사에서 인간과 AI(자동화)가 각각 담당하는 역할 및 기능의 분류를 정리한 내용이다.

기능 구분	인간이 담당하는 역할	AI가 담당하는 역할
의사 결정 및 전략	전략적 비전 수립, 중요 정책 기획, 창의적 시장 포지셔닝, 데이터 밖 통찰 기반 경영 결정	의사 결정 지원용 분석 자동화, 전략 개발용 AI 도구, 기획 지원용 데이터 해석
혁신 및 개발	혁신적인 제품 구상, 인간 중심 설계, 고객 맞춤형 솔루션을 위한 창의적 문제 해결	시장 흐름 분석 알고리즘, 시장 행동 예측 머신러닝, 아이디어 자동 생성
관계 및 비즈니스 개발	친밀한 관계 형성, 협상 전술 활용, 고위험/고부담 거래 협상	초기 고객 대응 도구, 효율적인 자동 응답, 표준화된 커뮤니케이션용 스크립트
문제 해결 및 위기 관리	맞춤형 위기 대처 전략, 복잡한 문제에 대해 개입, 직관 기반 윤리적 요소 고려	문제 영역 예측 분석 머신러닝, 위기 징후 조기 발견 시스템
거버넌스 및 규제 준수	법적 의무/규제 해석 및 적용, 인간 주도형 준수 전략 개발	자동 검토 및 보고 시스템, 규제 부합 여부 점검 감사 도구
거래 처리	시스템 출력 비판적 분석, 복잡한 안건 개입, 전문가 조직에 의한 품질 보장	효율적 거래 처리, 결제 시스템 최적화 알고리즘, 대량 데이터 처리 자동화
고객 서비스 및 지원	공감 기반 고객 참여, 심화된 지원을 위한 식별력 발휘, 판단 기반 맞춤형 서비스	반복 문의 처리 챗봇, 24시간 고객 대응, 지원 요청 처리 자동화
사기 탐지 및 보안	AI 포착 위험 징후 검증, 보안 사고 시 전략적 의사 결정, AI 보안 조치 감독	거래 패턴 모니터링, 비정상 행동 탐지, 사기 징후 포착 및 알림

표 17.1 **AI와 인간의 일반적인 역할 구분**

이 표는 AI가 대규모 데이터 처리, 의사 결정 지원, 반복 거래 처리에 탁월하지만, 결국 인간만이 기여할 수 있는 창의적인 통찰력, 복잡한 문제 해결 능력, 사람 간의 유대감을 대체할 수 없음을 보여준다.

앞서 설명했던 세 가지 인간 친화적 휴믹스인 **비판적 사고**, **진정한 창의성**, **사회적 진정성**이 여기에서도 다시 등장함에 주목할 필요가 있다.

급변하는 시장에서 회사가 적응하고 성장하려면 불확실한 비즈니스 세계를 요령 있게 헤쳐나가고, 혁신을 촉진하며, 관계를 잘 구축해야 한다. 이 목표를 달성하려면 휴믹스가 필수적이다. 이러한 휴믹스 역량은 AI와 시너지를 내기 때문에 개인적 차원에서도 큰 가치를 창출하며, 고도로 자동화된 기업 환경에서도 경쟁사와 차별화된 가치를 만들기 위해 반드시 인간이 담당해야 할 전략적 역할이기도 하다.

AI와 협력하여 비판적 사고, 창의성, 사회적 진정성 발휘하기

비판적 사고가 필요한 업무에서 AI와 인간이 어떻게 해야 잘 협력할 수 있을까요?

AI는 비판적 사고가 필요한 업무에서 데이터를 제공하고 패턴이나 위험을 식별하는 등 지원 역할을 할 수 있다. 그러나 이러한 정보를 해석하는 일은 인간의 몫이다. 표 17.2는 비판적 사고와 윤리적 요소 고려가 필요한 작업에서 AI와 인간의 일반적인 역할 분류를 보여준다.

업무	AI의 역할	인간의 역할
의사 결정용 데이터 분석	의사 결정 보조를 위해 대규모 데이터 집합을 처리하여 패턴 식별 및 해석 보조	AI가 제공한 데이터를 기반으로 최종 결정을 내리며, 미묘한 차이와 외부 요인을 고려
윤리적 의사 결정	프로그래밍된 지침 및 과거 데이터를 기반으로 윤리적 위험 식별 지원	AI가 자동 처리할 수 없는 결정을 내리기 위해 윤리적 원칙을 평가하고 적용
복잡한 문제 해결	논리적 데이터 분석을 기반으로 여러 시나리오와 솔루션 제공	맥락에 대한 깊은 이해가 필요한 문제를 해결하기 위해 창의적 사고와 직관을 활용
위험 평가 및 관리	과거 데이터 및 통계 모델을 사용한 잠재적 위험 분석	인간의 직관과 경험이 필요한 복잡한 위험 평가 및 관련 결정

규제 준수 및 법령 해석	반복적인 규제 준수 점검 자동화 및 내용 불일치 위험 식별	신중한 접근과 이해가 필요한 복잡한 사안에 관한 법령 및 규제 해석
프라이버시 및 데이터 보호	데이터 사용 모니터링 및 프라이버시 정책 준수 보장	법적, 윤리적, 인간적 요인을 균형 있게 고려하여 데이터 프라이버시에 대해 결정
편향 탐지 및 축소	데이터와 알고리즘의 편향을 모니터링 및 식별	사회적, 윤리적 함의를 고려해 AI가 탐지한 편향을 검토하고 해결
이해관계자 참여 및 커뮤니케이션	자동화 시스템을 통해 정보 배포 및 피드백 수집	감정 지능을 기반으로 민감한 커뮤니케이션을 다루고 결정을 내림

표 17.2 **비판적 사고가 필요한 업무에서 AI와 인간의 일반적인 역할 분담**

이 표를 보면 AI가 데이터를 제공하고 위험을 식별하는 역할을 통해 비판적 사고가 필요한 작업을 보조할 수 있음이 드러난다. 그러나 정보를 더 넓은 맥락에서 해석하고, 최종 결정을 내리며, 복잡한 윤리적 요소를 다루는 일은 분명 인간의 몫이다. 맥락에 대한 깊은 이해와 섬세한 접근, 도덕적 추론이 필요한 영역에서는 인간의 판단을 AI로 대체할 수 없다.

표 17.3은 비판적 사고가 필요한 작업, 그중에서도 특히 복잡한 의사 결정을 하는 작업에서 AI와 잘 협력하는 방법에 대해 단계별 가이드를 제시한다.

단계	설명	팁	예시
1. 의사 결정 범위 확인	현 의사 결정 프로세스의 명확한 목표를 설정한다.	목적과 원하는 결과를 명확하게 정의한다.	신제품의 방향 결정
2. 데이터 및 의미 수집	관련 데이터를 수집하고 AI를 사용해 예측 분석을 수행한다.	균형 잡힌 관점을 가지려면 다양한 데이터 출처를 활용하는 편이 좋다.	AI 도구로 시장 동향과 소비자 피드백 분석
3. 후보안 생성	AI를 사용해 각 시나리오를 시뮬레이션하고 선택 가능한 후보안을 생성한다.	일단 폭넓은 후보안을 만들고 그 다음 하나씩 제거하며 좁힌다.	다양한 제품 설계안을 만들고 AI로 시장 수용성 테스트
4. 위험 및 이익 평가	AI를 사용하여 각 안의 잠재적 위험과 이익을 평가한다.	데이터 기반으로 균형 있게 평가한 결과를 찾아야 한다.	AI로 각 설계안의 기대 이익과 위험 예측
5. 검토 및 결정	AI 분석 내용을 활용해 논의하고 정보에 기반한 결정을 내린다.	정보에 기반해 토론하고 의견을 모으는 문화를 조성한다.	AI 예측 결과를 논의하고 최적의 설계안 채택

6. 실행 및 모니터링	최종 선택한 안을 실행하고 AI를 사용하여 실시간 모니터링을 한다.	진행 상황 추적을 위해 주요 성과 지표(KPI)를 설정하면 도움이 된다.	제품 출시 후 AI로 판매 및 피드백 실시간 모니터링
7. 검토 및 대응	정기적으로 AI 분석을 통해 필요시 상황에 대응해 전략을 조정한다.	새로운 데이터와 해석에 따라 적극 대응할 준비가 되어 있어야 한다.	진행 중인 판매 데이터를 AI로 분석해 마케팅 전략 조정

표 17.3 **복잡한 의사 결정에서의 역할 분담 예시**

AI와의 협력을 통해 의사 결정을 하는 방식에는 어떤 유형이 있을까요?

모든 의사 결정을 인간이 해야 할까? 아니면 AI가 혼자 결정하도록 해도 될까? 이런 질문은 매우 중요하다. 나는 의사 결정 과정에서 AI와 인간의 협력 방식을 검토하기 위해 간단한 **3분류 판단법**을 사용한다.

이 판단법은 기술을 최대한 활용하면서도 인간의 적절한 감독을 유지하는 데 아주 중요한 도구다. 각 의사 결정의 복잡성이나 결과가 미치는 영향을 기준으로 AI가 결정을 보조할지, 강화할지, 자동화할지 판단한다.

- **AI 보조 결정**: 인간이 AI가 생성한 데이터와 해석을 검토하여 최종 결정을 내리는 방식이다. 인간적 가치나 윤리적인 요소가 관련된 결정에 흔히 사용된다. 예를 들어 AI가 치료법별 성공률을 분석하면, 의사가 이를 검토한 뒤 환자 상황을 고려해 최종 결정을 내린다.
- **AI 강화 의사 결정**: AI가 분석을 통해 여러 후보안을 제시하고, 인간이 이를 검토한 뒤 하나를 선택해 결정을 내리는 방식이다. 제안 내용이 복잡하여 인간의 개입이 필요할 때 사용된다. 예를 들어 AI가 주식 매수를 추천하면 금융 애널리스트가 경제적 요인까지 고려해 최종 결정을 내린다.
- **AI 자동화 의사 결정**: AI가 자동으로 결정을 내리는 방식으로, 반복적이고 위험도가 낮은 결정에 적합하다. 인간은 이 의사 결정에 개입하지 않는다. 예를 들어 전자상거래 플랫폼의 AI가 시장의 수요에 따라 가격을 자동으로 조정한다.

이 판단법을 적용하면 인간이 어느 수준으로 개입해야 할지 정할 수 있어 효율을 높이고 오류를 줄이며, 중요한 의사 결정을 잘 내릴 수 있다.

창의성이 필요한 업무에서 인간과 AI가 어떻게 해야 잘 협력할 수 있을까요?

앤트그룹처럼 고도로 자동화된 회사와 일했던 경험에 비추어 표 17.4에 창의성이 필요한 업무에서 AI와 인간의 일반적인 역할 분담을 정리했다.

창의적 업무	AI의 역할	인간의 역할
기능적 예술 창작	배경 음악이나 시각적 배경 등의 창작을 자동화하고 효율화	AI가 잘하는 분야이므로 인간 관여는 드묾
아이디어 생성	대규모 데이터 집합을 활용해 창의적 아이디어와 패턴을 대량으로 빠르게 생성	AI가 생성한 아이디어에서 영감을 얻어 더욱 정교하고 복잡한 사고 전개
아이디어 개선	기술의 역할은 생성 단계에서 종료	AI가 생성한 아이디어를 수정하여 더 다듬어지고 맥락에 연결된 아이디어로 개선
초(超)창의성	AI는 관여하지 않음	감정을 담아내고, 대상에 맞추며, 미묘한 문화적 차이까지 반영한 창작물 제작
피드백 순환	생성된 콘텐츠와 아이디어가 피드백 순환에 사용되어 알고리즘 개선	AI의 학습과 개선에 필요한 피드백을 제공하며 의미 있는 산출물이 나오도록 유도
협력적 공동 창작	초안을 제안하거나 수정안을 제공	AI와 협력하여 작업하며, 창작 절차를 지도하고 최종 결정 수행
윤리적 요소 및 문화적 요소 고려	(해당 없음)	AI 콘텐츠가 윤리적 기준을 준수하고 문화적 요소를 존중하도록 모니터링 및 지도
맞춤화 및 개인화	데이터 기반 해석을 바탕으로 초기 단계를 지원	사용자 요구를 심층적으로 이해하며 개인적 요소까지 반영해 맞춤화 기능 개선

표 17.4 **창의성이 필요한 업무에서 AI와 인간의 일반적인 역할 분담**

이 표를 보면 AI가 아이디어 생성이나 기능성 예술 창작을 자동화할 수는 있지만, 아이디어를 다듬고 창의성과 감정을 더하며 윤리적 기준과 문화적 차이를 반영하는 인간의 역할은 무시할 수 없음을 알 수 있다. 이러한 시너지는 인공지능과 인간의 역량 모두의 잠재력을 극대화한다.

사회적 진정성이 필요한 업무에서 인간과 AI가 어떻게 해야 잘 협력할 수 있을까요?

표 17.5에 사회적 진정성이 필요한 업무에서 AI와 인간의 일반적인 역할 분담을 정리했다.

업무	AI의 역할	인간의 역할
고객 소통	반복적인 유형의 고객 지원을 위해 챗봇을 활용하여 초기 응대	깊이 있고 의미 있는 대화를 통해 고객 요구를 세부적으로 이해
갈등 해결	감정 분석을 통해 갈등을 식별하고 관리자에게 알림	감정 지능, 이해심, 인간적 접촉을 활용해 갈등 중재
조직 협력	협업 플랫폼과 일정 관리 도구를 통해 소통 지원	조직 내 친밀감을 형성하고 디지털 소통 이상으로 신뢰를 쌓아 협업 촉진
리더십 및 동기 부여	동기 부여 콘텐츠 전파 또는 참여 지표 모니터링	비전, 영감, 인간적 유대감을 활용해 리더십 발휘
영업 및 협상	초기 영업 시도 자동화, 데이터 기반 협상 전술 제공	관계 형성, 복잡한 요구 이해, 인간적 접촉을 통해 거래 성사
문화적 민감성 고려 및 적응	언어 번역 및 기초적인 문화적 지식 제공	다양한 문화의 규범과 가치에 맞는 소통 방식과 행동으로 적절히 적응
공감 및 지원	패턴 인식을 통해 스트레스나 불만의 징후 포착	복잡한 정서적 상태를 이해하며 진정한 공감과 정서적 지원 제공
교육 및 능력 계발	개인 학습 패턴에 맞는 맞춤형 교육 콘텐츠 제공	개인화된 인간 중심적 접근 방식으로 멘토링, 코칭, 능력 계발 지원

표 17.5 **사회적 진정성이 필요한 업무에서 AI와 인간의 일반적인 역할 분담**

이 표에서 볼 수 있다시피 AI가 초기 상호작용, 일정 조율, 데이터 분석 등을 처리할 수 있지만, 복잡한 감정 이해, 유대감 형성, 문화적 적응 등 **심화된 사회적 능력**이 필요한 업무에서는 인간의 역할이 필수적이다. 공감, 감정 지능, 영감과 동기 부여 등의 인간적 자질은 AI가 완전히 대체할 수 없는 영역이다.

변화에 대응하는 회사 만들기

이 장에서는 AI의 윤리적 위험이나 보안 위험에서 회사를 보호하는 일보다 훨씬 더 중요하고도 어려운 문제를 다룬다. 바로 점점 더 빨리 변하고, 그 어느 때보다 예측하기 어렵고 변덕스러워진 이 세상에서 생겨나는 어려움에 대처하는 법이다.

조직 회복탄력성 키우기

미래는 과거보다 더 살기 쉬워질까요, 아니면 더 어려워질까요?

발전하는 기술은 게걸스럽게 천연자원을 소모하면서 사람들을 사회적 혼란, 환경 재앙, 보건 위기, 경제적 불확실성 등의 위험이 커진 시대로 밀어 넣고 있다.

증거로 뒷받침되는 현실은 이렇다. 1990년 이후로 전 세계에서 자연재해가 7배 증가했으며 그 주원인은 기후 변화였다.[1] 단 하루 안에 주식 시장이 폭락하는 사건은 지난 몇십 년 동안 더 빈번해지고 심각해졌다. 1987년 이전까지 미국 주식 시장에서 20% 이상의 하락은 매우 드물었지만, 이후로는 네 번의 대폭락이 발생했다. 1987년 블랙 먼데이, 2000년에서 2002년 사이의 닷컴 버블, 2008년에서 2009년 사이의 금융 위기, 2020년의 코로나 19 대유행이 그랬다.[2]

예를 하나 더 들어보자. 2000년대 초반의 경기 침체와 2007년에서 2009년까지 일어난 대침체Great Recession*는 제2차 세계대전 이래 최악의 글로벌 경기 침체였다. 경제 위기의 강도가 점점 심해지는 현상은 상호 연결성이 강해진 세상에서 경제적 불안정성과 위험이 더 빠르게 확산됨을 보여준다.[3]

이처럼 해결해야 할 문제가 과거에 본 적 없는 수준으로 빈번하게 여기저기에서 터지는 혼란의 시대에 회사가 해야 할 일은 분명하다. **회복탄력성**을 강화하여 갈수록 심해지는 고난과 어려움에 맞설 힘을 스스로 키워야만 한다.

개인의 회복탄력성이 시련에 맞서 정신적 건강을 유지하는 힘을 의미하듯, AI 시대 회사의 회복탄력성도 능동적인 관점에서 새겨야 한다. 이는 조직의 구조적·운영적 안정성을 확보하고, 비즈니스 기반을 뒤흔드는 사건이 일어나도 거기서 성장의 기회를 포착해 최대한 활용하는 힘이다.

조직 차원의 회복탄력성은 있으면 좋은 것이 아니라 전략적 필수 능력이다. 회사는 변화의 파도 속에서 살아남고 번영하기 위해 비즈니스 모델을 적응시키고, 방향을 전환하고, 개선할 수 있는 민첩성을 키워야 한다. 기회와

---

* 옮긴이 2008년경 미국 부동산 버블 붕괴 및 모기지론의 부실화로 촉발된 세계 금융 위기(서브프라임 사태)를 말한다.

위협이 공존하는 미로를 헤쳐나가는 시련이야말로 오늘날 필요한 리더십을 검증하는 최종 시험과도 같다.

회사의 회복탄력성이 점점 더 중요해지는 이유가 있나요?

복잡하게 얽힌 고속도로에서 길을 찾는 상황을 그려보자. 과거의 비즈니스 환경은 시속 50킬로미터로 한적한 시골길을 드라이브하는 느낌이었다. 장애물을 만나도 경로를 수정할 시간이 충분했기에 피해 가능성을 최소화할 수 있었다.

하지만 오늘날의 비즈니스 환경은 고속도로에서 벌어지는 판돈 큰 레이스와 같다. 기업들은 시속 160킬로미터로 굉음을 내며 질주하는 스포츠카처럼 엄청난 속도로 나아가고 있다. 이런 초고속 환경에서는 모든 코너 구간의 영향이 확대되고 실수 허용 범위가 급격히 줄어든다. 과거에는 사소한 장애물이었던 단 한 번의 위기나 실수가 이제는 치명적이고 광범위한 영향을 주는 참혹한 사고로 이어질 수 있다.

따라서 지금의 초고속 세상에서는 회복탄력성과 유연성이 대단히 중요하다. 고속으로 달리는 자동차에 신뢰할 수 있는 부품, 첨단 안전 기능, 빠르고 안전하게 주행할 수 있는 조향 성능이 필요하듯, 오늘날 비즈니스에도 견고한 구조, 신뢰할 수 있는 전략적 프레임워크, 민첩하고 적응적인 접근법이 있어야 한다. 가치와 위험이 커졌고 속도도 빨라졌기에, '더 튼튼한 자동차', 다시 말해 '더 회복탄력적인 비즈니스'는 이제 경쟁 우위를 넘어 생존과 성공의 필수 요건이 되었다.

우리 회사를 회복탄력성을 갖춘 회사로 만들려면 뭘 해야 하나요?

나는 성공 기업과 상대적으로 성공하지 못한 기업 사례를 연구하여 비즈니스 회복탄력성을 키우기 위한 모델을 개발했다. 모델 설명에 앞서, 회복탄력성의 본보기가 되는 세 회사(넷플릭스, 마이크로소프트, 애플)와 어려움을 겪은 세 회사(코닥, 블록버스터, 타워레코드)를 소개한다.

- **넷플릭스**Netflix: DVD 대여 서비스로 시작해 소비자 선호 변화와 기술 발전에 빠르게 적응하며 온라인 스트리밍 서비스로 전환했다. 이후 콘텐츠 제작에 뛰어들어 업계 입지를 굳혔고, 현재 글로벌 엔터테인먼트 플랫폼을 선도하고 있다.
- **마이크로소프트**Microsoft: 성장 정체와 심해진 경쟁으로 고전하던 중 새로운 CEO 사티아 나델라Satya Nadella의 리더십 아래 부활했다. 클라우드 컴퓨팅과 AI에 집중하며 소프트웨어 공룡에서 현대 기술 솔루션 선도 기업으로 탈바꿈했다.
- **애플**Apple: 1990년대 침체기를 겪은 후 스티브 잡스Steven Jobs의 리더십 아래 아이팟, 아이폰, 아이패드 등 혁신 제품을 출시하며 회사의 운명을 완전히 바꿔놓았다. 디자인, 사용자 경험, 통합 생태계에 집중하면서 완전히 부활했고 시장 지배력을 되찾았다.

그리고 다음은 회복탄력성이 부족했던 회사들의 사례다.

- **코닥**Kodak: 필름 사진 업계 선두였으나 디지털 사진 혁명에 적응하지 못했다. 변화를 주도할 기술을 보유하고 있었음에도 디지털 혁신 수용을 주저하다가 쇠락하고 말았다.
- **블록버스터**Blockbuster: 비디오 대여 업계 강자였으나 디지털 스트리밍으로의 전환 흐름을 놓치고 오프라인 점포 모델에 머물렀다. 넷플릭스 같은 경쟁자가 더 편리한 서비스와 구독 모델을 내놓자 몰락의 길을 걷게 되었다.
- **타워 레코드**Tower Records: 글로벌 음반 소매 시장의 거물이었으나 디지털 음악 혁명 시기에 신속하게 디지털 판매와 스트리밍으로 전환하지 못했다. 매출 감소가 이어지다 마침내 파산으로 회사의 역사를 마감했다.

표 18.1은 비즈니스 회복탄력성의 본질을 세 가지 항목으로 나누어 정리한 것이다(더 다양한 맥락을 보여주기 위해 성공적인 AI 비즈니스 모델로 유명해진 앤트그룹과 존디어의 사례도 포함했다).

이 표를 통해 회사의 비즈니스 회복탄력성을 강화하기 위한 종합적인 로드맵을 세울 수 있다. 실천 가능한 방법과 실제 사례를 결합해서, 예측, 혁신, 고객 중심, 디지털 전략, 조직 문화, 재무 건전성, 비전을 갖춘 리더십이 어떤 역할을 하는지 보여준다.

분류	핵심 회복탄력성 요인	실행 가능한 전략	실제 회사의 사례
전략의 민첩성	변화를 예측하고 수용	산업 동향을 정기적으로 확인하고 필요하면 기꺼이 비즈니스 모델을 전환한다.	넷플릭스는 스트리밍으로의 시장 이동을 예측하고 수용하였으나, 코닥은 디지털 사진으로의 시장 변화를 받아들이지 못했다.
	끊임없는 혁신	새로운 아이디어를 장려하고 연구개발(R&D)에 자원을 투자한다.	애플은 아이폰과 아이패드로 혁신했으나, 폴라로이드는 필름 사진 이상의 변화를 시도하지 않았다.
	강력한 디지털 전략 채택	온라인 확장과 디지털 마케팅을 포함해 종합적인 디지털 전략을 세운다.	넷플릭스는 디지털 전략을 신속하게 도입했지만, 블록버스터는 디지털 전략 채택이 늦었다.
	의사 결정을 위한 데이터 및 분석 도구 활용	충분한 정보에 기반한 결정을 위해 고급 데이터 분석 도구나 관련 역량에 투자한다.	앤트그룹은 금융 서비스를 혁신하기 위해 빅데이터와 분석 기술을 활용한다.
	파트너십 및 협업 촉진	다른 회사나 기관과 전략적 파트너십 및 협업을 추진한다.	존디어는 여러 테크 기업이나 연구기관과 전략적 파트너십을 맺는다.
운영의 우수성	고객 중심 접근 방식 사용	바뀌는 소비자 선호도를 이해하고 이에 적응한다.	애플은 사용자 경험에 집중했지만, 타워레코드는 디지털 음악 변화를 놓쳤다.
	재무적 유연성 확보 및 위험 관리	안정적인 대차대조표를 유지하고, 부채를 신중하게 관리하며, 위기 대처 계획을 수립한다.	모든 회사는 균형 있게 투자해야 하고 재무적 위기에 대한 대처 계획이 있어야 한다.
	유연하고 적응적인 조직 구조 구축	시장의 변화에 빠르게 적응할 수 있는 유연한 조직 구조를 채택한다.	앤트그룹이 채택한 적응형 조직 구조는 규제 변화에 신속하게 대응할 수 있다.

	안정적인 위기 대처 계획 및 위험 관리 계획 준비	잠재적 위험 및 취약성을 확인하고 종합적인 위기 대처 계획을 세운다.	존디어에서 운영하는 안정적인 위험 관리 체계에는 종합적인 위기 대처 계획이 포함되어 있다.
	지속 가능성과 사회적 책임 중시	비즈니스 모델에서 지속 가능성과 사회적 책임을 고려한다.	앤트그룹은 사용자들이 친환경 활동에 참여하도록 장려하는 '앤트 포레스트' 등의 프로그램을 운영하면서 비즈니스 모델에 지속 가능성 요소를 적용하고 있다.
문화적 강점	회복탄력성이 높고 적응적인 조직 문화 조성	회복탄력성, 적응력, 학습, 혁신을 중시하는 문화를 장려한다.	마이크로소프트는 사티아 나델라의 리더십 하에 클라우드와 AI에 집중하는 방향으로 조직이 유연하게 움직였지만, 코닥은 변화를 거부했다.
	비전을 갖춘 민첩한 리더십 육성	선제적으로 사고하고 변화 적응력이 높으며 전략적 결정을 내릴 수 있는 리더십을 키운다.	애플의 스티브 잡스와 마이크로소프트의 사티아 나델라는 비전을 갖췄으면서도 변화 적응력이 높은 리더십이 얼마나 중요한 역할을 하는지 보여준다.
	끊임없는 학습 및 자기 계발	조직 내에서 평생 학습, 역량 개발 문화를 조성한다.	존디어는 자사의 제품군에 끊임없이 첨단 기술을 적용하며 개선한다.
	구성원의 심리적 건강 및 안정감 향상	구성원이 아이디어를 자유롭게 말하고, 문제가 있을 때 나서서 말해도 괜찮다고 느끼는 환경을 만든다.	존디어는 구성원의 역량 개발및 안정감 강화 프로그램에 투자하여 구성원의 심리적 건강을 중시하는 문화를 만들어 나간다.

표 18.1 **회사의 회복탄력성을 향상시키는 방법**

적응력을 확보하는 방법

비즈니스에서 적응력은 무엇을 뜻하나요?

적응력이란 새로운 상황, 환경, 변화에 신속하게 효율적으로 적응할 수 있는 능력을 말한다. 회사는 닥쳐오는 위기나, 새로운 기술적 환경, 규제 변화, 계속 높아지는 소비자의 기대에 빠르게 적응해야 한다.

회사에서 적응력이 왜 중요한가요?

사람들은 흔히 회사가 살아남아 성장하려면 그저 변화에 '반응'하기만 해도 된다고 생각한다. 그러나 내 컨설팅 경험에 비추어볼 때, 이런 생각은 적절하지도 않을뿐더러 해로울 수도 있다. 그 이유는 다음과 같다.

- **변화의 속도**: 오늘날 세상은 너무 빨리 변한다. 특히 AI나 관련 기술은 눈이 핑핑 돌 정도로 빠르게 발전하고 있어 중요한 변화가 급격하게, 종종 예상치 못한 형태로 일어난다. 단지 반응만 할 줄 아는 회사는 언제나 한 걸음 뒤처지며, 변화를 이끌기보다 뒤쫓기에 급급하다.
- **기회의 상실**: 반응형 회사는 외부 요인 대응에 급급해 능동적으로 기회를 포착하지 못한다. 이들이 마침내 대응하려 할 때쯤이면, 더 빨리 움직인 능동적인 경쟁자가 이미 그 기회를 선점했을 가능성이 높다.
- **비효율적 자원 활용**: 반응형 회사는 위기가 닥친 후 결정을 내리므로, 서둘러 최적화되지 못한 방법을 택하게 되고 결국 나중에 수습하느라 더 많은 자원을 낭비한다. 이런 방식은 명백히 비효율적이다.
- **구성원 의욕과 조직 문화**: 반응형 원칙을 따르는 회사에서는 긴급 상황이 끊이지 않아 스트레스가 만연한 조직 문화가 형성된다. 구성원들은 전략적이고 미래지향적인 프로젝트에 기여하는 보람보다 항상 '급한 불 끄기'에만 매달린다고 느껴 의욕이 저하될 수 있다.
- **고객의 인식**: 고객은 회사가 항상 뒤늦게 따라가는 모습을 보이면 이를 예민하게 감지한다. 결국 시대를 따라가지 못한다는 인상을 주어 고객 신뢰와 충성도가 약화된다.

이러한 이유로 회사는 변화에 반응만 해도 충분하다는 생각에서 빨리 벗어나야 한다. 기술이 급속하게 발전하고 시장이 역동적으로 변화하는 이 시대에, 조직 깊숙이 변화를 받아들이고 민첩하게 적응하는 능력은 단순한 강점을 넘어 장기적 성공의 필수 조건이다.

어떻게 해야 적응력을 갖춘 회사가 될 수 있을까요?

토요타Toyota는 변화를 예상하고 나아가 의도적으로 내부에서 변화를 촉발시켜 지속적으로 개선하고 적응하는 조직 문화를 조성한 훌륭한 사례다. 이 방식은 **린 생산방식**Lean manufacturing으로도 알려진, **토요타 생산 방식**Toyota Production System, TPS에 기원을 둔다.

1. 지속적인 개선과 적응: 토요타 생산 방식

- **카이젠**(改善, **지속적 개선**): 토요타는 '지속적이고 점진적인 개선(카이젠)' 개념을 규범화했다. 이를 실천하는 토요타는 효율을 높이고, 낭비를 줄이며, 제품 품질을 향상하기 위한 방법을 끊임없이 모색한다.
- **지도카**(自働化,* **인간적 요소를 반영한 자동화**): 토요타는 생산 결함을 발생 즉시 해결하여 불량 제품의 제조 공정이 계속 진행되는 것을 방지하기 위해 이 원칙을 적용한다. 이를 통해 세부 수준에서의 변경을 적극적으로 활용한다.

2. 시장 변화를 예상하고 변화를 이끌기: 하이브리드 자동차와 수소전기차

- **하이브리드 기술**: 토요타는 지속 가능성과 탄소 감축을 향한 세계적 압력이 본격화되기 훨씬 전인 1990년대 후반에 세계 최초의 대량 생산 하이브리드 자동차인 프리우스Prius를 선보였다. 당시 이런 유형의 자동차 시장은 전혀 검증되지 않은 상태였기 때문에 상당한 위험을 감수한 결단이었다.
- **수소전기차**: 최근 토요타는 수소 연료 전지 시장이 초기 단계임에도 투자를 감행하며 수소전기차인 미라이Mirai를 출시했다. 이는 대체에너지 차량으로의 이동을 예상하며 지속 가능한 자동차 시장에 대한 장기적 비전을 보여준 사례다.

3. 적응력을 키우는 내부 변화: 토요타 뉴 글로벌 아키텍처

- **토요타 뉴 글로벌 아키텍처(TNGA)**: 토요타는 2010년대에 차량 플랫폼과 파워트레인†에 대한 새로운 전략으로 **TNGA**를 도입했다. 이는 비용 절감뿐 아니라

---

* 옮긴이 지도카의 '도(働)'는 '자동화(自動化)'의 '동(動)'과 달리 좌변에 사람인(人)변이 붙은 일본어 전용 한자다. '인간적 요소를 반영한 자동화'를 의미하며, 한국에서는 원어 그대로 '지도카' 또는 영문 'Jidoka'라고 표기한다.

† 옮긴이 자동차에서 동력장치 및 동력장치와 구동장치를 연결하는 부분을 말함. 엔진, 변속기, 차동장치, 구동축 등이 포함된다.

시장 변화에 조직이 더 유연하게 대응하는 것을 목표로 했다. 엔지니어링 및 제조 공정을 대대적으로 혁신하여 모델 간 부품 공유를 늘리고 시장 요구에 더 빨리 대응하고자 했다.

토요타는 과거의 성공에 안주하지 않고, 적극적으로 변화를 추구하며 이를 성장의 기회로 삼아 조직 문화에 내재화했다. 이러한 접근법 덕분에 토요타는 끊임없이 스스로를 개선하며 변화를 헤쳐나갔고, 여전히 자동차 산업의 글로벌 리더 위치를 지키고 있다.

토요타는 어떻게 이런 수준의 적응력을 달성했나요?

토요타가 변화를 극복하고 성장하기 위해 선택한, 의도적으로 내부 변화를 유발하는 방식은 TPS와 경영 철학에 뿌리를 두고 있다. 토요타의 두 가지 핵심 경영 원칙은 '지속적인 개선(카이젠)'과 '인간 존중'이다. 이 원칙들이 어떻게 능동적으로 변화를 추구하는 문화를 만들었는지 살펴보자.

지속적인 개선(카이젠)

- **끝없는 개선**: 공정이나 제품이 얼마나 성공했는지와 무관하게 항상 개선의 여지가 있다는 사고방식을 추구한다. 직급과 관계없이 모든 구성원이 효율 향상, 낭비 제거, 품질 개선 방법을 지속적으로 찾도록 독려한다.
- **문제의 긍정적 인식**: 문제를 부정적으로 보지 않고 학습과 개선의 기회로 여긴다. 구성원들은 문제를 발견하고 해결하기 위해 협력하며, 이를 통해 조직은 지속적으로 발전한다.
- **일상적 혁신**: 혁신은 연구개발 부서만의 책임이 아니라 일상적으로 일어나야 하는 일이다. 회사는 모든 구성원에게 훗날 중요한 발전으로 이어질 수 있는 작지만 점진적인 변화를 적극 제안하도록 권장한다.

인간 존중

- **구성원 위임**: 구성원이 가장 가치 있는 자산으로 간주된다. 토요타는 구성원에게 주도적으로 행동하고 의사 결정을 할 수 있는 권한을 최대한 위임한다. 이를 통해 업무에 대한 주인의식과 변화에 대한 능동적인 태도가 만들어진다.
- **협력 문화**: 지식 공유와 협력적 문제 해결이 당연시되는 팀워크 문화를 장려한다. 다양한 구성원의 강점과 시각을 활용해 변화에 더 잘 적응할 수 있다.
- **평생 학습**: 끊임없는 학습과 역량 개발을 추구한다. 토요타는 교육 투자를 통해 역량이 뛰어나고 적응력이 높으며 새로운 변화를 받아들일 준비가 된 인력을 유지한다.

체계적이면서도 유연한 프로세스

- **표준과 유연성의 조화**: 일관된 품질과 효율을 확보하는 표준 프로세스를 갖추면서도, 그 안에서 변화에 빠르게 적응할 수 있는 유연성을 유지한다. 소비자 수요, 기술, 시장 환경 등 어디서 변화가 일어나든 대응할 수 있어야 한다.
- **장단기 균형**: 장기 비전을 가지고 미래를 계획하지만, 단기 조정을 할 수 있는 유연성을 유지한다. 이 균형을 통해 장기 목표에 집중하면서 즉각적인 변화에도 민첩하게 대응할 수 있다.

토요타는 이러한 원칙들을 조직 문화에 반영함으로써, 변화에 그저 반응하는 수준을 넘어 '변화를 예측하고 나아가 주도'한다. 비즈니스 환경은 본래 역동적이라는 사실을 이해하며, 시장을 선도하려면 변화에 대한 능동적 접근, 지속적 개선, 깊은 인간 존중이 필요하다는 것을 알고 있다. 이 철학 덕분에 토요타는 자동차 산업의 리더로 자리 잡았으며, 운영의 우수성과 적응력을 잘 구현한 모범 사례로 명성을 얻었다.

6부

실행 계획 세우기

지금까지 AI 시대에 '대체불가능'해진다는 것이 무엇을 의미하는지 살펴봤다. 개인으로서, 직업인으로서, 부모로서, 사업가로서 나라는 인간을 구성하는 모든 면을 일관되게 다룰 수 있는 통합적인 접근법을 이끌어내고자 다양한 관점에서 '대체불가능' 개념을 논의했다. 이제는 이 모든 지식을 실행으로 옮길 차례다.

이 책의 마지막 6부에서는 앞서 논의한 전략들을 실천하기 위한 구체적인 실행 계획 모델을 제공한다. 하지만 이 모델은 하나의 '기본 틀' 역할을 할 뿐이다. 반드시 자신의 상황이나 필요에 맞게 수정하여 직접 효과적으로 실천해야만 한다.

나만의 실행 계획

이 책에서 지금까지 설명한 개념과 전략을 바탕으로, 19장에서는 AI가 주도하는 세상에서 '대체불가능'해지기 위해 앞으로 몇 달 동안 실행할 수 있는 **15가지 실천 방법**을 제안한다.

첫 주 계획

'대체불가능'해지기 위해 첫 주에 실행할 수 있는 네 가지 실천 방법은 다음과 같다.

실천방법 1

웹사이트(www.irreplaceable.ai)에서 '대체불가능' 지수IRREPLACEABLE Quotient, IRQ 테스트를 받고, '3가지 미래 역량'과 관련하여 자신이 개선해야 할 영역을 확인한다.

- **AI 준비성**AI-Ready
- **인간 친화성**Human-Ready
- **변화 대응성**Change-Ready

그리고 역량 개발을 위한 구체적이고 측정 가능한 목표를 설정한다. 예를 들어 '앞으로 3개월 이내에 최소 주당 5시간을 절약해줄 적절한 AI 도구를 찾아 적용한다'는 목표를 세울 수 있다.

실천 방법 2

일상생활과 타인과의 상호작용 과정에서 자신의 사고방식을 변화시키기 위해 노력한다. 노력의 양보다는 효율을 중요하게 여기고, 양보다는 가치를 우선하며, 통제보다 협력을, 번아웃보다 일과 삶의 균형을, 속도보다 성찰을 우선으로 두는 **AI 마인드**를 갖추려고 한다(8장 참고).

실천 방법 3

8장의 표 8.1 '자동화, 개선, 제거할 활동 분류'를 활용해 AI로 자동화하거나 제거할 수 있는 활동이 있는지 평가한다. 목표는 '대체불가능'해지기 위해 앞으로 몇 주간 실행해야 할 더 가치 있는 활동에 집중할 시간을 확보하는 것이다.

실천 방법 4

삶에서 디지털 사용 통제권을 확보하고, AI로 인해 생긴 집중력 방해 요소를 모니터링하고 제한한다. 기기 알림을 제한하거나 이메일 및 SNS 확인 시간을 정해두는 등 이 책에서 제안한 전략을 적용해본다(12장 참고). 여기서의 목표 역시 '대체불가능' 전략을 실행하기 위한 시간을 확보하는 것이다.

1개월 계획

첫 주가 지나면 '대체불가능'해지기 위한 계획에서 첫 1개월간 실행할 수 있는 실천 방법들이 더 늘어난다.

실천 방법 5

휴믹스 개발을 시작한다. '실천 방법 3'의 자동화 전략을 통해 자유 시간을 확보했으므로, 이제 매일 30분을 휴믹스 개발에 할애한다. 매주 진정한 창의성, 비판적 사고, 사회적 진정성 중 하나의 휴믹스에 집중해본다. 해당 휴믹스를 자극하고 개발할 수 있는 활동이나 훈련을 한다. 예를 들면 브레인스토밍 시간, 능동적 경청 연습, 문제 해결 시나리오 등의 활동이 있다. 이 책의 2부에서 제안한 구체적인 접근법을 따르고, 소개했던 추가 참고 자료를 읽어보는 것이 좋다.

실천 방법 6

AI 문해력을 유지하기 위한 습관을 들인다. 첫 주에 확보한 시간을 활용해 매일 15%의 시간을 AI 문해력 강화에 쓴다. 글이나 책을 읽거나, 전문가 인터뷰를 보거나, 팟캐스트를 듣거나, 온라인 강좌를 수강하며 AI 및 그 응용 방법, 그리고 나와 관련된 산업과 사회에 미칠 잠재적 영향에 대한 이해를 계속 업데이트한다.

실천 방법 7

AI로 개선할 수 있는 활동을 식별한다. 8장에서 소개한 '30% 규칙'을 활용할 수 있다. 나의 작업에 적합한 AI 도구를 찾고, 활용법을 익힌다. 이 책에서 제안한 작업 개선 접근법을 활용하라.

실천 방법 8

자신이 가장 많이 사용하는 플랫폼과 애플리케이션의 데이터 프라이버시 설정에 대해 알아본다. 꼼꼼히 살펴보고 자신에게 맞게 설정한다. 14장에서 소개한 접근법을 활용하여 나의 개인 데이터를 통제한다.

실천 방법 9

회복탄력성을 강화하는 습관을 들인다. 매일 몇 분씩 투자해 9장에서 소개한 마음챙김, 호흡법, 신체 운동을 실천한다.

3개월 계획

첫 1개월 동안 실행에 옮긴 일을 계속 실천하면서, 이후 몇 개월에 걸쳐 다음과 같은 실천 방법을 추가한다.

실천 방법 10

자녀들에게 AI를 이용할 때 필요한 자율성, 활용 능력, 인간적 유대감을 가르친다. 11장에서 소개한 접근법을 따라 하며 아이들이 AI와 나란히 성장할 수 있게 돕는다.

실천 방법 11

인류에게 이로운 프로젝트나 정책을 지원하고 알림으로써 '책임 있는 AI'를 지지한다. 헬스케어, 환경 보호, 교육 등 인류를 진보시키는 AI 응용 기술을 지지한다. 투명하고 윤리적으로 AI를 활용하는 회사의 제품과 서비스를 구매하고, 그렇지 못한 회사는 불매하는 행동으로 소비자 의견을 보여준다. 14장에서 소개한 것처럼 파괴적이거나 비윤리적인 목적으로 사용되는 AI에 반대하는 목소리를 낸다.

실천 방법 12

회복탄력성과 적응력을 키우기 위해 훈련한다. 9장에서 설명한 대로 역경이나 고난이 찾아오면 긍정적으로 받아들이고, 이익이 될 수 있는 부분을 바라보며 적응력을 체화한다. 나아가 삶에서 변화의 기회를 능동적으로 찾아 실행한다.

실천 방법 13

배운 지식을 나누고 다른 사람들과 함께한다. 동료나 조직 구성원들과 AI의 영향 및 역량 개발의 중요성에 대해 대화를 나눈다. 능동적인 학습 기법을 활용해도 좋은데, 자신이 배운 AI 개념을 소화해 친구나 동료에게 직접 자신의 표현으로 설명하는 방법 등이 효과적이다. AI, 혁신, 개인 성장을 주제로 한 점심 스터디나 독서 토론 모임을 만들어본다.

계속 실행하기

'대체불가능'해지기 위한 3개월의 실천 과정을 거친 후에는 다음을 실행한다.

실천방법 14

'대체불가능' 지수 테스트를 다시 보고 지난 3개월간의 성과를 평가한다. 필요하다면 이 책을 다시 읽어도 좋고, 강화하고 싶은 부분만이라도 다시 읽어서 그 내용이 확실히 내 사고방식에 자리 잡도록 한다.

실천방법 15

성과를 공유하고 기념한다. 자신의 '대체불가능'한 역량과 경험을 강조하여 업무용 프로필과 이력서를 업데이트한다. 자신이 이룬 성과를 자랑하고 기념하는 시간을 갖고, 이 과정에서 배운 내용을 블로그, SNS, 발표나 강연

등을 통해 공유하여 사람들이 '대체불가능'해지는 여정을 시작할 수 있게 영감과 용기를 준다. 이때 #irreplaceable 해시태그를 사용하면 좋겠다.

이 과정을 계속 실행하면서, 지난 3개월 동안 잘 해온 훈련 방식을 꾸준히 지키고 평생 습관으로 만든다. 이 습관은 나의 '대체불가능'한 성공의 미래를 떠받치는 반석 역할을 하게 될 것이다.

이 실행 계획들을 스스로의 상황에 맞춰 받아들이고 계속 개선해나간다. 몇 개월 실행했다고 끝나는 일이 아니다. 나 자신, 주변 환경, AI가 쉬지 않고 바뀌며 발전하는 이 세상에서 실시간으로 계속되는 장거리 경주임을 인식해야 한다. 일생 동안 학습, 의도적 망각, 재학습의 순환이 끊임없이 꼬리를 물고 반복되는 과정임을 받아들여야 한다.

이 책에서 소개한 주요 실행 계획의 내용 요약

표 19.1에 '대체불가능'해지기 위한 '3가지 미래 역량'을 다시 정리하여 요약했다.

역량	설명	이 책에서 소개한 접근법 예시	관련 장
AI 준비성 (AI-Ready)	AI 준비성은 AI를 활용해 성과를 높이는 능력뿐 아니라, 윤리적 문제나 중독 등 부정적 영향으로부터 자신을 지키는 힘과 관련된 역량이다.		
향상	AI 마인드 보유, 전략적인 AI 활용, AI 문해력 유지를 통해 성과 향상	■ **AI 마인드**: 양보다는 효율과 가치, 통제보다 협력, 번아웃보다 워라밸, 속도보다 성찰 우선 ■ **식별**: AI로 자동화·개선·제거할 활동 찾기 ■ **적용**: 적절한 AI 도구 선택 및 학습 ■ **학습**: 작업 시간의 15%를 AI 문해력 학습 및 업데이트에 투자 ■ **재평가**: 정기적으로 AI 전략 재평가 및 조정	8장
보호	집중력 방해, 중독, 프라이버시 문제 등에서 자신과 자녀 보호	■ **성찰**: AI 중독 방지를 위해 부정적 감정과 왜곡된 사고 성찰 ■ **주의**: 딥페이크, 조작된 콘텐츠 등 가짜 정보 경계 ■ **프라이버시**: 설정 수정, 필수 데이터만 공유, 신뢰할 수 있는 서비스만 사용 ■ **정리**: 디지털 흔적 정기 검토 ■ **제한**: 알림 정리, SNS/이메일 확인 시간 제한	12장, 13장

<table>
<tr><td>책임</td><td>신중하고 윤리적이며, 타인을 존중하고 지속 가능한 방식으로 AI 사용</td><td>■ 교육: 자녀에게 자율성, 활용 능력, 인간적 유대감 교육
■ 원칙: '기쁨과 성장의 원칙'에 따라 AI 없이 할 일 수행
■ 지지: 이로운 AI 프로젝트 지지 및 비윤리적인 활용 반대
■ 소비: 투명하고 윤리적인 기업 지지
■ 훈련: AI에게 인간적 가치와 존중을 학습시키도록 대화</td><td>11장, 14장</td></tr>
<tr><td>인간 친화성 (Human-Ready)</td><td colspan="3">AI가 모방할 수 없는 인간 고유의 능력인 '휴믹스'를 개발하는 것이 핵심 역량이다. 휴믹스는 개인의 고유한 인생 경험, 감정, 서사, 개성, 인격 등 인간성의 여러 측면을 통해 내면에 독특하게 자리 잡고 있어, 인간과 AI의 시너지를 극대화하는 열쇠가 된다. 인간 고유의 가치인 '사랑' 또한 이를 통해 표현된다. 따라서 휴믹스에 기반한 산출물은 AI가 아닌 인간이 만들었을 때 더 높은 가치를 인정받는다. 예를 들어, 사람들이 AI 코치보다 인간 코치에게 더 가치를 부여하는 것과 같다.</td></tr>
<tr><td>진정한 창의성</td><td>독창적인 아이디어, 해결책, 예술적 표현 창출, 영감과 직관 활용</td><td>■ 운동 중 또는 후에 창의적 사고 활동 수행
■ 창의력 증진을 위한 '입면 상태' 활용
■ '몰입' 상태를 통한 집중력 및 창의력 향상
■ 독창적 아이디어 및 새로운 문제 해결 방식 훈련
■ 영감, 직관, 주관적 경험을 활용한 틀 밖의 사고</td><td>3장, 5장, 6장, 7장</td></tr>
<tr><td>비판적 사고</td><td>독립적 판단, 윤리적 추론, 정보의 타당성 검토, 자기 성찰을 통한 편향 이해</td><td>■ 188가지 인지 편향 학습 및 의사 결정 과정 성찰
■ 과거 의사 결정을 통해 학습하여 직관 연마
■ 정보를 비판적으로 분석하는 습관 기르기
■ 자기 성찰을 통해 동기, 가치, 편향 이해
■ 행동, 결정, 결과를 정기적으로 회고</td><td>3장, 5장, 6장, 7장</td></tr>
<tr><td>사회적 진정성</td><td>깊은 관계 형성, 사회적 신호 이해, 공감 표현, 진정한 감정적 유대감과 도덕적 판단 능력, 리더십 발휘</td><td>■ 적극적 경청 및 역지사지 연습(공감 능력)
■ 스토리텔링, 비언어적 소통 능력 향상
■ 중립 유지 등 갈등 해결 전략 학습
■ 사회적 신호 주의 및 문화적 차이 존중
■ 다양성을 존중하는 협업 능력 강화</td><td>3장, 5장, 6장, 7장</td></tr>
<tr><td>변화 대응성 (Change-Ready)</td><td colspan="3">AI의 발전 때문에 변화가 빨라지고 해결해야 할 문제가 늘어난 현실에서 살아남아 번영하기 위한 회복탄력성과 적응력을 키우는 목적에 집중하는 역량이다.</td></tr>
<tr><td>회복탄력성</td><td>장애물, 변화, 압박에 맞서 정신적 건강을 유지·회복하는 내적 시스템 구축</td><td>■ 회복탄력성을 위한 정기적 호흡법 연습
■ 정신 건강 유지를 위한 자연과의 교감
■ 마음챙김(mindfulness) 연습
■ 고난을 성장과 학습의 기회로 수용</td><td>9장</td></tr>
<tr><td>적응력</td><td>새로운 상황, 환경, 변화에 신속하고 효율적으로 적응</td><td>■ 적극적으로 변화를 찾아 나서고 주도
■ 변화로 인한 손실보다는 잠재적인 이익에 집중
■ 집단 적응력을 높이기 위한 협력
■ 유연한 사고방식 및 열린 마음 유지</td><td>9장</td></tr>
<tr><td>배우는 법을 재학습하기</td><td>낡은 지식을 버리고 새로운 맥락에서 새 역량을 익히는 루틴</td><td>■ 학습 대상과 감정적 연결을 만들어 기억력 증대
■ 다양한 주제를 섞어 배우는 교차 학습 활용
■ 능동적 학습(자신의 언어로 재설명)으로 뉴런 경로 강화</td><td>11장</td></tr>
</table>

표 19.1 **3가지 미래 역량과 이를 달성하기 위한 접근법**

마무리

AI가 주도하는 미래를 향해 나아가는, 이 가슴 벅찬 여정을 앞둔 독자들에게 전하고 싶은 말이 있다. 우리 앞에 놓인 길은 엄청난 기회와 혁신의 길이라는 것이다. '대체불가능' 프레임워크를 받아들여 **AI 준비성**, **인간 친화성**, **변화 대응성**이라는 '3가지 미래 역량'을 키운다면, AI와의 경쟁에서 살아남는 것을 넘어 이 새로운 시대에서 크게 성공할 수 있는 위치를 선점하게 될 것이다.

우리 자신과 아이들에게 '대체불가능'해진다는 것은 자기 자신을 발견하고 재창조하는 '깊은 내면의 여정'이다. 스스로를 깊이 성찰하고, 자신의 독특한 강점과 열정을 파악하며, AI로 강화된 세상에서 가치를 창출하는 데 필요한 역량과 사고방식을 끊임없이 개발하도록 자극하는 길이기도 하다. '대체불가능'해진다면 기술과 인간의 관계를 재정의하고, AI를 위협적인 경쟁자가 아니라 개인적·직업적 성장을 함께 이루는 강력한 동료로 삼을 수 있다.

비즈니스 측면에서 보자면, '대체불가능'해지는 일은 '전략적 필수 과제'다. 이를 위해서는 강력한 리더십, 지속적 학습과 혁신을 추구하는 조직 문화, 기존 비즈니스 모델과 프로세스를 근본적으로 다시 생각하려는 의지가 필요하다. 인간과 기계 각각의 고유한 강점을 활용하여 새로운 차원의 파트너십을 형성함으로써 혁신적 성과, 가치 창출, 차별화를 달성할 수 있다.

앞서 살펴봤듯이, AI는 위험과 기회를 동시에 가져온다. 많은 산업을 파괴적으로 뒤흔들고, 일의 본질을 바꾸며, 중요한 윤리적·사회적 질문을 던진다. AI는 현재를 파괴하지만, 더 나은 미래를 건설할 힘을 준다. 이러한 혼란 속에서도 우리와 자녀들, 그리고 회사를 위한 엄청난 가능성은 분명 존재한다.

이 여정은 혼자서 갈 수 있는 길이 아니다. 진정으로 '대체불가능'해지려면 협력, 파트너십, 그리고 모든 사람을 이롭게 하는 미래를 만들겠다는 공동체의 의지와 노력이 필요하다. 이를 위해서는 대화에 열린 자세, 다양한 관점을 수용하는 마음, 어려운 문제에도 정면으로 맞설 용기가 있어야 한다.

나는 수많은 독자, 고객, 전 세계 동료들과 소통하면서 이미 '대체불가능' 사고방식을 받아들이고 있는 여러 개인과 회사의 이야기에서 깊은 영감을 받았다. AI를 활용해 맞춤형 교육을 제공하여 학생들의 가능성을 열어주는 교사부터, 머신러닝으로 전 세계 보건 위험을 해결하려는 스타트업까지, 이 개척자들은 더 회복탄력성을 갖춘 밝은 미래로 향하는 길을 그려가고 있다.

이들의 이야기는 '대체불가능'해지는 것이 목표가 아니라 '계속되는 과정'임을 보여준다. 이는 용기, 호기심, 성장하고자 하는 흔들림 없는 의지가 필요한 과정이다. 분명 무수한 좌절과 도전이 기다리겠지만, 동시에 놀라운 혁신적 극복과 승리의 이야기도 써내려갈 수 있을 것이다.

하지만 '대체불가능'해지기 위해 걷는 길은 개인적 성취를 넘어 '세상의 진화를 위한 노력'이기도 하다. AI 자동화를 통해 인간은 단조롭고 반복적이며 지루한 일에서 해방되어, 더 흥미롭고 가치 있는 활동에 집중할 수 있는 세상을 상상하게 되었다.

AI는 이제 세상의 운전대를 잡고 있다. 인간의 역할은 모든 것을 창조하고 답을 주던 역할에서 벗어나, 질문을 던지고 정보를 선별하는 역할로 바뀌고 있다. 우리의 자리는 '진보의 엔진'에서 '진보의 나침반'으로 옮겨가고 있다. 이제 AI가 새로운 엔진이 되었다. 이는 어떤 직업의 사회적 가치가 금전적 대가와 항상 일치하지 않는다는 사실을 상기시키며, 우리가 노동의 본질 자체를 완전히 다시 고민해야 함을 의미한다. 우리는 AI를 동료로 삼아 자유롭게 열정을 추구하고, 사랑하는 사람들을 돌보고, 지역사회에 의미 있는 방식으로 기여하는 세상을 만들 수 있게 되었다.

앞으로 성공의 의미를 재정의될 것이다. 생산성, GDP, 주가 같은 기존의 조건보다는 '인간의 번영'과 '지구 환경'을 기준으로 성공을 말하게 될 것이다. 이로써 우리는 인간다움이란 무엇인지를 재발견하고 다시 만들어나갈 수 있는, 역사에 다시없는 기회를 얻게 된 것이다.

에이브러햄 매슬로Abraham Maslow의 욕구 단계설의 핵심도 이와 같았다. 인간의 욕구는 생존을 위한 기본적 욕구에서 시작해 자아실현의 정점으로 발전한다. 그렇다, '대체불가능' 프레임워크는 바로 매슬로의 욕구 단계 피라미드의 정상에 도달하기 위한 엘리베이터다!

AI는 우리를 이 정점으로 끌어올리는 촉매제 역할을 하며, 이렇게 자유로워진 인간은 자신의 잠재력이라는 미지의 영역을 탐험할 수 있다. AI는 경제적 생산성을 높이는 도구이자 인간의 정신을 고양시키는 수단이 되며, 기술이 오히려 가장 인간적인 특성을 강화하는 미래를 가능하게 한다. AI는 인간이 삶의 목적과 같은 존재론적 질문을 던질 수 있는 공간, 시간, 정신적 자유를 안겨준다.

'대체불가능'해지는 여정은 사회 구석구석까지 퍼져나갈 수 있다. AI 시대의 부모이자 리더인 사람들은 모든 사람을 위한 세상을 만들어나가야 할 '신성한 의무'를 지고 있다. AI의 힘을 활용해 빈곤과 질병을 근절하고, 기후 변화 문제를 해결하며, 모든 사람에게 공평한 기회를 제공하는 등 전 지구적 문제를 해결해야 한다는 뜻이다.

우리가 싸워서 쟁취해야 할 세상은 바로 이런 세상이다. AI가 인류의 이익을 위해 봉사하는 세상, '대체불가능'해지는 일이 개인적인 목표를 넘어 공동체의 필수 목표가 되는 세상, 모든 사람이 목적, 기쁨, 유대감으로 충만한 삶을 살 기회를 갖는 세상을 만들어야만 한다.

이 여정은 바로 지금 시작된다. 선택은 아주 단순하다. 변화를 수동적으로 지켜볼 것인가, 아니면 혁신을 능동적으로 이끄는 주체가 될 것인가? 익숙한 과거에 매달릴 것인가, 아니면 미지의 영역을 과감히 받아들일 것인가? 현재에 안주할 것인가, 아니면 미래의 가능성을 위해 분투할 것인가?

이 책은 스스로를 바꿀 계기를 제공할 뿐이다. 진정한 자기 혁신은 웹사이트(www.irreplaceable.ai)에서 가입할 수 있는 '대체불가능' 아카데미와 함께 이룰 수 있다. 이곳에서 자신을 바꾸고자 하는 사람들을 지원하고, 자극을 주며, 새로운 지평에 도달할 수 있는 영감을 제공하는 열정적인 공동체를 만날 수 있을 것이다.

웹사이트(www.irreplaceable.ai)에서 '대체불가능' 지수(IRQ) 테스트를 해보고 자신의 강점과 성장이 필요한 영역을 찾아보기 바란다.

나의 링크드인 페이지(www.linkedin.com/in/pascalbornet), X 계정(@pascal_bornet), 유튜브 채널(@pascal_bornet)에서 다양한 자료, 전문가의 논의, 최신 정보와 통찰을 볼 수 있다.

#irreplaceable 해시태그를 붙여 스스로의 이야기와 성과를 공유해서, 이 길을 걷는 다른 동료들에게도 등대가 되어주길 바란다.

참고 문헌

서문

1. Roser, Max, et al., "Life Expectancy," Our World in Data, 2020, https://ourworldindata.org/life-expectancy
2. Roser, Max, and Esteban Ortiz-Ospina, "Literacy," Our World in Data, 2019, https://ourworldindata.org/literacy
3. Roser, Max, and Esteban Ortiz-Ospina, "Global Extreme Poverty," Our World in Data, 2013, https://ourworldindata.org/poverty
4. UN Inter-Agency Group for Child Mortality Estimation, 2020, https://childmortality.org/about
5. Ritchie, Hannah, and Max, Roser, "CO2 and Greenhouse Gas Emissions," Our World in Data, 2020, https://ourworldindata.org/co2-and-greenhouse-gas-emissions

1장 AI에 대한 오해

1. Siggelkow, Nicolaj, and Christian Terwiesch, "The Age of Continuous Connection," Harvard Business Review, May–June 2019, https://hbr.org/2019/05/the-age-of-continuous-connection

2장 '대체불가능'의 본질

1. Fæste, Lars, Martin Reeves, and Kevin Whitaker, "The Science of Organizational Change," BCG Henderson Institute, May 2, 2019, https://www.bcg.com/featured-insights/winning-the-20s/science-of-change
2. "Why Do Most Transformations Fail? A Conversation with Harry Robinson," July 10, 2019, https://www.mckinsey.com/business-functions/transformation/our-insights/why-do-most-transformations-fail-a-conversation-with-harry-robinson

7장 휴믹스를 새로운 경지로 끌어올리기

1. LinkedIn Talent Solutions, "Most Promising Jobs: A Reevaluation," LinkedIn Talent Solutions Blog, 2022, https://business.linkedin.com/talent-solutions/blog/trends-and-research/2022/most-promising-jobs-reevaluation
2. World Economic Forum, "The Future of Jobs Report 2022," World Economic Forum, October 2022, https://www3.weforum.org/docs/WEF_Future_of_Jobs_2022.pdf
3. Adobe, "Creative Salary Survey," The Blog, accessed May 24, 2024, https://theblog.adobe.com/creative-salary-survey/
4. McKinsey & Company, "Need Some Creative Inspiration? The Most Innovative Companies of 2022," McKinsey Design, 2022, https://www.mckinsey.com/business-functions/mckinsey-design/our-insights/need-some-creative-inspiration-the-most-innovative-companies-of-2022

8장 일하는 나 자신을 AI로 강화하기

1. Fabrizio Dell'Acqua et al., "Navigating the Jagged Technological Frontier: Field Experimental Evidence of the Effects of AI on Knowledge Worker Productivity and Quality," 2023, https://www.hbs.edu/ris/Publication%20Files/24-013_d9b45b68-9e74-42d6-a1c6-c72fb70c7282.pdf
2. Yu, Eileen, "Workers with AI Skills Can Expect Higher Salaries—Depending on Their Role," March 7, 2024, https://www.zdnet.com/article/workers-with-ai-skills-can-expect-higher-salaries-depending-on-their-role/
3. Sidoti, Olivia, and Emily A. Vogels, "What Americans Know About AI, Cybersecurity and Big Tech," August 17, 2023, https://www.pewresearch.org/internet/2023/08/17/what-americans-know-about-ai-cybersecurity-and-big-tech/
4. D. Crystal, English as a Global Language, 2nd ed. (Cambridge University Press, 2003); Neeley, Tsedal, "Global Business Speaks English: Why You Need a Language Strategy Now," Harvard Business Review, May 2012, https://www.hbs.edu/faculty/Pages/item.aspx?num=42451
5. Hart Research Associates, July 2023, https://fm.cnbc.com/applications/cnbc.com/resources/editorialfiles/2023/07/21/econsurveypart2.pdf

9장 급변하는 세상에서 회복탄력성과 적응력 강화하기

1. Kurzweil, Ray, "The Law of Accelerating Returns," Kurzweil Accelerating Intelligence, March 2001.
2. "Gallup Poll Social Series: Mood of the Nation," January 3–16, 2022, https://news.gallup.com/file/poll/389318/220202IssueSatisfaction.pdf
3. "Stress: The Health Epidemic of the 21st Century," SciTech Connect, 2016, https://scitechconnect.elsevier.com/stress-health-epidemic-21st-century
4. Liu, Qingqing et al., "Changes in the global burden of depression from 1990 to 2017: Findings from the Global Burden of Disease study," August 10, 2019, https://www.sciencedirect.com/science/article/pii/S0022395619307381
5. United Nations, "News in Brief," October 6, 2022, https://news.un.org/en/tags/suicide-prevention

10장 미래의 일은… 안 해도 되는 일인가?

1. Gettysburg College, "One third of your life is spent at work," https://www.gettysburg.edu/news/stories?id=79db7b34-630c-4f49-ad32-4ab9ea48e72b&pageTitle=1%2F3+of+your+life+is+spent+at+work
2. Clifton, Jim, "The World's Broken Workplace," Gallup, June 13, 2017. https://news.gallup.com/opinion/chairman/212045/world-broken-workplace.aspx?g_source=position1&g_medium=related&g_campaign=tiles
3. International Labour Organization, "Safety and Health at the Heart of the Future of Work," 2019, https://www.ilo.org/sites/default/files/wcmsp5/groups/public/%40ed_protect/%40protrav/%40safework/documents/publication/wcms_724000.pdf
4. World Health Organization, "WHO Mortality Database," https://www.who.int/healthinfo/mortality_data/en/
5. Uppsala Conflict Data Program (UCDP), Department of Peace and Conflict Research, Uppsala University, https://ucdp.uu.se/downloads/charts/
6. New China TV, "Jack Ma and Elon Musk hold debate in Shanghai," 2019, https://youtu.be/f3lUEnMaiAU
7. WORLDCRUNCH, "The Four-Day School Week: Passing Fad or the Future of Education," April 26, 2024, https://worldcrunch.com/culture-society/countries-4-day-school-week
8. McCurry, Justin, "Japan urges overworked employees to take Monday mornings off," Guardian, August 3, 2018, https://www.theguardian.com/world/2018/aug/03/japan-overworked-employees-monday-mornings-off
9. Reuters, "Do more with less: New Zealand firm's four-day week," November 5, 2019, https://www.reuters.com/article/us-worklifebalance-newzealand/do-more-with-less-new-zealand-firms-four-day-week-idUSKBN1XF1TM

11장 AI 시대에 미래 대비형 사고방식 교육하기

1. David J. Hill, "Finland's Latest Educational Move Will Produce a Generation of Entrepreneurs," SingularityHub, April 4, 2015, https://singularityhub.com/2015/04/04/finlands-latest-educational-move-will-produce-a-generation-of-entrepreneurs/
2. "Empathy? In Denmark they're learning it in school," Morning Future, April 26, 2019, https://www.morningfuture.com/en/2019/04/26/empathy-happiness-school-denmark/
3. Claudia Goldin and Lawrence F. Katz. The Race between Education and Technology. Belknap Press, 2008.
4. Stephane, "Skill, re-skill and re-skill again. How to keep up with the future of work," July 31, 2017, https://www.weforum.org/agenda/2017/07/skill-reskill-prepare-for-future-of-work/
5. Zak, P. J., "Why Your Brain Loves Good Storytelling," Harvard Business Review, October 28, 2014, https://hbr.org/2014/10/why-your-brain-loves-good-storytelling
6. American Psychological Association, "Playing Video Games Linked to Aggressive Behavior in Some, but Not All, Teenagers," November 25, 2013, https://www.apa.org/news/press/releases/2013/11/video-games#:~:text=While%20one%20widely%20held%20view,studies%20reviewed%20in%20the%20article

12장 AI의 집중력 방해를 이겨내기

1. Bianchi, Tiago, "Google: annual advertising revenue 2001–2023," February 1, 2024, https://www.statista.com/statistics/266249/advertising-revenue-of-google/
2. National Highway Traffic Safety Administration, "U Drive. U Text. U Pay," Traffic Safety Marketing, accessed May 24, 2024, https://www.trafficsafetymarketing.gov/get-aterials/distracted-driving/u-drive-u-text-u-pay

13장 AI가 만들어낸 중독 극복하기

1. Khubchandani, Jagdish, Sushil Sharma, James H. Price, "COVID-19 Pandemic and the Burden of Internet Addiction in the United States," Psychiatry International 2(4) November 4, 2021, https://www.mdpi.com/2673-5318/2/4/31
2. Petrosyan, Ani, "Dangers of the metaverse according to internet users worldwide in 2021," July 7, 2022, Statista, https://www.statista.com/statistics/1288822/metaverse-dangers/
3. "Popular AI friendship apps may have negative effects on wellbeing and cause addictive behaviour, finds study," October 19, 2023, https://www.surrey.ac.uk/news/popular-ai-friendship-apps-may-have-negative-effects-wellbeing-and-cause-addictive-behaviour-finds

14장 개인 데이터 관리와 AI의 윤리적 사용

1. "A Day in the Life of Your Data," April 2021, https://www.apple.com/privacy/docs/A_Day_in_the_Life_of_Your_Data.pdf
2. "Mobile App Download Statistics & Usage Statistics," Buildfire, 2024, https://buildfire.com/app-statistics/
3. "How Much Is Your Data Worth: The Complete Breakdown for 2024," Invisibly, July 13, 2021, https://www.invisibly.com/learn-blog/how-much-is-data-worth
4. Statista, "Social media companies ranked by average revenue per user (ARPU) in 2022," https://www.statista.com/statistics/1371738/social-media-apps-arpu-global/
5. Privacy Affairs, "Dark Web Price Index 2022," https://www.privacyaffairs.com/dark-web-price-index-2023
6. List of cognitive biases, https://en.wikipedia.org/wiki/List_of_cognitive_biases

16장 AI 준비성이 갖춰진 회사 만들기

1. Boston Consulting Group, "From Potential to Profit with GenAI," last modified 2024, https://www.bcg.com/publications/2024/from-potential-to-profit-with-genai
2. Microsoft, "AI at Work: Here Now, Comes the Hard Part," Microsoft Work Trend Index, 2024, https://www.microsoft.com/en-us/worklab/work-trend-index/ai-at-work-is-here-now-comes-the-hard-part
3. Julia Angwin, Jeff Larson, Suray Mattu, and Lauren Kirchner, "Machine Bias," ProPublica, May 23, 2016, https://www.propublica.org/article/machine-bias-risk-assessments-in-criminal-sentencing

17장 인간 친화적인 회사 만들기

1. Beverland, Michael B., Francis J. Farrelly, and Charles R.C. Lim, "Crafting Authenticity: The Validation of Identity in the Creative Professions," Journal of Management Studies 53, no. 5 (July 2016): 726–53.

18장 변화에 대응하는 회사 만들기

1. UN News, "2023 Recorded as Fifth Hottest Year Ever, Other Extreme Weather Events: WMO," United Nations, December 31, 2023, https://news.un.org/en/story/2023/12/1144372
2. Hayes, Adam, "What Caused Black Monday: The Stock Market Crash of 1987?" Investopedia, updated March 13, 2023, https://www.investopedia.com/ask/answers/042115/what-caused-black-monday-stock-market-crash-1987.asp
3. World Bank Group, "Global Economic Prospects, January 2019: Darkening Skies," World Bank, 2019, https://openknowledge.worldbank.org/entities/publication/a57d01ee-6d1c-5e0b-8bbb-284b4dd842b3

찾아보기